Ultra récit d'une petite traileuse

DE LA MEME AUTRICE :

Aïna l'Aventurière Fantastique :
1. *A Travers les Mondes*
2. *Retour aux Sources*
3. *Impératrice d'Anarïeni*
4. *Plusieurs vies*

J'aime me perdre n'importe où dans le monde
*Récit de mon tour du monde d'octobre 2011 à juin 2012*

Nouvelles aventures… vers toujours plus d'humanité
*Le récit de mon séjour au Népal puis en Inde en mai 2016*

Elodie Lafay

# Ultra récit d'une petite traileuse

© 2024 Lafay Elodie
*elodielalchemille.fr*

Édition : BoD · Books on Demand GmbH, In de Tarpen 42, 22848 Norderstedt (Allemagne)
Impression : Libri Plureos GmbH, Friedensallee 273, 22763 Hamburg (Allemagne)

ISBN : 978-2-3224-7801-9
Dépôtl égal : décembre 2024

*Je dédie ce livre à toutes les traileuses et futures traileuses. Je ne m'attends pas forcément à ce que mon livre ait du succès. Mais si je pouvais avoir une ambition, ce serait celle d'inspirer des femmes. Sur les ultra-trails, nous sommes beaucoup plus acclamées que les hommes. Je pense que c'est mérité pour nous féliciter d'oser nous lancer alors que nous n'y sommes que peu encouragées. Mais ce n'est pas justifié dans le sens où ce serait plus difficile pour nous. Au contraire ! Sur l'aire d'arrivée de ma plus grande aventure, celle en fin de ce livre, j'étais impressionnée par tous ces hommes qui avaient réussi. A mes yeux le challenge avait été plus grand pour eux ! Car sur les longues distances, les femmes révèlent des forces autres que celles physiques des hommes, qu'on pourrait expliquer par de plus grandes réserves énergétiques, une meilleure gestion de course, etc., mais que moi j'explique par le fait que nous sommes programmées pour vivre des sensations intenses pendant plusieurs heures, puisque nous enfantons.*

*J'espère donc que ce livre donnera à d'autres femmes l'envie de me suivre, d'avoir confiance, d'oser se lancer dans l'aventure !*

# Prologue

J'ai débuté le trail en 2011 (premier « vrai » trail en compétition, mais j'avais déjà fait des courses mixtes avant, et je courais dans les sentiers depuis 2008 environ). Très vite j'ai créé un fichier dans lequel je notais toutes mes courses, car j'ai la manie de tout garder en souvenir, l'envie de garder des traces de tout ce que je fais. J'écris le nom de la course, la distance, le parcours, mon résultat, et toujours des petites notes. Au début ce n'était que de courts commentaires, mais, ayant la passion de l'écriture, j'ai parfois écrit de vrais récits. Et pour les trails plus longs, presque des romans.

Dès 2015 j'ai eu l'idée de les réunir dans un livre. Mais à l'époque, je n'avais bien sûr pas assez de récits sous la main, et je me gardais ce projet dans un coin de la tête.

J'ai commencé le travail de regroupage, de rédaction, fin 2021, alors que cela faisait dix ans que j'avais commencé le trail et que j'avais enfin assez de récits de courses sous la main.

J'ai surtout eu envie de le faire à cette période car je venais de terminer la plus grande course de ma vie, celle dont je rêvais le plus. Elle marquait un tournant dans ma « carrière » de traileuse.

Mais par manque de temps, mon projet a été mis de côté, et je ne l'ai repris – et fini – qu'en 2024, lorsque j'étais en expatriation en Inde, que je ne travaillais pas et que j'avais une personne qui venait à la maison pour (entre autres) m'aider à m'occuper des enfants et me laisser un peu de temps libre.

Bien sûr, je n'ai pas mis dans ce livre *tous* mes comptes-rendus de course, cela aurait été beaucoup trop long et pas forcément très intéressant. J'ai mis le « meilleur » pour ce livre, ceux qui ont été de belles aventures, ou qui représentent des anecdotes amusantes, ou des expériences marquantes de ma vie.

Et je vous rassure, ce livre ne signe pas la fin de ma carrière. Peut-être même qu'un jour j'aurai de quoi écrire un nouveau livre. Je l'espère.

En attendant, voici un condensé de quatorze ans de ma vie de traileuse.

# Chapitre 1 : Les départs en catastrophe

*Rien ne sert de courir ; il faut partir à point.*
**Jean de la Fontaine**

*J'ai commencé le trail avec ma sœur Alexine, alors que je vivais toujours en Savoie, à Bourg-Saint-Maurice, où je suis née. Quand on a commencé, ma sœur, qui a deux ans de moins que moi, était bien plus forte. Elle faisait déjà du cross en compétition. Moi, je ne faisais que du « jogging ». Mais nous avons très vite pris goût à la course à pied dans nos montagnes, et avons vite augmenté les distances. Au début, nous ne faisions pas un trail l'une sans l'autre. Puis je suis partie vivre dans les Alpes-Maritimes et nous avons fait chacune nos trails, en nous retrouvant de temps en temps sur un ici ou ailleurs.*

*Je commence donc ce livre par un trail entre sœurs, et je commence surtout ce livre comme on débute un trail : par le départ. Et les départs ne sont pas toujours sur les starting-blocks...*

## 19 août 2012 : *Tour de la Grande Casse*, Pralognan-la-Vanoise, 62km, 3855m de dénivelé

Vous avez fait quoi, vous, en ce dimanche de canicule ? Moi, j'ai fait un trail. Le plus gros que je n'ai jamais fait : 62km, environ 3700m de dénivelée. J'y suis arrivée ! Je suis fière de moi. Et c'était un chouette trail. Mais j'ai cru mourir...

Je vais tout vous raconter, à commencer par notre arrivée la veille, à Alexine (alias Ine) et moi, à Pralognan-la-Vanoise. Ecolos, nous avons pris le train de Bourg-Saint-Maurice à Moûtiers, où nous avons un peu attendu un car qui nous a menées à « Pralo ». Là, nous avons récupéré nos dossards et sommes allées trouver l'hôtel que nous avions réservé. J'avais choisi le moins cher, et il s'est trouvé qu'il était à deux pas de l'office du tourisme d'où partait le trail. Nickel !

Ensuite il y a eu le briefing de la course, puis un repas au resto de l'hôtel où nous ont rejoint deux autres coureurs qu'on connaît (on a fait un regroupement de Borains[1]), avant une bonne nuit de sommeil pour être en forme au réveil à 4h30.

On se prépare puis on rejoint le départ où on a droit à thé/café pour accompagner notre gâteau de l'effort fait maison. On attend alors un peu avant d'aller poser nos sacs à l'office du tourisme, car il fait frais et on veut garder encore un peu notre petite laine. Puis un passage aux toilettes avant de rejoindre le sas.

Mais il y a la queue. A 5h58, je laisse la place à Ine, à 5h59, elle y est toujours. Euh... Elle sort des toilettes, on se précipite dans le sas. On y entre en entendant « 5, 4, 3, 2, 1 ». C'est parti ! Un peu plus et on faisait le départ depuis les toilettes.

Et donc c'est parti pour 62km et 3800m de dénivelée ! D'abord, la montée au col de Leschaux. Cette montée me faisait peur, car avec ma mère nous sommes allées nous promener au Petit Mont Blanc de Pralognan il y a quelques jours et nous avons eu une vue de face sur le chemin... qui nous paraissait être bien long et bien raide. Mais en fin de compte, cette montée est super : il fait à peine jour donc frais, nous sommes encore en forme, le chemin monte en lacets, ce qui nous fait grimper vite mais sans trop se fatiguer. En une heure trente, le col est atteint !

Nous enchaînons avec une première descente super sympa car là encore assez raide pour y aller vite sans se fatiguer (il suffit de se laisser aller, et j'y arrive bien ; en général je suis assez bonne dans les descentes, et j'adore ça !).

Premier ravitaillement. Un coureur me dit que ma sœur n'est qu'à cinq minutes devant moi. Mais ça ne durera pas...

Un peu de montée et descente, tout va toujours bien. Mais ensuite, le soleil arrive. Et surtout, on se retrouve sur du plat. On s'engouffre dans une nouvelle vallée qui menace d'être très longue. Oh non ! En plus, sur ce plat, on ne sait pas comment faire : courir ? J'ai peur que ça me crève trop pour la suite. Marcher ? J'ai l'impression de ne pas avancer.

---

[1] Nom des habitants de Bourg-Saint-Maurice

Finalement on arrive au Laisonnay (km22), deuxième ravitaillement. Il est 10h. La barrière horaire est à 11h. Tout va bien. Puis montée au col du Palet. Je suis impatiente d'y être. Je me dis que de là, il n'y aura plus qu'une descente sur Tignes, puis je connaîtrai le parcours pour l'avoir fait l'an dernier (j'avais fait la « Sauvage », dont le parcours est la seconde partie de ce trail, avec Alexine, son chéri Jimmy et notre copine Myriam[2]). Sauf que sur un panneau, le col est annoncé à quatre heures trente de marche. Argh. Et en effet, c'est long. Archi long. Je n'en vois pas la fin. Il fait super chaud. J'avais déjà fait reremplir ma poche à eau au ravitaillement mais j'ai peur de manquer quand même d'eau. Je n'avais jamais autant transpiré de ma vie que sur ce trail. Et jamais autant bu.

Cette montée au col n'en finit pas. Je repense au début du trail ; j'ai l'impression que c'était la veille, et j'ai l'impression que je vais rester des jours dans cette montée.

Mais enfin le col est atteint, et une chouette surprise m'y attend : Marie-Antide, cousine de ma maman, est là avec son mari Bernard et leur petit-fils Matéo. Ça me fait trop plaisir de les voir !

Puis la descente sur Tignes est sympa. Avec un autre coureur, on échange remarques et encouragements, du genre que voir le lac de Tignes donne envie d'y plonger.

Troisième ravitaillement à Tignes ; un peu plus de la moitié a été faite. Je remplis à nouveau ma poche à eau. Je me remets de la crème solaire, pas évidente à étaler avec la transpiration et la couche de sel que j'ai sur la peau. Je repars, motivée.

Montée au col de la Leisse. Elle me paraît plus longue que l'an dernier. Mais je croise Jeanine, amie de ma mère, qui m'encourage. C'est trop bien d'avoir des supporters tout le long !

C'est après, dans la descente au refuge de la Leisse, que je déprime un peu. Car elle n'est pas raide, donc, avec un mal de jambes dû aux 40km déjà effectués, c'est dur de se motiver à courir. Et surtout, dès que je me mets à courir, j'ai des points de côté. Résultat : je marche à des endroits où je courais l'an dernier, ce qui me déprime.

---

[2] Copine avec laquelle je suis allée en Nouvelle-Zélande (voir *J'aime me perdre n'importe où dans le monde*)

Au refuge, encore une personne qui m'encourage : Adèle[3], amie d'Alexine, qui y travaille. Et autre bonne surprise : des cacahuètes au ravito ! Miam. Et, encore une fois, je remplis ma poche à eau.

Puis je repars. Toujours de la descente, mais toujours en longueur. J'arrive quand même à courir la plupart du temps. Et atteins ainsi assez vite le pont qui donne accès à la dernière montée du trail.

C'est là que ça devient l'horreur ! Sans parler du fait que je me dis (et j'ai raison) qu'Alexine doit atteindre la ligne d'arrivée (!), je trouve cette montée encore plus dure que l'an dernier[4]. Il faisait alors déjà chaud, mais là c'est pire. Et je me sens mal. J'ai envie de vomir. Je m'arrête. Un coureur qui me double me conseille de m'asseoir un moment à l'ombre. M'asseoir ?! Non, non, non, je suis sûre de ne pas réussir à repartir si je me pose. Mais finalement je suis son conseil. Et c'est vrai que me poser à l'ombre me rafraîchit, et finalement m'aide à repartir un peu mieux. Enfin... Je me fais quand même dévisager par deux marcheurs qui descendent, dont un qui me demande si j'ai besoin de quelque chose. Je dois avoir l'air très mal en point. Et d'ailleurs, je me pose une seconde fois.

Finalement cette montée horrible n'est heureusement pas longue, et j'en vois vite la fin. Commence alors un long plateau montant, que j'avais détesté l'an dernier mais que j'avais alors fait moitié en courant, moitié en marchant. Là je marche tout le long, avec mes points de côté, mes jambes qui pèsent cinq tonnes chacune et mon envie de vomir. Et mon mal au pied gauche (pour rajouter aux malheurs d'Elodie, je me suis fait une grosse ampoule sous le pied à cause de chaussettes mal adaptées, c'est malin !).

Enfin le dernier ravitaillement au col de la Vanoise est en vue ! Je remplis *encore* ma poche à eau. Je mange un quartier d'orange. Durant le trail, je n'ai pas énormément mangé. Un peu à chaque ravito, un bout d'une barre sucrée, un bout d'une barre salée

---

[3] Cette note de bas de page me fend le cœur. Adèle Milloz, devenue par la suite championne de ski alpinisme, puis guide de haute montagne, est décédée en août 2022 dans un accident de montagne. Je garderai toujours l'image de son grand sourire qu'elle avait toujours.

[4] Je m'étais alors fait doubler par Christophe Le Saux, qui était sur le grand parcours, et qui m'avait encouragée !

(eh oui ça existe ! Et c'est bon en plus), une boule chocolat-céréale faite maison, un gel fait maison. Pas plus. Là, je pense que j'aurais dû me forcer. Je n'avais pas envie de manger, avec cette chaleur. Mais j'aurais dû.

La descente me déprime d'abord. Comme d'hab, je n'arrive pas trop à courir tout le long, me remettant de temps en temps à marcher. Je n'ai plus envie de vomir mais ai toujours ces foutus points de côté ! « A quelle heure vais-je arriver à Pralo ?! » me lamenté-je.

Et puis j'atteins la forêt. Là le chemin est plus raide, j'arrive à courir et assez vite. Enfin je gagne un peu en vitesse ! Par contre, je me sens bien seule. Je ne double que quatre ou cinq personnes sur toute la descente, et personne ne me rattrape. Ajouté au fait que le soir tombe, cela me donne l'impression d'être dans les dernières, ou que tout le monde derrière moi a abandonné, comme si j'étais la dernière rescapée du trail.

Quand j'atteins Pralo, je suis ravie ! Surtout que, comme il est 18h30 passé, il y a du monde à la terrasse des bars, et je me fais fortement applaudir, encourager, féliciter. Ça fait trop plaisir !

Enfin, je passe la ligne d'arrivée ! Waouh, j'y suis arrivée ! Ma sœur et mes parents (venus faire une balade vers Pralo puis nous voir à l'arrivée et nous ramener à Bourg) sont là. Je culpabilise de les avoir fait attendre. Ce ne sera pas fini…

Le gars au micro annonce mon arrivée et vient même m'interviewer. Trop sympa ! Mais alors qu'il me pose une question, je commence à voir noir. Oh, oh, je vais tomber dans les pommes ! « Il faut que je m'assoie » réponds-je à sa question. Ce que je fais. Alexine vient me demander si je veux qu'elle m'apporte à manger. Je ne réponds pas car je ne sais pas. Bien sûr, il faudrait que je mange. Mais je n'en ai pas envie. Une organisatrice vient me voir, s'occupe bien de moi, donne mes affaires à ma mère, pendant qu'Alexine va me chercher à manger.

Et puis deux jeunes de la Croix Rouge viennent me voir. C'est là que j'aurais dû dire « non, ça va, il faut juste que je mange et me repose, laissez ». Mais je me suis fait avoir. Ils ont pris ma tension qui s'est révélée être basse, et ont mesuré mon taux d'oxygène dans le sang, bas aussi (mon pouls était par contre normal). Du coup, ils m'ont amenée dans leur camionnette. Remarque, c'était chouette de pouvoir m'allonger. Ils m'ont mis un masque à oxygène (!), ils m'ont repris dix fois la tension et mon taux d'oxygène, m'ont posé des questions,... et ont appelé un médecin des urgences qui a décrété qu'il fallait m'amener à l'hôpital de Moûtiers ! A cette annonce, j'ai eu les larmes aux yeux. Je devais manger au resto avec Ine et mes parents à Pralo, puis le dessert à la maison, un tiramisu que j'avais fait la veille (et je suis une pro du tiramisu). Je voulais prendre une bonne douche chez moi avant de plonger dans mes draps. Pas passer une nuit dans un hôpital. Surtout que c'était débile. Ce qu'il me fallait surtout, pour aller mieux, c'était me restaurer. Quand (et quoi) allais-je manger si j'allais à l'hôpital ?

Les pompiers sont arrivés pour m'emmener. Mais on a réussi à négocier (et avec leurs instruments de mesure ma tension et mon taux d'oxygène étaient plus haut) pour que j'aille juste voir le médecin de Pralo. Ouf ! Bon, ça a encore duré du temps, j'en avais marre, Ine encore plus (la pauvre, ça faisait un moment qu'elle était là, et elle voulait rentrer tôt à la maison pour préparer ses affaires et se coucher tôt car le lendemain elle prenait le train avant l'aube). En plus, ça m'a coûté une fortune car le médecin m'a fait un électrocardiogramme, à 107€ ! J'ai halluciné quand elle m'a annoncé le prix.

Enfin on m'a libérée et j'ai pu boire une bonne bière (bien méritée !) et manger au resto avec ma famille. J'ai pu déguster mon tiramisu, prendre une bonne douche et dormir dans mon lit moelleux. Tout ça avec la satisfaction d'avoir réussi une course difficile.

Et mes résultats ne sont pas si horribles en définitif.

Conclusion : j'avais parié avec Alexine qu'on mettrait moins de dix heures (j'avais grandement sous-estimé le truc), j'ai donc perdu (de peu pour Alexine... elle l'a fait exprès !). Ce qu'on avait parié : des cocktails. Mais j'ai de bonnes idées...

*Parcours* : *Pralognan – Col de Leschaux – Le Laisonnay – Col du Palet – Val Claret – Col de la Leisse – Col de la Vanoise – Pralognan*
*Résultats* : *12h35, 101$^e$/203, 11$^e$/19 F, (Alexine 10h11, 34$^e$, 4$^e$)*

L'arrivée a finalement été bien plus catastrophique que le départ. J'aurais également pu ranger ce trail dans le chapitre de « ceux où j'en ai le plus bavé ». Mais rien de tout ce qui m'est arrivée n'est exceptionnel, comme vous le verrez...

## 27 avril 2014, *Trail des Balcons d'Azur*, Mandelieu-la-Napoule, 47km, 2200m de dénivelé

Départ de chez moi à Golfe-Juan à 5h45, à vélo, dans la nuit et surtout sous la pluie.

Heureusement, et malgré le fait que je sois arrivée trempée et pas vraiment en avance (à cause de l'affrontement de la tempête), ce qui fait que j'ai dû me préparer en deux-deux, que j'étais aux toilettes pendant le briefing et que j'ai rejoint le sas de départ quand ils commençaient le décompte de celui-ci (tiens, ça me rappelle quelque chose !), qu'en voulant mettre mes écouteurs tout en commençant à courir, j'entends, à la place de ma musique, « pour confirmer votre nouveau message d'accueil, taper 1, pour le supprimer.... » – hein ?! –, le temps a été parfait sur toute la course, ce qui m'a mis une pêche d'enfer !

J'ai pleinement profité des paysages, ce qui ne m'a pas empêchée d'être satisfaite de mon rythme (à part après le passage dans Théoule suivi d'une bonne montée suivie d'un violent point de côté dans une descente, qui m'ont un peu cassée et ralentie) et finalement de mon temps.

Et, alors que j'étais morte à l'arrivée, limite en hypoglycémie et en ayant bien mal aux jambes, après repas et repos, je suis rentrée chez moi à vélo !

*Parcours* : Mandelieu – Pont Sarrazin – Col des 3 Termes – Col de Notre Dame – Pic de l'Ours – Col des Lantisques – Petites Grues – Col de Théoule – Notre-Dame-d'Afrique – Théoule – Rocher des Monges – La Rague – Mandelieu
*Résultats* : 6h05, 84$^e$/261, 9$^e$/36 F

## 26 juillet 2014, *6000D*, Aime-la-Plagne, 63km, 3100m de dénivelé

Nous sommes parties, Alexine et moi, de la maison à Bourg-Saint-Maurice, à 5h20 avec notre papa, sous la pluie, pour un départ à 6h. Encore une fois nous sommes entrées dans le sas à la dernière minute pour cause de queue aux toilettes (décidément !). Nous n'avons entendu qu'une minute avant le top départ que nous ne monterons pas au glacier à cause du temps.

Déçues mais motivées, nous partons. On commence par pas mal courir, sur du bitume plutôt plat. Puis enfin ça monte, dans la forêt pour nous protéger des quelques gouttes qui tombent. Tout va bien à part une vilaine douleur dans le dos. J'ai dû me faire piquer par une bestiole !

J'arrive à Plagne 2000 en deux heures quarante pour 1500m de dénivelée, juste derrière Alexine qui m'avait légèrement semée mais que j'ai rattrapée un peu après la montée dans la piste de Bobsleigh (qui était bien marrante, à part la musique qui y était diffusée ! J'ai augmenté le volume de mes écouteurs pour ne pas m'écorcher les oreilles).

Petite descente pour arriver au premier ravito à Plagne Centre. Alexine me dit : « Ah mais t'es déjà là ? ». Elle croyait me semer si facilement ?

A la montée à la Roche de Mio, nous rejoignons le Trail des Deux lacs. Je troque mon débardeur pour un t-shirt à manches longues. Ça caille ! Mais il ne pleut plus.

Cette piste toute plate pour monter au col, une horreur ! Tout le monde me double. Sur le faux plat, vraiment, je n'avance pas !

Après la Roche de Mio suit une descente sur le Col de la Chiaupe. Quand j'arrive au ravito, Alexine en part. Elle m'avait bien semée. « J'y vais, tu me rattrapes.

– Vas-y mais je ne te rattraperai pas.

– Mais si, tu me rattrapes ».

Voilà, j'ai la pression ! Trois TUC, un verre d'eau gazeuse, et je repars à fond.

Je la rattrape ! On continue ensemble.

Il y a deux ans, sur le Trail des Deux lacs, on était gênées par les descendeurs trop lents de la 6000D. Je me disais « c'est normal, ils en ont fait bien plus que nous, il leur en reste beaucoup » mais Ine et moi ne gênons personne, au contraire ! Doublage partie !

Mais une fois les coureurs du Trail des Deux lacs abandonnés, la descente est pour nous encore longue. Je me demande où on va. Je reconnais la piste qui mène au téléphérique du Vanoise Express. J'ai l'impression que c'est il n'y a pas si longtemps que je l'ai descendue à ski.

Nous remontons enfin, après cinquante-six minutes de descente, 1035m de dénivelé négatif. Au ravito nous avons droit à de la soupe. Super ! Mais sans la mouche, Monsieur le bénévole, s'il-vous-plait. Cette petite perte de temps (rien du tout pourtant, et j'ai apprécié cette pause) permet à plusieurs femmes de nous doubler !

Et nous sommes bien bas. Le dénivelé positif cumulé est de 2250m. Je ne sais pas bien quel va être notre parcours, le glacier en moins (pour une fois que j'avais bien étudié le parcours avant !), mais je m'attends quand même à faire 1500m de déniv, avec peut-être une longue montée, légère descente et montée, avant la dernière longue descente sur Aime.

Il fait à nouveau chaud, je me rechange. Alexine a un coup de moins bien. Je passe devant. Moi je suis trop nickel. Dans ce joli chemin qui serpente au milieu des rhododendrons, je double pas mal de monde.

Je me sens encore mieux quand je vois notre belle-sœur[5] Elise, venue nous encourager ! Elle me booste tellement que j'ai envie de courir. Mais non, peut-être pas quand même. Ah si, je peux, c'est un peu plat. Et le Col de l'Arpette est en vue.

J'attaque sa montée. Easy ! Surtout, j'entends crier mon nom. Je finis par voir... ma grande sœur, mes nièces, mon neveu, mes parents. Comme je suis trop heureuse qu'ils soient là ! Je me sens euphorique en arrivant. « Plus que de la descente », me disent-ils. Quoi ?! Déjà ? J'ai mis une heure quinze pour faire cette dernière montée de finalement seulement 750m.

J'attaque cette descente assez raide à fond. Je vole. Je m'éclate. Je passe dans Belle Plagne où l'ambiance est énorme, puis à Plagne Bellecôte où elle est encore meilleure. Beaucoup de gens applaudissent, encouragent, crient. Des enfants tendent la main. J'adore !

Au ravito, je donne même une petite interview (non filmée, juste en prises de note) en attendant ma sœurette mais elle n'arrive pas alors je repars, après une dernière question : « Comment allez-vous faire la descente ?

– A fond ».

---

[5] Belle-sœur de cœur depuis le décès de notre frère Benjamin

Oui, sauf qu'en fait cette descente est assez longue, et parfois plate ou même en légère remontée. Pas grave, j'y vais. Seul dilemme, Ine est-elle loin derrière ? Dois-je ralentir pour que nous arrivions ensemble ? Mais je veux profiter d'être bien pour continuer, continuer, continuer. En espérant que ma sœur, trop forte dans les descentes, me rattrape.

Seule petite contrariété, quand une bestiole (encore une !) se coince dans ma casquette. Mais pas de piqure cette fois, je repars indemne.

Et finalement me voici en bas, sur la piste cyclable. Aïe ! Du plat, du bitume. Trop dur ! Mais je cours. Alexine marchera à cet endroit et se fera redoubler par les femmes entre nous qu'elle a doublées à la descente. Pff, pas une course pour les vrais traileurs !

Légère remontée dans Aime, je ne lâche rien même si je souffre.

A l'arrivée, du monde encore. Ma famille encore. Je suis trop heureuse. Trop contente de mon temp (dont deux heures quinze pour faire la descente de 21km avec 1700m de dénivelé négatif), je savoure mon heure de gloire.

Pour la première fois de ma vie, je bats ma sœur ! Qui n'arrive pas longtemps après moi de toute façon. Et je me fais encore interviewer.

Mais le must : une bonne récompense nous attend : goûter en famille avec un bon gâteau pour fêter l'anniversaire de ma nièce et de ma maman. Pour terminer cette journée extra !

Mais qu'est-ce que j'ai mal aux jambes ! Comme jamais je n'ai eu mal ! Pas sûr que je la refasse, cette 6000D...

*Parcours* : Aime – Montalbert – Plagne 2000 – Plagne Centre – Roche de Mio – Col de la Chiaupe – Les Bauches – Plan Bois – Col de l'Arpette – Plagne Bellecôte – Monchavin – Aime
*Résultats* : 8h31, 216$^e$/1301, 11$^e$/104 F (Alexine 8h47, 280$^e$, 16$^e$)

## 24 juillet 2021, *6000D*, Aime-la-Plagne, 67km, 3400m de dénivelé

Commençons de nuit, bien avant le départ. Je dors mal, je rêve que mon mari doit passer me prendre pour aller à la 6000D, qu'il arrive tard, qu'on traîne (je le supplie qu'on se dépêche pour ne pas louper le départ mais il prend ça à la légère, il n'a plus l'intention de faire la course de toute façon), que le sas de départ est bloqué et que finalement je loupe le départ.

Je me réveille. Je regarde l'heure : 4h18 ! Le départ est à 5h, on devait se lever à 3h et partir (de chez mes parents) à 4h15.

On se lève en catastrophe, on se prépare à toute vitesse. Pas le temps de petit-déjeuner, on mange un peu de pain dans la voiture. On se gare à l'arrache dans Aime et on termine de se préparer dans le sas. Quelques minutes plus tard, on est lancés.

On s'en souviendra de ce départ !

Cette 6000D, elle est très roulante. On court beaucoup, même dans la montée qui contient beaucoup de plats et faux plats montant. Mais c'est joli, je reconnais le Mont Jovet et me rappelle les balades faites là-haut en famille.

Et c'est surtout l'ambiance qui est démente. Déjà à Longefoy, premier village traversé, les spectateurs sont à fond, entre ceux qui secouent des cloches et une femme qui crie « faut rien lâcher, c'est beaucoup trop tôt ! ». Mais c'est surtout à la sortie de la piste de bobsleigh (trop drôle de monter par là !) que c'est de la folie. On se reçoit même des confettis !

On arrive enfin à Plagne 2000, petite descente et c'est le premier ravito. On met le masque (on est toujours en période de covid) et on se fait servir (le nombre de bénévoles est hallucinant, on a beau être plus de 700 participants, on n'a pas besoin d'attendre). Puis on se remet à monter, jusqu'aux Blanchets (où j'ai une pensée pour ma maman qui est montée là, genre, trente-six fois, cet hiver à ski de rando). Il y a un joli lac, on aperçoit vaguement le Mont Blanc qui est voilé. À la Roche de Mio, encore plus haut, on admire le Mont Pourri, la Grande Motte et la Grande Casse.

Une descente un peu plus longue nous amène à la montée au glacier. Je croise Mimi Kokta qui en descend déjà, suivie par Dawa Sherpa. La montée est plus raide, enfin ! Ambiance glacière mais nous sommes sur la terre. Finalement nous ne traversons qu'un petit névé (ce n'était pas la peine de nous faire trimballer les Yaktrax[6]). La vue est superbe et c'est fou d'être là à plus de 3000m alors que

---

[6] Crampons légers spécialement conçus pour s'accrocher à des chaussures de trail.

nous sommes partis il y a quelques heures à même pas 700m d'altitude !

La descente est d'abord assez raide et légèrement technique, je m'amuse comme une folle ! Nous prenons ensuite un beau chemin en balcon au milieu des rhododendrons. Puis ça remonte, jusqu'au col de l'Arpette, dernière « vraie » montée. Il reste 25km de « descente ». Mais ni technique ni raide, à part sur quelques petites portions très courtes. Mais on se tape aussi des plats, et même faux plats montants. Si on courait beaucoup dans la montée, on se met souvent à marcher dans la descente.

D'ailleurs c'est là qu'une femme avec laquelle on se doublait depuis quelques temps me double à nouveau. Je la redouble quand ça descend un peu mieux et la sème. Je pourchasse une autre femme avec laquelle on s'était doublées plusieurs fois aussi, mais finalement je ne la rattraperai jamais. Par contre, je double une autre femme. Puis le serre-fil de la 6D Marathon, qui me dit qu'il n'y a pas beaucoup de femmes devant moi. Ah bon ?! J'en vois d'ailleurs vite une, qui me voit et se retourne ensuite plusieurs fois. Je finis par la rattraper, la doubler. Elle reste un moment derrière moi, me colle même presque, mais (sans accélérer, elle ne me fera pas craquer, non mais !) je finis par la semer, et je double même encore une autre femme (et plein d'hommes mais c'est moins important pour mon esprit de compétitrice). Tout ça me fait oublier de manger. Je m'étais bien alimentée dans la montée pour compenser le manque de petit déjeuner mais là je suis trop à fond dans ma descente.

Dans cette longue descente pleine de plats.

Je finis par atteindre la piste cyclable. Bientôt l'arrivée ! Et surprise, je croise là ma sœurette venue nous encourager ! Avec son petit bébé trop choupinou. Ça me booste encore plus !

Je m'étais mis en tête de courir jusqu'à l'arrivée, même si ça remonte un peu dans Aime, et je m'y tiens. Dans la rue comme dans tous les villages (et même en haut de la roche de Mio et sur le glacier, en haut des remontées mécaniques en fonction), l'ambiance est folle, les applaudissements n'en finissent plus.

Et là, le voilà ! Mon bébé ! Avec son papy et sa mamie. Trop content de me voir. Je le prends dans mes bras et trottine du mieux que je peux en le portant jusqu'à la ligne d'arrivée. Il rigole. C'est la plus belle des récompenses !

Je suis contente d'être montée cette fois sur le glacier, et d'avoir revécu cette ambiance, mais je ne la referai pas une troisième fois, trop roulante pour moi !

Après une bonne tétée pour mon bébé en attendant son papa, on retourne vers l'arrivée pour l'accueillir. Mais là je me sens mal. Nausée, vertige. L'hypoglycémie est là. Je ne peux faire qu'un petit bisou à mon chéri à son passage, puis attends qu'il me rejoigne. Si je suis mal maintenant, lui a plutôt subi l'absence de petit déjeuner pendant la course, manquant d'énergie. Il n'a pas fait le temps qu'il voulait. Il a quand même super bien géré, comme d'habitude ! Je suis fière de lui.

Mais surtout très nauséeuse. J'essaie de me forcer à manger, je bois du jus de fruit. Et vomis ! Ensuite ça va mieux, mais mon chéri et mes parents préfèrent appeler les secours, qui m'amènent (en chaise roulante, la classe !) sous leur tente. Je m'y repose. Le médecin me diagnostique une ischémie intestinale (une heure après mon arrivée ? Je suis sceptique), me déconseille de manger, dit qu'on ne devrait pas manger pendant un trail (on aurait assez de réserve de glycogène d'après lui). Mais moi j'ai faim alors je n'en fais qu'à ma tête et mange. Et puis je quitte la tente des secours car mon bébé veut à nouveau téter. Je les remercie quand même beaucoup ; les secouristes sont adorables.

On décide de rester à Aime jusqu'à la remise des prix car... surprise ! Je suis 1$^e$ SEF ! Huitième femme mais derrière que des M1, M0,... (et toutes ces nouvelles catégories bizarres !).

Et ainsi se termine cette belle journée.

Un podium sur la 6000D, c'est classe !

*<u>Parcours</u> : Aime – Montalbert – Plagne 2000 – Plagne Centre – Roche de Mio – Glacier de Bellecôte – chalet du Carroley – Col de l'Arpette – Plagne Bellecôte – Monchavin – Aime*
*<u>Résultats</u> : 9h52, 195$^e$/787, 8$^e$/66 F (Jonathan[7] 10h57, 348$^e$)*

---

[7] Je n'ajoute pas le classement H pour mon chéri, car hélas, les femmes étant trop peu nombreuses sur les trails, il n'est pas si différent du classement général.

# 26 mars 2017 : *Trail Gerbae*, Airole (Italie), 13km, 1000m de dénivelé

Un nouveau trail ! Bon, cette année on avait décidé avec mon chéri de ne pas partir faire des trails loin de chez nous, pour ne pas faire de route le week-end alors qu'on en fait (enfin surtout mon chéri) beaucoup la semaine. Et pour profiter même notre nouveau chez nous, pour courir dans la Vésubie, même si ce n'est pas en compétition. Sauf que moi je suis accro à celle-ci et qu'on m'a dit beaucoup de bien de ce trail encore inconnu pour moi. Et puis mon chéri est au pays des kangourous.

Donc, c'est parti ! Titine est à moi, je la prends et me voilà partie, en ce jour de changement d'heure, à 6h50 (5h50 de l'ancienne !), pour Airole, en Italie, dans la vallée de la Roya. Je prends la route la plus courte et la moins chère (et celle évitant les gorges de la Vésubie pour lesquelles je sature, après ces deux semaines à les emprunter en tant que conductrice et en travaux), même si elle emprunte des petites routes. Moi j'aime les routes de montagne quand il n'y a que moi dessus, ce qui est le cas à cette heure un dimanche matin.

Le trajet est d'ailleurs magnifique ! Sauf que, après trois jours de pluie et par -4°, le col de Turini est verglassé. Je l'atteins toute tremblante et… me retrouve dans la neige ! Il a l'air d'y en avoir pas mal dans la descente de Moulinet. Que faire ? Attendre que tout fonde et rentrer chez moi ? Je chaîne. Je galère. Je perds du temps. Arriverai-je à temps ? Je descends en première (!) presque jusqu'à Moulinet, tant la neige (pas épaisse) est gelée. Mais ouf, j'y arrive, et, après Sospel et Olivetta, j'arrive à l'heure à Airole !

Après, tout n'a été que bonheur. Peu de monde sur ce trail (seulement quatre femmes, mais je m'attends à finir troisième quand même, car il y a deux femmes qui m'ont battue sur d'autres trails), une bonne ambiance, des blagues au départ.

Puis c'est parti ! Un parcours super, technique, avec une vue magnifique sur des sommets mais aussi la mer, sur de belles crêtes tout en haut, avec une descente super technique comme j'aime, même si c'est gras par endroit et que je glisse à un moment, plongeant dans un buisson dont je m'extrais difficilement.

J'ai doublé une des femmes redoutées dans la montée, et l'autre dans la descente. Mais j'ai quand même peur qu'elles me rattrapent. J'arrive donc au bout de ma vie au village, mais trop heureuse. Victoire !

Le repas d'après-course est très bon et super convivial, et je rigole bien avec Guillaume, excellent traileur du 06, qui a gagné la course, et un autre copain coureur.

Avec mon panier bien garni reçu comme récompense, je repars… par l'autoroute ! Car si la neige a dû fondre, j'ai peur de ne plus être aussi seule sur les petites routes.

Une journée pleine d'aventures !

<u>Parcours</u> : Airole – Torre Gerbae – Croce di Sapelea – Colle dei Saviglioni – Sella dei Due Abelli – Airole
<u>Résultats</u> : 1h55, 11$^e$/31, 1$^e$/4 F

*Chaîner sa voiture et serrer les fesses, c'est pas mal pour un échauffement, non ? J'aurais dû y aller en courant, j'aurais moins stressé (46km quand même…).*

## **28 octobre 2012 :** *Trail des Baous*, **Saint-Jeannet, 16km, 650m de dénivelé**

Avec Alexine en vacances chez moi dans le sud, nous avions évidemment prévu un petit trail. Inscrites au 28km (avec 1200m de dénivelé), nous avons dû revoir nos plans, car le bus à Saint-Laurent-du-Var (où nous sommes allées en train) n'est jamais passé. Nous avons fini (avec trois autres personnes) par prendre un autre bus nous amenant à 2km de St-Jeannet, pour finir à pied. Arrivant trop tard pour le départ, nous nous sommes rabattues sur le 16km.

Le paysage était magnifique, tant par la végétation que par la vue sur la mer ! Seize kilomètres pour peu de dénivelée, c'est dur, car on doit beaucoup courir ! Les Savoyardes n'apprécient pas. Mais la photo après l'arrivée avec Sébastien Chaigneau, parrain de la course, nous a consolées.

<u>Parcours</u> : St-Jeannet – le Campiou – Jas de Michelis – la Colle – St-Jeannet
<u>Résultats</u> : 1h43, 114$^e$/233, 10$^e$/56 F (Alexine 1h31, 46$^e$, 5$^e$)

*Petite marche de 2km pour se rendre au départ du Trail des Baous avec ma sœur en 2012*

# Chapitre 2 : Ceux qui soulignent ma progression

*Gagner ce n'est pas finir en première position. Gagner c'est se dépasser soi-même et transformer nos rêves en réalité.*
**Kilian Jornet**

  Revenons en arrière. L'Ice Trail Tarentaise (ITT) et son bébé l'Altispeed ont été des trails marquants pour moi. Ils ont été parmi les plus beaux, et sont restés longtemps (jusqu'à leur disparition, snif) mes préférés. L'Altispeed a été notre tout premier trail à ma sœur et moi. On l'a refait tous les ans jusqu'à passer à l'ITT (pour moi). Et au fil de ces années, j'ai bien, bien progressé…

## 18 juillet 2011 : *Altispeed*, Val d'Isère, 32km, 2500m de dénivelé (environ 24km, 1850m pour moi)

  Premier trail ! Avec ma sœur, on commence fort ! Mais ce tout nouveau trail à Val d'Isère nous tentait trop.

  La grande course, Ice Trail Tarentaise, a été annulée à cause du temps (tous les concurrents ont fait l'Altispeed). Il a plu toute la journée. Je me suis plantée au Pont de la Neige, je suis allée directement au Col de l'Iseran (je ne suis pas la seule), sans passer par l'Aiguille Pers. Je m'en suis rendue compte quand plein de coureurs m'ont doublée dans la descente du Tunnel des Leissières, à toute allure (que faisaient-ils derrière moi ?). J'étais dégoûtée mais je suis arrivée tellement morte que c'est un mal pour un bien. Je ne sais pas si j'aurais réussi à le faire entier !

  Alexine a fait l'Aiguille Pers mais ils lui ont fait faire demi-tour avant le sommet à cause du temps. Elle est arrivée trempée, la pauvre ! Elle était morte.

  Même si j'ai prévenu l'orga de mon erreur, ils se sont un peu plantés dans le classement. Ils m'ont compté une pénalité, mais certainement insuffisante… vue ma $2^e$ place féminine !

*Parcours* : Val d'Isère – le Manchet – Col des Fours – Pont de la Neige – Cascade (proche col de l'Iseran) – Aiguille Pers – Col de l'Iseran – Tunnel des Leissières – Val d'Isère
*Résultats* : 5h, je ne mets pas mon classement car j'aurais dû être disqualifiée (Alexine 6h59, 200$^e$/302, 16$^e$/29 F)

*Je commence avec une erreur, sous la pluie, et en en bavant comme jamais. Pourtant l'année d'après je n'hésite pas une seconde à me réinscrire !*

## 15 juillet 2012 : Altispeed, Val d'Isère, 32km, 2500m de dénivelé

Trop fière de l'avoir fait en entier ! D'être montée à l'Aiguille Pers. Contente aussi de mon temps mais un peu déçue de mon classement (et déprimée par Alexine qui a mis une heure de moins et est beaucoup mieux – avec euphémisme – classée).

Nous sommes partis sous une petite pluie qui s'est vite arrêtée. Il a ensuite fait froid mais beau. La montée à l'Aiguille Pers était longue et dure, mais pas horrible non plus et j'ai trouvé le reste moins dur que l'an dernier.

*Parcours : idem (mais en allant jusqu'au sommet de l'Aiguille Pers)*
*Résultats : 6h17, 156$^e$/235, 21$^e$/37 F (Alexine 5h20, 77$^e$, 5$^e$)*

## 14 juillet 2013 : *Altispeed*, Val d'Isère, 32km, 2500m de dénivelé (en fait un peu moins)

Grand beau temps, paysage magnifique ! Ça change des deux premières éditions ! Nous ne sommes pas allés jusqu'à l'Aiguille Pers, mais un peu avant (avant les crêtes) à cause de la neige. Il y en a eu beaucoup tout le long : à la montée au Col des Fours (c'était plus facile), à la descente au Pont de la Neige (qui porte bien son nom, pour le coup), à la montée avant l'Aiguille Pers (il y avait même des pistes ouvertes, avec passages de skieurs !), à la montée au tunnel (c'était plus facile) et au début de la dernière descente (où on finit sur les fesses, pas forcément plus facile).

Une heure de gagnée !

Notre copain Raph a couru avec moi depuis le Pont de la Neige. C'était trop chouette ! Il m'a bien aidée.

C'était vraiment un trail troooop sympa, beau, dur (mais j'en ai moins bavé que l'an dernier).

Kilian Jornet faisait l'Ice Trail Tarentaise. Avec Alexine et notre maman, nous sommes allées lui parler (il nous a même fait la bise[8] !).

Seul point orga que j'ai trouvé un peu honteux : ils récompensaient les trois premières scratchs pour les femmes et... dix premiers pour les hommes !

*Parcours* : idem
*Résultats* : 5h18, 115$^e$/316, 8$^e$/53 F, (Alexine 4h38, 53$^e$, 3$^e$)

## 13 juillet 2014 : *Altispeed*, Val d'Isère, 32km, 2500m de dénivelé

Quelle progression ! Vingt-cinq minutes de moins qu'il y a trois ans où je n'étais pas allée à l'Aiguille Pers ! Trente-cinq minutes de moins que l'an dernier !

Mon challenge perso (courir sur la route après le Pont de la Neige) a été réussi en partie (j'aurai pu mais je ne voulais pas me fatiguer pour la montée à l'Aiguille Pers).

Le temps était maussade, il n'y avait pas de vue, il ne faisait pas très chaud, mais il n'y avait pas de pluie et il ne faisait pas trop froid non plus.

J'ai pris le départ avec la team : Ine, Elise, Raph. On est restés ensemble tout le début. Tout m'a paru très rapide : au refuge en deux-deux, au col des Fours idem, descente dans la neige (moins que l'an dernier mais plus molle), montée rapide sur la route.

Je suis partie en tête du ravito, mais vite doublée par les filles qui m'ont même semée dans la montée à l'Aiguille Pers. Pourtant

---

[8] Car Kilian Jornet a été encadré par notre frère Benjamin, guide de haute montagne, sur son record sur le GR20 et le Lac Tahoe (voir son livre *Courir ou Mourir*). C'est d'ailleurs en partie ce qui nous a donné envie de faire du trail à ma sœur et moi.

celle-ci m'a paru super courte (!). Mais surtout parce que comme l'an dernier on s'est arrêtés à la première crête. Raph restait toujours avec la dernière donc dans cette montée avec moi. Mais j'ai doublé Elise dans la descente. Raph est resté avec elle. Ine n'était pas très loin mais filait tel l'éclair.

Au ravito de l'Iseran, elle m'attendait, donc je ne suis restée que le temps d'un verre d'Orangina (ça faisait longtemps que je n'en avais pas bu, ça passait trop bien) avant de repartir avec elle, mais elle m'a tracée dans la montée – difficile – jusqu'au tunnel.

Elise m'a presque rattrapée mais je l'ai perdue dans la descente, sans réussir à rattraper Ine qui filait toujours.

Cette année ils nous ont fait prendre au plus rapide, toujours tout droit dans la pente. Dans la plus raide, un peu avant Val (punaise cette descente m'a parue rapide, incroyable !), Ine m'attendait en bas. « Mais vas-y ! lui dis-je.

– Je ne passe pas la ligne d'arrivée toute seule.

– Ah bon, alors j'arriiiiiive ! »

Et là je me vautre, glissant, me retournant même face à la pente, avant de me remettre sur pied, morte de rire.

Je la rattrape petit à petit et nous passons la ligne d'arrivée main dans la main.

Excellente course ! Génial ! Suivie d'un repas dans la bonne humeur et une dégustation du vin de François d'Haene et sa femme, trop sympas tous les deux (il a gagné l'ITT mais était tout frais, trinquant avec ceux qui goutaient son vin !).

Bon encore cette année pas de récompense pour les dix premières femmes, dommage pour nous.

L'an prochain… ITT !

*Parcours* : idem
*Résultats* : 4h45, 89$^e$/397, 9$^e$/69 F (Alexine idem)

## 12 juillet 2015 : *Ice Trail Tarentaise*, Val d'Isère, 65km, 5000m de dénivelé

Chaque année, mi-juillet, c'est à Val d'Isère que ça se passe ! En 2015, il est temps… de tester le grand !

Pour la première fois je ne prends pas le départ avec ma sœur, mais avec Jonathan, mon chéri. C'est pas mal, aussi ! Quatre heures du matin, levés depuis deux heures et demie, nous prenons le départ sous les étoiles. L'ambiance est magique ! J'adore les départs de nuit, avec leurs défilés de frontales, leur douceur, la lune qui apparaît derrière les montagnes, les lumières des villages, le jour qui se lève… et qui ici éclaire d'une douce lumière rose le Mont Blanc et les Grandes Jorasses. Nous ne sommes même pas encore à Tignes que j'ai déjà dit une vingtaine de fois « c'est trop beau ! ».

Au lac de Tignes, des gens encouragent malgré l'heure très matinale, et Eddy, un copain avec qui j'avais pris le départ de la TDS (Sur les Traces des Ducs de Savoie) et qui est monté me voir, court durant quelques minutes avec moi. Ayant déjà fait l'Ice Trail, il me donne quelques conseils. Trop sympa !

Puis la montée commence vraiment, en direction de la Grande Motte. Là mon chéri me rattrape. Je peine à tenir son allure, obligée même d'accélérer pour lui passer la crème solaire lorsque le soleil commence à taper. Au ravito, son réveil se met à sonner, et nous mettons l'ambiance avec la chanson *Stayin' Alive*. Trop drôle !

Les crampons Yaktrax ont déjà été chaussés, mais c'est à partir de ce point, au restaurant Panoramic (km15), que l'ascension du sommet commence.

Pour certains elle est déjà terminée. C'est ici que nous croisons (et encourageons) Emelie Forsberg (qui nous remercie d'un signe et d'un sourire, trop sympa !).

La pente est raide. Je suis la seule en vue à ne pas avoir de bâtons. J'avoue qu'ils me manquent légèrement. Les coureurs se suivent en une belle file indienne, exceptés Jonathan qui monte « en crabe », et moi, un peu plus bas et qui tente de le rattraper en « pagayant » (mouvements des bras pour me donner de l'élan) et qui double ainsi quelques personnes (comme quoi on peut faire tout aussi bien, et même mieux, sans bâtons).

Après le check point, on se retrouve dans un bouchon. Heureusement que nous sommes ensemble car nous ne pouvons pas avancer. Nous perdons bien une demi-heure. La raison ? Le passage d'une crevasse sur une échelle (trop drôle, j'étais impatiente d'y arriver !), mais surtout de quelques rochers équipés de mains courantes, où beaucoup de coureurs qui ne pratiquent apparemment jamais l'escalade peinent (ce qui n'est pas mon cas évidemment, on ne m'appelle pas « la bouquetine » pour rien).

Nous atteignons ensuite le sommet. Moment de plénitude, avec mon chéri, à 3650m d'altitude et face à un panorama absolument grandiose. Amazing!

La descente commence par un nouveau bout de rocher et donc un nouveau bouchon. Je ne me sers que peu des cordes fixes, préférant descendre en arrière en prenant appui sur les rochers.

Ensuite la descente sur neige commence ! Certaines personnes la font en mode « luge », moi je suis contente de pouvoir, malgré les crampons, faire des glissades sur les pieds. Finalement les bâtons ne manquent pas énormément.

De retour au Panoramic (km21), nous enlevons manchons, vestes, Buff, crampons. Ah non, pas crampons, une bénévole répète toutes les trente secondes qu'il faut les garder (pour rien, la neige sur le dernier névé est molle). Un peu de crème solaire étalée (je deviens blanche comme un cachet), quelques figues et morceaux de chocolat avalés, et une descente dans laquelle s'engager.

D'abord sur rochers, comme j'adore. Je saute de l'un à l'autre, je vole, je rigole... et sème mon chéri. Je continue néanmoins, en me disant qu'il me rattrapera peut-être dans une montée (ce qui ne sera pas le cas).

Le trail devient plus roulant. Je reconnais le tour du Mont Roup que j'avais fait en rando avec ma mère en 2010, puis le chemin que nous avions emprunté avec ma sœur et ses amis lors d'une autre rando en 2008. Sauf que je ne me rappelais pas que nous passions un col, et qu'en voyant de loin celui de la Rocheure je crois d'abord qu'il s'agit de celui des Fours et que j'arrive déjà sur le refuge. En même temps, je ne reconnais pas trop le Col des Fours, et ne vois pas l'endroit où avec ma sœur et ses amis nous avions coupé pour descendre directement sur le refuge par une pente très raide. Bref, je me rends compte que j'atteins un autre col et prends mon mal en patience. J'ai trop hâte d'arriver au refuge des Fours !

Tiens, je croise mon professeur de CM1, maintenant garde du Parc de la Vanoise, et qui ici prend des photos. Sympa de le voir.

Ma douleur au genou se réveille et s'intensifie petit à petit (tendinopathie du fascia lata, autrement appelé syndrome de l'essuie-glace, chopé après l'Ultra-Trail des Balcons d'Azur, trop dur à faire partir, surtout quand on n'arrive pas à se reposer[9]).

Quand enfin je vois le refuge (km41), et surtout mon père qui est là avec un copain, je suis trop contente. Je vole dans la dernière descente, mais le paie dans la montée au col des Fours. Malgré les encouragements de mes proches qui me motivent, je peine à faire cette montée, la plus dure du trail pour moi ! Il faut dire qu'en plus, cette année, elle n'a pas de neige, nous obligeant à suivre le chemin qui serpente et n'en finit pas, plutôt que monter tout droit dans la pente, en suivant de belles marches d'escaliers tracées par les premiers dans la neige.

Mais j'y suis déjà, sur le parcours de l'Altispeed ! A partir de là, je connais le parcours par cœur.

La descente au Pont de la Neige se passe bien. Je sais déjà que le faux plat montant sur route jusqu'au ravitaillement est long. Surtout, tout le long, je me répète « la montée à l'Aiguille Pers va être terrible ».

Après la route, je suis contente de trouver le ravito de la Cascade (le dernier avant les derniers 18km), mais surtout ma maman ! Elle m'encourage bien, me redonne des forces rien qu'avec sa présence. Ma famille est super !

Je prends le temps de goûter le bouillon aux vermicelles et de manger des TUC, avant de repartir. Je commence vraiment doucement. Je n'avais cessé de doubler des concurrents tout le long du parcours, mais là c'est moi qu'on double. Tant pis. « Ne crains pas de ralentir, crains seulement d'être à l'arrêt » (proverbe chinois). J'y vais doucement mais sûrement. « Parfois, il faut juste faire les choses » (Scott Jurek[10]).

Après la traversée du bas du Glacier du Pisaillas, une fois dans la « vraie montée » de l'Aiguille Pers, je me sens déjà mieux. Je garde mon rythme régulier. Et finalement, même si certains me doublent, avec ceux qui sont obligés de s'arrêter, je ne perds pas de place (j'en gagnerai, même).

Sur les crêtes, je me sens beaucoup mieux. Je suis dans mon élément. La vue est encore une fois incroyable. Je profite du paysage

---

[9] Finalement des séances de kiné en viendront à bout plus tard dans l'été.

[10] Dans son livre *Eat and Run*

quelques secondes au sommet, avant de redescendre, avec une courte pause pour discuter avec un bénévole qui connaît mon père et m'a reconnue (« t'es une fille Lafay, non ? »). Il me donne quelques nouvelles de ma sœur, passée il y a longtemps déjà (elle doit être arrivée d'ailleurs, faisant cette année encore l'Altispeed).

Je l'attendais, enfin je le vois. Mon chéri ! Nous nous croisons sous la Pointe Pers, juste à temps avant que nos chemins ne se séparent (la descente relie l'Aiguille au Col de l'Iseran sans repasser sous le glacier de Pisaillas). Il est fatigué, a mal à la cuisse, mais comme moi il arrive à continuer en mode « doucement mais sûrement ».

Nous nous encourageons, mais devons nous séparer. Je continue ma descente, retrouvant ma mère au Col de l'Iseran. Ici, au dernier ravito, je discute aussi un peu avec une bénévole, très sympa, avant d'attaquer la vraie dernière montée, au Tunnel des Leissières. Cette montée-ci aussi est plus difficile sans neige, dans cette caillasse qui nous fait redescendre d'un pas quand on monte de deux. Un coureur me colle pour garder le rythme, et souffle comme un bœuf. J'en suis irritée mais continue néanmoins. Car je me sens mieux que dans la montée à l'Aiguille Pers. Et ma mère, qui reçoit des sms de suivi « en live », m'a donné mon heure prévue d'arrivée, ce qui me donne une idée du temps qu'il me reste à tenir et me motive.

Une fois le tunnel passé, la descente commence ! Mon allure est bien moindre que lors des autres années sur l'Altispeed. La fatigue et mon mal au genou m'empêchent de voler. Pourtant des randonneurs au lac de l'Ouillette qui encouragent me disent que je descends bien. Ceci juste après les petites remontées sur les Crêtes de l'Arselle, qui me semblent presque aussi terribles qu'en 2011 où j'avais presque eu envie de pleurer.

Chaque année la descente est plus raide. Lors de la première édition, nous prenions tous les lacets, cette année c'est « tout droit dans la pente » jusqu'à la fin ! Terrible ! Surtout pour mon genou.

Mais la ligne d'arrivée est en vue, et tellement attendue que je ne peste pas, trop heureuse de terminer.

Dernier petit détour, je cours et coupe ma musique. J'entends alors mon prénom, et aperçois ma sœur et mes parents. Je passe devant eux avant d'atteindre la ligne d'arrivée, (incognito, en pleine remise des prix, en apercevant Emelie Forsberg sur le podium), épuisée mais euphorique.

J'ai terminé l'Ice Trail ! En 13h10 ; je pensais terminer en moins de temps... ou pas du tout à cause de mon genou. Donc le bilan est positif, et même plus que positif avec la météo exceptionnelle à laquelle nous avons eu droit, révélant tous les sommets sous leur plus beau jour : Mont Blanc, Mont Pourri, Grande Sassière, Grande Casse,... C'est leurs images qui continuent de me marquer tandis que je me remets de mon effort.

Je suis avec ma famille, et mon amoureux va arriver. Tout est parfait. Nous guettons sa venue aux jumelles, et je remets mes chaussures quand nous le voyons, pour passer la ligne d'arrivée avec lui, une heure après mon passage. Il s'écroule mais me sourit. Nous sommes trop heureux d'avoir vécu ces moments, d'avoir réalisé cet effort. De mériter notre raclette du soir !

Et voilà, c'est terminé. L'an prochain, ITT à nouveau ou Altispeed ? Nous verrons. Mais définitivement, ce week-end doit être passé ici dans mes montagnes, sur mon trail préféré...

*<u>Parcours</u> : Val d'Isère – Tignes – la Grande Motte – Col de la Rocheure – Col des Fours – Pont de la Neige – Pointe Pers – Col de l'Iseran – Tunnel des Leissières – Val d'Isère*
*<u>Résultats</u> : 13h10, 152$^e$/504, 18$^e$/47 F (Jonathan 14h10, 212$^e$)*

*Ce n'est pas qu'après 2015 j'ai cessé de progresser, mais c'est que mon Altispeed, mon ITT, ont cessé d'être organisés. Cette course de référence n'existe plus.*

*Depuis 2015 j'ai surtout progressé en ultra-trail. Je n'ai pas gagné en puissance, en force physique, mais en endurance, en force mentale, en préparation.*

*Arrivée de l'Altispeed à Val d'Isère avec ma sœur en 2014*

# Chapitre 3 : Les plus beaux

*Il n'y a point de chemin vers le bonheur, le bonheur est le chemin.*
**Lao Tseu**

*Ce chapitre est le plus long et pourtant de nombreux trails que j'ai trouvé magnifiques sont contés dans d'autres chapitres encore, comme l'Ice Trail Tarentaise et l'Altispeed.*
*Mais mes plus beaux trails, ce sont avant tous mes ultra-trails. Ils m'ont tous offert des paysages magnifiques, des expériences incroyables, des émotions fortes. Quelques autres trails, plus courts, ont également été beaux, magiques.*

## 24 août 2014 : *Sur les Traces des Ducs de Savoie*, Courmayeur – Chamonix, 120km, 7250m de dénivelé

I did it! J'ai couru 119,5km (et 7250m de dénivelée positive, rien que ça !) sur les Traces des Ducs de Savoie (qui, soit dit en passant, n'ont historiquement pas fait exactement le même parcours). A aucun moment je ne me suis dit « qu'est-ce que je fous là ? », pas même dans les moments les plus difficiles (comme dans la montée au Fort 2000 et au col de Tricot). Heureusement que ma famille était là ! Sans eux, je n'aurais pas pu faire cette TDS.

D'ailleurs, c'est mon papa qui m'amène à Courmayeur mercredi matin. Lorsque nous arrivons, il n'y a encore pas grand monde. Mais après un bon café italien, le sas de départ est déjà bien rempli. J'y retrouve les Borains Eddy et Stéphane, avec qui je suis allée la veille à Cham pour retirer le dossard. Marie-Ange, femme d'Eddy et copine d'école primaire, est là aussi, fervente supportrice. Et dire qu'il y a quelques années, c'était pour faire la fiesta que je traînais avec eux ! Les temps changent…

Pas trop de stress, mais une pure excitation, amplifiée par la musique de *Pirates des Caraïbes* qui tourne en boucle.

Et puis ça y'est, on y va ! Je suis plutôt à l'avant donc pas d'embouteillage, je cours dans les rues de Courmayeur, en faisant signe à l'hélico qui tourne au-dessus pour filmer le départ. Le paysage est déjà magnifique. Nous courons face aux Grandes Jorasses.

Je quitte la ville après un dernier signe à mon père. Puis très vite, ça monte. La piste est large, heureusement car nous sommes nombreux. Je marche avec Eddy et Stéphane. Il fait grand beau, je suis trop contente.

Assez vite, je lâche les garçons, que je vois pour la dernière fois au premier ravito, auquel je ne m'arrête pas car il y a trop de monde, et parce que j'ai plein de trucs à manger dans mon sac et encore beaucoup d'eau.

Le vent souffle fort, mais c'est plutôt confortable, évitant que ne nous souffrions de la chaleur.

Sur l'arrête du Mont Favre, la vue est tout simplement incroyable ! Les Grandes Jorasses, la Dent du Géant, le Mont Blanc, l'Aiguille des Glaciers. Waouh ! Et puis je me rappelle lorsque nous étions passées là lors de la Kora du Mont-Blanc en 2008, organisée par l'association Lions des Neiges pour soutenir le Tibet et que j'avais faite en partie avec ma maman.

Et là, je croise des Sudistes ! Du Conseil Général des Alpes Maritimes, organisateurs des Trails de la Vésubie sur lesquels j'ai été bénévole. C'est drôle de les voir ici. Et trop bien, car ils prennent des photos, donc j'en aurai une belle de moi devant le Mont Blanc.

Première descente, premiers doublages ! J'adore ! Puis du plat jusqu'au ravito, où je mange et bois vite fait avant de repartir pour une montée super sympa jusqu'au col de Chavannes, magnifique ! Le vallon est ensuite très long, mais je le savais, m'y étais préparée psychologiquement, et puis ça descend donc ça va tout seul. Des vaches au bord de la piste courent avec nous !

Nous ne sommes que cent soixante-douze femmes sur cette course mais il y en a plein autour de moi. Après quelques petits passages gadoueux, nous montons au Col du Petit Saint-Bernard. Avant de l'atteindre, nous passons au bord du très beau Lac Verney, où je crois halluciner. On voit le Cervin ! En plus du Grand Combin.

Et je n'ai pas fini de m'en mettre plein la vue. Le Mont Pourri porte mal son nom cette année. Il est tout blanc, dominant la vallée de Tarentaise, *ma* vallée ! Ça y'est, je suis au col (passé dans l'autre sens en voiture le matin-même), je vais descendre sur Bourg. Je suis surexcitée. Et encore plus en voyant *ma* ville ! Bourg-Saint-Maurice ! J'arriiiiive !

Je descends à plus de 9km/h. Je ralentis à peine pour enlever mon tee-shirt à manche longue et rattacher mon dossard à mon débardeur. J'ai un peu mal à un point en haut de la cuisse gauche, près de la hanche. La douleur m'inquiète, j'espère qu'elle passera (ce qu'elle ne fera pas). Par contre je n'ai mal ni à ma cheville ni à mon tendon d'Achille droits, douloureux ces dernier temps, grâce sans doute à l'ajout de talonnettes dans mes chaussures (conseil donné par une ostéopathe et qui, vous verrez, se révélera ne pas être une si bonne idée).

A Séez, c'est marrant, nous prenons un chemin que je ne connais que depuis peu, y étant passée avec ma sœurette Alexine et son chéri Jimmy, en échauffement la veille de la 6000D. Puis à Bourg (yeaaaah, j'y suis !), nous pénétrons dans les Marais… où je faisais le cross du collège ! Petite pensée pour Sonia, ma copine de l'époque, avec laquelle on s'éclatait à le courir (mes *tous débuts*).

En arrivant au rond-point vers le bar Le Tonneau, j'aperçois mon grand-père. Quel plaisir de le voir ! Je m'arrête lui faire la bise, quand même. Avant de repartir, toujours en courant, même si c'est plat, puis que ça remonte, dans la rue menant à la mairie. Il y a du monde, ici. J'entends « ah mais c'est Elodie ! » mais je ne vois pas qui a dit ça. Car je cherche… et trouve… ma maman ! Avec Marie-Antide, Bernard et Matéo. Trop contente de les voir !

Ça ne rigole pas chez les bénévoles. L'un d'eux m'interdit presque de parler à ma maman ! Non mé ! Moi j'ai *besoin* de lui parler ! D'ailleurs là je m'arrête un peu, après ces cinquante premiers kilomètres. Je m'assois, même. Je bois une soupe, mange un peu, recharge ma poche à eau.

Après encore beaucoup d'encouragements qui font trop du bien, je repars. Je cours dans la Grande-Rue. Christian, un ami de mes parents, m'y attend et court même avec moi sur quelques mètres. Il me dit que Jeanine (sa femme) est au Fort du Truc. Mais c'est surtout ma sœurette que j'attends avec impatience. Je la retrouve dans la montée au Replatet. Dure cette montée ! Moi qui la fais en courant, d'habitude ! Jamais je n'y suis passée aussi lentement. Ça fait bizarre… D'ailleurs ma sœur ne reste pas vraiment avec moi. Elle ne veut pas qu'on « triche » et aimerait galoper. Elle prend de l'avance puis m'attend pour m'encourager.

Encore une tête connue dans cette montée, et de nouveaux encouragements. « Toujours avec le sourire », me dit Olivier, qui travaillait sur des raids aventures sur lesquels j'ai été bénévole[11].

Ben oui, c'est moi, ça. Pourtant c'est dur.

Au-dessus du Fort du Truc, je me sens moins bien. *Vraiment* moins bien. Ma douleur en haut de la cuisse s'intensifie, et j'ai mal au ventre, je me sens brassée. Je n'ai qu'une envie, me coucher dans mon lit moelleux et ne plus m'en relever ! Et dire qu'il n'est pas si loin, dans la maison de mes parents.

Heureusement, c'est là que je vois Jeanine, qui me rebooste bien : « C'est moins dur après le Fort 2000, tu pourras t'y arrêter un peu, ça ira mieux après ».

Elle a raison. Je m'y assois quelques minutes avec d'autres souffrants comme moi.

Je repars à peine mieux, me donnant des objectifs pour garder le moral (« allez, jusqu'au Passeur, où il y aura papa. Puis au Cormet, je pourrai m'arrêter plus longtemps et me reposer »). Mais je m'imagine repartir du Cormet à peine mieux, et me demande si je vais pouvoir terminer.

Puis j'ai l'idée, pensant être en hypoglycémie, de manger un bonbon[12]. Envie de rien d'autre ! Et il me fait du bien, ce petit bonbon ! Alors, hop, un deuxième ! Ça m'ouvre l'appétit, je mange une barre. Et remets ma musique (que je ne voulais plus entendre tellement j'étais mal). C'est bon, youpi, c'est reparti ! En plus ma sœur est à nouveau avec moi ! Le Passeur nous attend.

Et sous le Passeur de Pralognan, mon papa est là[13] ! Nous passons ce col magnifique ensemble. J'ai l'impression d'être en rando en famille, et non plus sur une course.

Petit passage technique en descente, mais vraiment sympa (et connu, je l'avais reconnu avec mon père lors d'une rando jusqu'au sommet de la Terrasse), avant une petite descente puis un plat que je cours avec ma sœur, mon père laissé à l'arrière. Vraiment je les remercie cent mille fois d'avoir été là avec moi.

---

[11] Autre expérience qui m'a donné envie de galoper dans les montagnes.

[12] Depuis que je suis naturopathe, j'ai arrêté les bonbons en trail.

[13] Il y sera plus tard bénévole tous les ans.

Au Cormet (km66), un sac m'attend. Organisation au top, un bénévole me le tend dès mon entrée sous la tente ! Il s'y trouve même un petit espace vestiaire pour femme. Nickel ! Je me change complètement. Puis me pose pour manger. Mon père et ma sœur m'offrent leurs derniers encouragements : « Tu pars doucement et finis à fond ! ».

Que c'est bon d'être aussi soutenue !

Je repars toute fraîche. Je n'en reviens pas de me sentir à nouveau si bien ! Je me mets en mode « boîte de nuit », techno à fond dans mes oreilles.

Ça monte à nouveau. Le brouillard se lève, créant une atmosphère magique. Ici, seul arrêt pipi de toute la course (!). Puis je descends le Chemin du Curé. Trop beau, ce passage dans les gorges ! La nuit approche doucement, puis tombe vraiment.

Je regarde l'heure. Il est 21h24, ça y'est, j'ai battu mon record de temps passé sur un trail, qui était de quatorze heures, sur le premier relais de l'Echappée Belle l'an dernier. Je n'en reviens pas !

À Entre-Deux-Nants, je mets la frontale. C'est parti pour une nuit de lumières, des étoiles et des frontales. C'est tout simplement magnifique ! Parfois déroutant (« Mais là-haut, c'est des étoiles ou des frontales ? », « Mais ces frontales là-dessous, c'est où je vais aller ou d'où je viens ? »), mais finalement on s'y habitue vite.

Lorsque mon portable vibre, je décide de jeter un œil sur mes messages. Le dernier est de Myriam. Ça me fait plaisir qu'elle pense à moi et continue à me suivre. Elle m'écrit que je suis 196$^e$ ! Non ?! J'ai du mal à y croire. Trop bien !

Malgré ma motivation toujours au top, j'ai hâte d'arriver au Col du Joly pour me poser un peu et boire un nouveau bol de soupe. Je fais plus attention à mon alimentation. Mais c'était également la chaleur qui m'avait terrassée dans la montée aux forts, et à présent il fait bon, ni froid ni chaud, parfait.

Le balisage est vraiment au top, avec des piquets réfléchissants assez rapprochés pour en avoir toujours un en vue. Impossible de se perdre. De plus, je ne me retrouve jamais longtemps toute seule, sur cette course.

La descente sur les Contamines se fait douloureusement. En fait, j'ai depuis… je ne sais plus, Bourg, je crois, trop mal sous les pieds, qui sont toujours mouillés, après tous ces passages dans la boue en ce lendemain de journée d'averses. Enfin surlendemain, car j'arrive aux Contamines (km95) après minuit.

Et après le passage près de Notre-Dame-des-Gorges, me voilà encore à un endroit où j'étais passée avec la Kora, qui me rappelle qu'aux Contamines je m'étais fait remettre un khata par Jetsun Pema, la sœur de Sa Sainteté le Dalaï-Lama !

En entrant dans la tente du ravito, la souffrance sous mon pied droit se fait plus intense et doit se lire sur mon visage, car en repartant une bénévole me demande si j'ai besoin de quelque chose. Je lui dis que j'ai mal aux pieds et elle m'incite à voir les podologues. Je grimace en enlevant mes chaussettes. Mes pieds sont tous fripés, plein de petites ampoules. Une horreur ! Les podologues me les peinturlurent en rouge pour les faire sécher. Je peste un peu de perdre du temps, même si j'avoue que j'apprécie d'être allongée un petit moment. Mais j'ai toujours mal en repartant et ça ne s'arrangera pas.

Ma douleur en haut de la cuisse est toujours présente elle aussi, de même que des douleurs terribles en bas des jambes (dues à mes talonnettes faisant incliner plus encore mes pieds dans les descentes, mais je ne tilte alors pas et ne penserai à aucun moment à les enlever !).

Un bénévole me dit qu'il reste quatre heures jusqu'à l'arrivée. Je le sais pourtant, depuis que je fais du trail, qu'il ne faut *jamais* écouter les bénévoles, qui minimisent toujours les difficultés. Mais je suis naïve, j'appelle mes parents à 2h du matin – les réveillant, les pauvres ! – annonçant que je serai entre 5 et 6h à Chamonix.

Donc mes parents se lèvent pour partir m'y retrouver. Puis je vois le temps filer et moi ne pas avancer. J'essaie de ne pas traîner, je n'ai pas envie d'avoir fait venir mes parents à Cham dans la nuit pour les faire poireauter toute la matinée là-bas !

Mais j'ai mal. Je me dis aussi qu'ils préfèreraient attendre et que j'arrive bien, plutôt que j'arrive complètement cassée ou que j'abandonne juste avant la fin. Au moins cela me motive.

Car il en faut, de la motivation, pour monter à ce col de Tricot ! Le chemin est bien visible, parsemé de lumières. C'est trop beau ! Au fur et à mesure de l'ascension, il y en a de moins en moins vers le haut et de plus en plus en contrebas. Quand enfin on parvient au col, youpi, le plus dur de la montée est passé !

Mais la descente me fait tellement mal ! Je n'en peux plus des descentes ! Celle sous Bellevue est terrible de chez terrible. Je me fais bien doubler, et par une femme, en plus ! Pas l'habitude de me faire doubler en descente. Moi qui d'habitude adore ça, je me sens handicapée et frustrée.

Mais en même temps, je me dis « Elodie, réalise, tu en es à vingt-deux heures de course et tu cours toujours, et même dans les plats ! ». Je ne m'en serais pas crue capable ! Et puis je remarque que je garde ma technicité dans les descentes Je ne vais pas vite, j'ai mal, mais je place toujours bien mes pieds, je ne me fatigue pas.

Je suis trop contente en arrivant aux Houches, la descente est terminée ! Je ne m'arrête pas au ravitaillement, mes parents m'attendent ! Je ne vais finalement pas arriver loin des 7h, comme j'avais prévu au départ. Je pensais en effet terminer la TDS entre vingt-quatre et vingt-huit heures.

Huit kilomètres de plat, je m'y étais préparée psychologiquement. Mais je les trouve quand même longs. J'ai trop hâte d'arriver ! Je cours, je marche, je cours, je marche. Je reconnais la petite forêt où j'avais couru pour m'échauffer la veille du kilomètre vertical de Chamonix avec Christophe Ciais, un super coureur du Sud.

Le jour se lève, j'enlève ma frontale. Que c'est beau, Chamonix ! Quand je vois le panneau « Chamonix-Mont-Blanc », je suis trop heureuse. Mais ne me fais pas d'illusion, le centre est encore loin.

Pas grand monde dans les rues de Cham à cette heure-ci. Pas même dans la rue principale, celle où il y a toutes les boutiques de sport. Mais j'y suis ! Incroyable !

Ça y'est je vois mon père ! Youpiiiiiiii ! Il me félicite, m'encourage, me dit que je peux ralentir maintenant. Non ! Je ne peux plus, je cours. Je vois la ligne d'arrivée. Quelques personnes m'applaudissent, dont Sébastien Chaigneau (la classe !). Et surtout ma maman ! Que j'enlace après avoir passé la ligne, trop heureuse.

Waouh ! J'ai fini la TDS !
En moins de 24h (tout juste !), je suis trop fière de moi !

Ravito, traversée du centre de Cham en souffrant et marchant plus lentement qu'une tortue, douche, salle de soin où un podologue, un ostéopathe et une kiné s'occupent de moi, salle de repos pour une petite heure de sommeil, repas d'après course avec mes parents, retrouvaille d'Eddy et Stéphane à leur arrivée, petit tour dans le salon trail, squattage de terrasse de café avec mes parents et Elodie (conjointe de mon cousin Quentin[14]), dégustation d'une glace, suivi de la remise des prix où je m'endors à moitié, puis retour à Bourg dont je ne vois pas le trajet, dormant presque tout le long.

Malgré ma fatigue je vais faire un tour sur Facebook le soir. J'hallucine en voyant tous les messages que j'ai reçus. Tous les gens qui ont suivi mon « exploit ». Je les remercie tous ! C'est ce qui est le plus beau dans cette course, d'être autant soutenue. Le soutien et les paysages, et ce parcours extra, technique comme je l'aime. Jamais je ne me suis dit « qu'est-ce que je fous ici ? », je suis faite pour l'ultra-trail, ou l'ultra-trail est fait pour moi.

Et ça y'est, j'ai les points pour l'Ultra-Trail du Mont-Blanc (UTMB). Hier soir (car à présent il est 9h30 en ce samedi matin, hier soir j'ai laissé ce récit de côté pour aller voir l'UTMB aux Chapieux), on m'a félicitée et demandé si l'an prochain… Ah lala je ne sais pas, moi. Mais ça faisait envie, de les voir sur cette course mythique. Bon… on verra ; il y a celle-là, et plein d'autres !

*Parcours : Courmayeur – Arête du Mont-Favre – Col Chavannes – Col du Petit Saint-Bernard – Bourg-Saint-Maurice – Passeur de Pralognan – Col de la Gîte – Les Contamines – Col de Tricot – Les Houches – Chamonix*
*Résultats : 23h44, 189ᵉ/1584, 14ᵉ/114 F, 4ᵉ/50 Françaises*

## 4 septembre 2015 : *Ultra-Trail Côte d'Azur Mercantour, Nice – Saint-Martin-Vésubie, 140km, 10 000m de dénivelé*

Il est midi passé. Je suis sur la Promenade des Anglais à Nice. J'admire la mer, je regarde les vacanciers, je flâne. Mais eux aussi me regardent, et bizarrement. Car je suis en tenue pour courir, avec le sac de trail bien rempli. Et j'attends le départ d'un trail. Very weird!

---

[14] Cousin éloigné dont mes parents et moi avons fait la connaissance lors d'un trekking au Népal l'année précédente, en le croisant par hasard à un lodge : voir mon livre *J'aime me perdre n'importe où dans le monde*.

Heureusement, le dépaysement est atténué par la présence de toutes ces têtes connues que je retrouve. Nous sommes nombreux dans le département à tenter l'aventure de cette première édition de l'Ultra Trail Côte d'Azur Mercantour (UTCAM) ! Le principal est là, avec moi : mon chéri. Mes parents nous ont accompagnés. Je me sens donc bien, sereine, motivée, excitée. L'ambiance est grandiose, avec la musique, l'animation du départ et le déroulement d'une grande banderole au-dessus de nos têtes. On a l'impression de partir réaliser un exploit. Ce sera sans doute le cas…

Le départ est donné. Nous commençons par traverser Nice pour rejoindre le vrai départ. Si sur la Prom, les spectateurs sont nombreux et enthousiastes, dès la Coulée Verte on n'a plus le droit qu'à des regards étonnés. Et plus loin on se fait même engueulés. « Y'en a qui travaillent ! » crie quelqu'un dans une voiture arrêtée pour nous laisser passer. On est bien loin de Chamonix ! Heureusement, nous passons devant des écoles où des enfants, eux, nous encouragent.

L'allure est un peu rapide à mon goût, j'ai peur qu'on laisse de l'énergie dans cette traversée de la ville non chronométrée et qui n'est pas bien marrante. Mais heureusement, nous nous attendons et marchons pour la dernière partie. Puis enfin, le vrai top départ est donné. Le chrono est en route. C'est parti pour, non pas des heures, mais plus d'une journée de folie !

Je suis d'abord très loin derrière, pour ne pas me faire emporter par le mouvement trop rapide des meilleurs qui partent à fond. J'ai 140km pour doubler… Mais mauvaise chérie, j'abandonne mon amoureux pour quand même assez tôt accélérer et doubler, car ce faux plat montant sur bitume me déprime.

Une fois sur les chemins, je me sens bien. La vue sur Nice est superbe, et on grimpe déjà, sur un joli sentier.

Je me retrouve derrière une des kinés qui se sont occupés de mon genou cet été, rassurée de savoir que si j'ai un problème, elle n'est pas loin (je plaisante, je ne la ralentirais pas pour lui demander de me soigner quand même !).

Nous arrivons déjà au premier ravito. Je vois mon père derrière ses jumelles. « C'est moi que tu cherches ?

– Ah mais t'es là ?! ».

Ma mère est un peu plus loin. Je suis trop contente de les voir mais ne m'attarde pas trop. Je remplis ma flasque et repars.

Au second ravito, à Châteauneuf, j'ai la surprise de les voir à nouveau ! Il y a beaucoup de spectateurs à cet endroit, qui encouragent bien. Ça fait trop plaisir !

Je vois pas mal de coureurs connus jusqu'à Levens. L'un d'eux, Thibaud[15] me dit : « Tu n'es pas partie un peu vite[16] ?

– Tu crois ? Non, je pense que ça va ».

Je passe la fin de cette première partie à réfléchir à ce que je devrais faire en arrivant à la base de vie : me changer, reprendre à manger, récupérer un embout d'écouteur (j'en ai déjà perdu un),...

La montée au Mont Férion est assez longuette. On n'en voit pas la fin ! Mais la descente se fait bien, et j'arrive une demi-heure plus tôt que je l'avais prévu à Levens (km29). J'en suis ravie. Un copain de mon chéri est là, puis je retrouve mes parents. Mon père me dit que je suis déjà super bien. Ma mère me fait l'assistance. Je me change, car même si le temps était couvert, j'ai bien transpiré et le soir approche.

J'apprends que je suis 3$^e$ femme. J'hallucine ! Karine, copine coureuse, est en tête et a une avance déjà hallucinante sur moi. Je suis trop contente pour elle. Je sais que je ne la rattraperai pas, m'attendant à ce qu'elle creuse de plus en plus l'écart, car je pense qu'elle gère mieux que moi les longues distances. Si je reste 3$^e$, ce sera déjà énormissime.

Je repars de Levens avec « le Borain », un coureur dont j'ai fait la connaissance au retrait des dossards la veille, au contrôle des sacs. En voyant mes manchons de jambes de la 6000D, il avait dit au contrôleur : « Vous pouvez avoir confiance, elle connaît le froid si elle a été en Savoie.

– Je viens de là-bas, ai-je dit.

– Ah oui, d'où exactement ?

– De Bourg-Saint-Maurice.

– Non ?! Regarde mon adresse ».

---

[15] Futur super copain

[16] Il a en fait dit « *Ce* n'est pas parti un peu vite ? », mais j'ai compris ce qui me faisait peur...

Il me montre son certificat médical : « Bourg-Saint-Maurice ». Enorme ! « Je viens de Bourg mais maintenant j'habite ici, lui expliqué-je.

– Moi c'est l'inverse ».

Bref, nous discutons un moment avant qu'il n'accélère dans la descente. Moi j'essaie de ne pas descendre aussi rapidement que d'habitude. La TDS et la lecture d'un article dans un magazine m'ont fait comprendre qu'en se ménageant dans les premières descentes, on pouvait moins ralentir pour effectuer les dernières, et ainsi gagner pas mal de temps et d'énergie.

Je me sens à ce moment trop bien. *Alane* de Wes dans les oreilles, avec la nuit qui arrive doucement, dans cette douce descente, alors que je viens de me faire féliciter par pas mal de monde, je me sens légèrement euphorique. Je profite à fond de ce sentiment d'exaltation.

Il me donne de l'énergie pour reprendre la montée au Cros d'Utelle. La nuit arrive. Je sors la frontale. La vue change mais reste magnifique, avec les lumières des villages et celle du bord de mer.

Quelques plats, des montées. Je ralentis bien. Je n'arrête pas de boire. Je m'inquiète. Est-ce que ce n'est pas manger dont j'aurais plutôt besoin ? Ne confonds-je pas la faim et la soif ? Seulement cela ne me dit rien de manger. Oh, oh. Je me force à prendre un bout de barre énergétique, mais ne la mange même pas en entier. C'est mauvais signe.

A la Madone, sur le plat, je me sens un peu mieux. « Allez les gars ! crient des jeunes.

– Et les filles, aussi ! répliqué-je.

– Ah oui, les filles aussi, encore plus ! ».

La descente sur Utelle se fait bien, et j'arrive un peu à manger au ravito. Ouf !

En repartant de ce charmant village, j'appelle Myriam qui m'avait dit qu'elle serait là. Je me doutais qu'elle n'arriverait pas à temps, et, effectivement, elle n'en est pas loin, mais ne pourra pas me voir de sitôt. Car si elle veut d'abord tenter d'atteindre le Col d'Andrion en voiture, elle abandonne vite l'idée, trop dangereuse (ce n'est qu'une piste, et il fait nuit). Elle m'attendra à Roquebillière. Heureusement, elle a pris son duvet pour dormir (car elle a le temps, du coup !).

J'ai hâte d'arriver au Col de Gratteloup pour retrouver une partie du parcours que je connais (jusque là c'était la découverte totale). Mais je profite quand même du spectacle : les frontales, les lumières des villages, les étoiles,... On croise régulièrement des bénévoles, ce qui rassure beaucoup, surtout de nuit.

Je trouve quand même ces crêtes un peu longues. Et je recommence à me sentir un peu mal. Je n'arrive à nouveau plus à m'alimenter. J'atteins le Col d'Andrion dans un état second, avec limite des vertiges. D'ailleurs les bénévoles me trouvent fatiguée. Adorables, ils me prennent en charge, me servant du thé sucré, m'incitant à m'asseoir, m'amenant des couvertures (il fait froid, ici), me remplissant ma gourde. Je prends un TUC, que je commence à grignoter avant de le jeter sans le finir. Moi qui d'habitude les engloutis par 2 ou 3 ! Une bénévole me propose une compote. Oui, ça passera mieux. J'en mange la moitié. Je reste un moment à beuguer, me demandant si j'arriverai à repartir d'ici. Je ne vais quand même pas abandonner alors que je ne suis même pas arrivée à la moitié !

Allez, on y va, il le faut. Je me lève, remercie bien les bénévoles et repars.

Je ne fais pas cinquante mètres avant de m'arrêter. J'ai froid. Je mets mes manchons de jambes, mes gants, passe mon Buff de ma tête à mon cou pour mettre sur cette première un bonnet (!) et enfile mon coupe-vent. Je repars beaucoup mieux et me félicite. Car il se met à pleuvoir !

Heureusement, seulement quelques gouttes. Pas de quoi décourager (juste de quoi mouiller la descente de la Tête de Siruol... cool ça va être plus drôle !). J'enlève vite mon bonnet, ayant moins froid.

Petit à petit ça va mieux. Ce qui n'est pas le cas de tout le monde. Je reçois un texto de mon chéri qui me dit qu'il a abandonné à Utelle car sa douleur à la cuisse, due à une pubalgie contractée à l'Ice Trail Tarentaise (à cause de sa montée à la Grande Motte « en canard »), s'est réveillée. Je l'appelle pour savoir comment il vit la chose, lui assurant qu'il a bien fait. De toute façon, forcer l'aurait obligé à arrêter plus loin... et surtout tout autre course pendant des mois. Ce qu'il a déjà fait est super ! Il a beaucoup progressé depuis qu'il a commencé le trail, et il a très bien géré son effort.

Pas cette fois mais... il ira loin mon chéri.

Enfin j'atteins la Tête de Siruol. Je me sens alors mieux, au top même pour attaquer cette descente de fou. J'arrive je-ne-sais-comment à ne pas glisser et, doucement mais sûrement, à descendre la montagne. Roquebillière n'est plus loin. J'y arrive en retard sur mon temps prévisionnel, mais j'y arrive. Yes ! La moitié est faite.

Cette fois encore c'est mon père qui m'accueille en premier, avant de laisser ma mère m'assister. Heureusement qu'ils sont là ! D'ailleurs, qu'est-ce qu'ils font là ? Je leur avais dit de dormir, que j'avais le sac d'allègement de l'organisation, qu'ils pourraient me voir plus tard. Enfin, je suis contente qu'ils aient désobéi. Je prends un peu plus de temps ici, pour parler à ma mère, récupérer des affaires, et pour me restaurer. Je mange même une soupe et une assiette de pâtes. Ouf, ça va mieux ! Avec ça, je devrais bien repartir.

La 2$^e$ femme, une Anglaise, est ici à côté de moi. Une bénévole me dit qu'elle est blessée, que ce n'est pas sûr qu'elle reparte. Mais elle repart.

Je reste encore un peu et prends moi aussi le départ. En sortant je retrouve Myriam. Je suis trop contente de la voir ! Elle me félicite et m'encourage bien, avant de me laisser partir... je ne sais pas où. Faut partir où ? Ah, d'accord, ici. Oui, sur notre parcours d'entraînement du Vésubie Trail Club[17], quoi. Ok, je connais.

Après la traversée de Roquebillière le Vieux, on monte sur Belvédère. Je double alors l'Anglaise. Elle n'a pas l'air bien du tout. Elle fera d'ailleurs demi-tour. Abandon. Me voici 2$^e$ femme ! Dommage que je n'aie aucune chance de rattraper Karine. Finir et arriver avec elle aurait été top ! Mais elle a bien trop progressé cet été. Moi, avec ma tendinopathie, je n'ai pas pu très bien me préparer.

Je trouve mon allure assez lente. J'ai l'impression de ne pas avancer en montée. Mais je me dis « qui va piano, va sano ». Je garderai d'ailleurs jusqu'à la fin cette allure lente mais sûre, ne ralentissant jamais vraiment davantage.

Le jour se lève. Les crêtes des Terres Rouges laissent leurs voies libres, sous le soleil. Sa chaleur et sa lumière, quels bienfaits !

Le début de la descente sur la Gordolasque est rapide, mais il faut ensuite aller jusqu'au fin fond du vallon pour gagner le ravito.

---

[17] Club de trail de la Vésubie que j'ai rejoint en 2014 et que mon chéri rejoindra en 2016.

Tout le long de la course, on me dit que je garde toujours le sourire. Mais les gens ne connaissent pas la vérité : intérieurement, je me plains tout le temps. Mais je me raisonne, et d'ailleurs, ok c'est loin, mais la Gordolasque est tellement belle !

Et puis, au Relais des merveilles, Myriam est à nouveau là. Je ne suis jamais seule, c'est génial ! La partie sur bitume passe hyper vite, car ma coupine la passe avec moi (elle dans sa voiture, feignasse), à discuter.

Commence alors une bonne grimpette. Chouette, j'adore, quand ça monte raide ! Je m'arrête assez tôt pour enlever quelques épaisseurs. Le soleil est là, il fait chaud. Mais heureusement pas trop. Un petit vent frais nous rafraîchira toute la journée. La météo aura été avec nous durant cet ultra-trail !

J'ai hâte de gagner « mes crêtes ». J'adore la Cime de la Valette de Prals. Là-haut, dans la montagne, je me sens libre, dans mon élément.

Je m'inquiète quand même, et me renseigne carrément auprès de randonneurs que je croise, de la présence de patous (il y en a hélas souvent sur *mes* crêtes). Mais heureusement il n'y en a pas.

A la Baisse de Férisson, la vue est absolument grandiose ! Le Gélas est magnifique ! « Oui mais regardez vos pieds, quand même, me dit le bénévole.

– Ah oui, c'est vrai ».

A la fin de cette nouvelle descente, je retrouve à nouveau mes parents. Et ma tante Nadine ! Je suis trop heureuse de les voir. Je quitte le vallon de la Madone de Fenestre énergisée par leurs encouragements.

Ce qui tombe bien car ça grimpe fort. Mais j'adore quand c'est comme ça. J'arrive assez vite à la Cime du Pisset, et une nouvelle descente m'y attend. Je retrouve ici le Borain. Et je trouve aussi une bénévole que je connais, qui nous prend en photo. Heureusement que nous ne sommes pas beaucoup de concurrents car elle propose à chaque nouvel arrivant de poser avec nous. Nous n'y arriverons jamais ! Elle nous assure que nous n'avons que quarante-cinq minutes de descente pour atteindre le Boréon. Je suis sceptique, car le bénévole à la Cime de la Valette avait dit la même chose et j'avais mis une heure quinze. Mais cette fois l'information est exacte. De plus, après une bonne descente, le parcours passe sur mes chères pistes de ski de fond. Mon terrain d'entraînement l'hiver. J'ai hâte de retrouver le mouvement fluide, régulier et exténuant du skating !

Je retrouve aussi sur les pistes mon père, qui se met même à courir avec moi. C'est qu'il va vite, mon père ! Je n'arrive pas à le suivre. Il appelle Elise, avec qui je me retrouve en pleine discussion au téléphone en arrivant sous les applaudissements des gens au Boréon. Ça fait un peu la fille qui n'est pas sur une course mais en balade tranquille !

Nouvelle surprise ! Mon chéri est là ! Je suis trop heureuse de le retrouver ! Il est venu avec des amis, trop sympas ! Ma mère et ma tante sont donc ici aussi ; je suis bien entourée. Je profite de leur présence en prenant le temps de me restaurer, me reposer, et refaire mon sac, avec l'aide de mon chéri. Un bénévole vient contrôler mon matériel. Il ne jette un coup d'œil qu'aux vêtements, en voyant que j'en ai pas mal. Eh oui, je suis de la montagne, moi, habituée à ne jamais fouler son domaine sans un minimum de protection.

Mon chéri m'accompagne sur le bout de bitume qui nous permet de rejoindre le chemin du mont Archas. A côté de nous, un autre couple fait de même, mais les rôles sont inversés (la fille accompagne son copain coureur). Un dernier bisou et c'est reparti !

Plus de 100km parcouru, mais il reste de sacrées grimpettes !

Mais j'aime la montée du mont Archas. Je l'avais déjà faite quelques temps avant en reconnaissance. J'avais mis beaucoup moins de temps, mais je me suis habituée à mon allure lente mais régulière. Enfin presque, un peu plus rapide aurait pu être bien aussi. Valérie de mon club est là avec son fils. Elle m'encourage et me soutient. Trop sympa !

Je l'attendais, sans grande impatience mais sans surprise... la descente du mont Archas ! Une pente ultra raide parfois dénuée de sentier, dans l'herbe (heureusement sèche). Elle casse les pattes, mais surtout réveille mon syndrome de l'essuie-glace. Aïe ! Cependant la douleur est bien moindre que je ne l'ai connue.

Et puis la descente est rapide, et je retrouve des sentiers plus agréables. Et très vite j'atteins un nouveau ravitaillement, où je prends un bon verre de thé sucré. Une nouvelle montée m'attend.

Au début, celle-ci est raide. Je m'accroche même à des rhododendrons ou des racines pour me hisser. J'avais hésité à prendre des bâtons, mais, sachant que je ne les utiliserais pas tout le long (je ne sais pas bien m'en servir), je ne voulais pas me les trimballer et j'étais certaine de les oublier à un ravito. Je ne le regretterais à aucun moment. Je me sens plus libre sans.

Et puis cette montée au Pépoiri devient moins raide. Le sommet est en vue.

Loin. Il faut gagner le fond d'un vallon, sans être sur un sentier (mais le balisage est heureusement parfait), puis longer des crêtes. Je me sens un peu découragée. Je me trouve toujours lente et j'ai l'impression que je n'arriverai jamais à ce sommet ! Encore une fois, comme s'il était avec moi, mon chéri m'envoie un message en réponse à mes doutes (« prends ton temps, continue de gérer, c'est le dernier sommet, ensuite tu pourras voler comme tu aimes »). Cette fois je lui réponds, pour égoïstement avoir encore plus d'encouragements. Et pour m'aider à avoir plus d'entrain, je me mets... à chanter ! Louane passe dans ma playlist et, après avoir vérifié que les personnes devant et derrière moi soient assez loin pour ne pas m'entendre (car vraiment je chante très mal), j'y vais de bon cœur. « ♪ C'est le jour un,... ». Que ça fait du bien !

Sur les crêtes la nuit arrive et je ressors ma frontale. J'atteins le sommet sous les étoiles. Je squatte un moment la tente des bénévoles pour ajouter quelques vêtements. Je suis au plus haut point du parcours, à 2600m, et il ne fait pas bien chaud.

J'ai alors passé les trente heures de course. Je me demande combien de temps je mettrai l'an prochain sur l'UTMB. Surtout, le temps est venu des possibles hallucinations. Je n'en ai pas (je n'en aurais pas), mais j'ai quelques illusions d'optique. De celles qu'on peut avoir de temps en temps, mais qui là deviennent de plus en plus nombreuses au fur et à mesure de la course. Je vois sans arrêt des gens au bord du chemin. « Ah non, c'est un rocher », « ah non, c'est un arbuste », « ah non, c'est le balisage ». Je me rends vite compte de mes erreurs, mais elles sont révélatrices de mon envie de voir du monde.

Justement, hélas, c'est ce qui me manquera dans la descente du Pépoiri. Au début je pars seule, dans ce grand désert de noir. Puis je vois un concurrent... revenir vers moi ! « Pourquoi vous allez dans ce sens ? » lui demandé-je, prise d'un doute irrationnel (je me suis trompée et je descends par le parcours de la montée ?). « J'étais seul et j'avais peur de me tromper, alors j'ai fait demi-tour ». Du coup nous repartons ensemble, avant qu'il me laisse passer et que je ne finisse par le semer. J'aurais aimé ne pas être seule, je me sens coupable de l'abandonner, mais je n'avais pas envie que cette descente soit encore plus longue parce que je n'allais pas à mon rythme. Car j'arrive encore à courir un peu, même si la pente est technique, entre les cailloux et les mottes de terre.

Je suis donc seule et la descente n'en finit pas. Je me demande où est la Colmiane. Je me sens complètement perdue. Je n'ai aucun repère. Sauf à un moment où je vois la file des lumières des frontales dans la descente du Mont Archas. Celles-ci ajoutées à celles des étoiles offrent un spectacle magique !

Ma propre lumière faiblit. Je dois changer de batterie, ce qui ne se fait pas aisément... quand on n'a pas d'autre lumière pour éclairer ce qu'on fait ! Mais j'y parviens quand même.

Je ne croise personne. Le sentier laisse place à une piste, ce qui est plus aisé, bien qu'elle soit elle aussi pleine de cailloux (je commence à en avoir marre, de cette caillasse !). Je vois enfin la Colmiane... beaucoup, beaucoup, beaucoup plus bas[18] ! J'ai limite envie de pleurer. Je n'y arriverai jamais, et j'ai trop envie d'y arriver ! Mon portable n'a plus de batterie, je n'ai plus droit aux textos de mon chéri. Je ne vois à nouveau plus la station et des angoisses viennent m'attaquer. Ma gorge se serre, mais j'arrive à me détendre et à relativiser. « Tu y arriveras forcément à un moment, tes proches seront là, puis ce sera bientôt la fin ».

Vous n'allez pas me croire, mais quand la piste devient une route en bitume... je suis contente ! Enfin on n'a plus besoin de regarder où on met les pieds. Et finalement la station est assez vite gagnée. Je vois quelqu'un au loin. J'en suis débordante de joie. J'ai envie de déjà lui crier : « Enfin quelqu'un ! Comme je suis heureuse de vous voir ! ». Et puis en m'approchant je l'entends dire : « Elodie Lafay ?

– Oui ? ».

C'est mon chéri ! Aaaaah ! Je finis dans ses bras, les larmes aux yeux de soulagement. Enfin !

Au ravitaillement je retrouve aussi mes parents et les amis de Jonathan. Ils me redonnent de l'énergie, du baume au cœur, juste de quoi pouvoir finir sereinement. Il reste moins de dix kilomètres !

---

[18] Je ne me rendrai compte que bieeeen plus tard, lors d'une sortie trail passant par là, qu'il s'agissait en fait de Saint-Martin-Vésubie !

Je repars bien mieux. Je retrouve vite une coureuse connue, qui fait la course en relais et qui m'attend. Car sa frontale n'a plus de batterie et elle ne voit plus rien. Nous partons donc ensemble. En pleine piste de ski de la Colmiane, nous nous faisons « attaquer »… par des chevaux ! Ils sont en dehors de leur parc, tout-fous, à courir dans la nuit et à venir vers nous. Les pauvres, ils ne doivent rien comprendre, à voir passer sans arrêt des coureurs avec leurs frontales. Ils doivent croire qu'on est là pour eux. Enfin nous, nous ne voulons pas d'eux, et essayons de les faire partir. Pas rassurées du tout, nous passons vite notre chemin et vérifions sans cesse que nous ne sommes pas suivies.

Grâce à ma compagne je vais un peu plus vite, et pourtant je la ralentis quand même. Heureusement, un autre coureur nous rattrape, qu'elle connaît et qui a une frontale en plus à lui prêter. Elle peut alors partir à son rythme et me semer en deux-deux. Pourtant j'arrive quand même à encore un peu courir en descente, et encore plus sur le sentier qui serpente au-dessus de Venanson, puis dans Venanson. Quand je quitte le village, les douze coups de minuit sonnent. Je voulais arriver avant le dernier à St-Martin. C'est mort. Mais je n'y serai pas beaucoup plus tard, et j'en suis ravie. Aux gens je disais plutôt que je mettrais trente-cinq heures. Je tiens donc mes délais.

Je ralentis un peu dans la dernière descente, car j'ai plus de mal à me concentrer et je ne voudrais pas me croûter ou me faire une cheville ici.

En bas, un dernier faux plat montant m'attend, puis le pont est en vue, et St-Martin. Et des gens. Et mon père. Et la rue du vieux village. C'est la fin ! La rue est déserte, alors je marche. Puis des coureuses de Trail entre Elles[19] me rejoignent. Alors je me mets à courir. Elles courent avec moi. Elles sont géniales, ces filles !

L'arrivée approche. Je suis trop heureuse. Je ne sais même plus si je suis fatiguée ou non. Je vais arriver !

Ça y est, j'y suis. Le speaker m'annonce, mon chéri et mes parents sont là. Je passe la ligne. Waouh, c'est fini ! J'ai mis 34h24. Je suis trop contente. Je finis dans les bras de Jonathan. Karine est là

---

[19] Communauté de traileuses créée par la Isabelle Fabre, qui était justement de celles courant avec moi à ce moment, avec ma compagne du passage des chevaux.

aussi. On se félicite, on prend une photo ensemble. Je suis trop contente qu'on finisse 1$^e$ et 2$^e$. C'est vraiment trop top. Finalement, si elle avait une heure trente d'avance sur moi à Roquebillière et au Boréon, elle est arrivée à St Martin quarante-cinq minutes avant moi. J'ai bien géré. Et je suis 38$^e$ au général, c'est super !

On me dit que je n'ai pas l'air fatiguée. J'ai ma médaille, ma veste finisher (super belle), les félicitations de tout le monde. Le temps passe un peu. J'avais faim en passant Venanson mais ne voulais pas manger en descente et me disais que je pouvais bien attendre le ravito de l'arrivée. Donc là enfin je m'y rends. Je prends un bout de pain que je commence à mâchouiller, je demande une soupe. Tiens, je prendrais même une bière. La bière de l'arrivée, obligé !

Sauf que je ne me sens pas bien. Je repose mon bout de pain. Je n'ai plus envie de rien. En fait, là tout de suite, j'aimerais bien m'allonger. Je m'assois. Je dis que je ne suis pas bien. Ma mère va chercher mon chéri. Il arrive. Je veux poser ma tête sur la table, il m'en empêche. Il va me prendre du sucre. Il propose de m'accompagner pour que j'aille m'allonger. J'accepte mais à peine debout que… non, c'est là tout de suite qu'il faut que je m'allonge. Je me laisse glisser au sol. Ah, couchée, enfin ! Les pompiers et une infirmière arrivent. On me fait rassoir en me mettant les jambes sur une chaise. On me donne une couverture de survie. Mon chéri me gave de sucreries par petits morceaux. Je bois un peu de cola.

Ça y'est, j'ai remis ça ! Heureusement ici on ne me séquestre pas, n'essaie pas de m'envoyer à l'hôpital, mais au contraire m'incite à rentrer me coucher chez moi. J'essaie de me lever mais je dois me rassoir. Trop tôt. Je bois de l'eau sucrée, j'attends encore. Je culpabilise car il est super tard et j'empêche mes parents et mon amoureux d'aller au lit. Et puis enfin je me sens de me lever et mon chéri m'aide à marcher jusqu'à sa voiture.

Dans celle-ci ça va mieux, j'arrive même à bavarder pendant le trajet. Heureusement celui-ci est court, on s'arrête à Lantosque chez ma tante. Le lit attendra encore un peu, j'ai envie de rester hyper longtemps sous la douche. Je suis contente de constater que je n'ai pas trop de bobos, à part une petite ampoule au pied gauche, et surtout, au même pied, une horrible cloque au bout d'un orteil, dans laquelle apparaît l'autre extrémité de mon ongle (je m'étais tapé le pied contre une pierre dans la descente de l'Archas). Dégueu de chez dégueu !

Quand j'atteins mon lit, je m'endors avant même que ma tête ne touche l'oreiller. C'est parti pour une lon… très courte nuit de cinq heures de sommeil. 7h30 du mat, je me réveille. J'ai faim ! Je me lève pour aller attaquer férocement le pot de beurre de cacahuète. Le pauvre ne résiste que peu à l'assaut !

Puisque je suis debout, je vais sadiquement sortir mon chéri du lit pour que nous puissions arriver à temps à Belvédère… pour le départ du Trail Per Cami, auquel ma mère participe en tant que marcheuse et mon père en tant que coureur. Ils sont étonnés de nous voir arriver, tout comme les amis du club. Mais je suis trop contente d'être là avec eux. A mon tour d'encourager, et les félicitations vont dans les deux sens à la fin de la course.

Après le repas, la remise des prix s'enchaîne avec celle du Challenge de la Vésubie, que je gagne chez les féminines. Une fois descendue de ce podium, je dois filer à Saint-Martin-Vésubie car un autre m'attend. Une journée de joie, de partage, de cadeaux (j'ai cru que Noël était déjà arrivé), de famille, d'amour. Une journée qui sera passée vite et que je garderai dans mon cœur.

L'aventure est finie, mais d'autres m'attendent. J'ai terminé le récit de ma TDS en disant que j'étais faite pour l'ultra, ou qu'il était fait pour moi. Je terminerai ce récit en affirmant que j'en suis maintenant encore plus persuadée. J'ai hâte de relever d'autres défis. De repartir à l'aventure !

*Parcours* : Nice – Mont Chauve – Mont Férion – Levens – Madone d'Utelle – Utelle – Col d'Andrion – Tête de Siruol – Roquebillière – Crêtes des Terres rouges – Relais des Merveilles – Cime de la Valette de Prals – Vallon de la Madone de Fenestre – Cime du Pisset – Le Boréon – Mont Archas – Mont Pépoiri – La Colmiane – Venanson – Saint-Martin-Vésubie
*Résultats* : 34h24, 38$^e$/406 (191 arrivants !) 2$^e$/28 F

## 16 octobre 2016 : *Les Fortifications de Tende*, Tende, 45km, 2500m de dénivelé

J'ai trop adoré ce trail ! Parce qu'on partait de nuit (réveil à 2h45 pour venir directement de Golfe-Juan !), parce qu'il commençait par une vraie longue montée de 1400m, parce que le lever de soleil était magnifique, parce que la vue était splendide, parce qu'on a couru dans la neige (dure donc pas difficile), parce que les sommets étaient enneigés et que le temps était superbe, nous permettant de voir jusqu'au Mont Rose !

    Parce que j'ai super bien géré, commençant doucement et me sentant en forme jusqu'au bout, parce qu'on est passé au milieu d'un très beau fort et (avec frontale !) dans deux forts, parce que j'ai rattrapé mon chéri et ai couru un moment avec lui (avant de l'abandonner après le deuxième ravito), parce que je ne connaissais pas Tende, parce que j'ai facilement accepté le trèèèèèèèèès long plat sur piste dû à un changement de parcours à cause de la neige, parce que je ne me suis pas trompée de parcours contrairement à beaucoup de coureurs (les premiers, avant que le balisage soit arrangé, si j'ai bien compris). Parce que j'ai passé encore un bon moment avec les zamis traileurs. Parce que je me suis sentie mieux que sur tous les trails de cet été, peut-être grâce au froid (on a bien dû frôler les 0° au lever du jour, quand on n'était pas loin du point le plus haut du parcours !).

*Parcours* : Tende – Mont Agnelino – Fort de la Marguerie – Col de Tende – Baisse de Lagouna – Fort Castel Tournou – Lac de la Pia – Tende
*Résultats* : 6h55, 23$^e$/62, 3$^e$/11 F (Jonathan 7h10, 27$^e$)

## 29 mai 2016 : *Marathon de l'Everest*, Camp de base de l'Everest – Namche Bazar (Népal), 42km, 920m de dénivelé positif, 2610m de dénivelé négatif

    **4h** – C'est la quatrième fois que je me réveille depuis 1h du matin. Cette fois je ne me rendors pas. C'est le jour J. Je me sens en forme. Je me sens euphorique. Je me sens prête.

    **5h** – Je commence à me préparer. Le ciel est clair, les montagnes incroyablement belles. C'est la première fois qu'on a droit à la vue depuis qu'on est au camp de base. Il fait froid mais j'adore le froid sec le matin, avec une fine couche de neige fraîche qui recouvre le sol. La matinée est magique !

**5h30** – Je me rends au petit déjeuner. Les couverts sont gelés. Mais le porridge est délicieux.

**6h** – Je vais au départ pour encourager les deux membres de notre team *Island Peak* qui prennent le départ de l'ultra[20], avec huit autres étrangers et six Népalais. On m'a demandé pourquoi je ne faisais pas l'ultra. Franchement, après l'ascension de l'Island Peak et à cette altitude, je n'étais pas sûre d'en être capable. Mais surtout, je trouvais le parcours « stupide ». Il passe dans la vallée de Gokyo, sans aller jusqu'aux lacs, pourtant magnifiques ! Quelle arnaque !

**6h45** – J'ôte ma grosse doudoune et la mets dans mon sac, pour retourner avec mes compagnons sur l'aire de départ. Le soleil s'est élevé au-dessus des montagnes, nous permettant de profiter de ses rayons. Tout est parfait.

**7h** – Le départ est lancé. Je commence directement par marcher, pensant avoir le temps de doubler. Il se révélera que peu de femmes sont en fait parties devant moi.

Avec toute la caillasse, il faut faire attention où on met les pieds. Mais c'est plus facile quand le sol est gelé, finalement, car tout est figé.

Nous traversons le glacier du Khumbu, directement par des « plats népalais » (= légères montées-descentes-montées-descentes-etc.).

Une fois le camp de base traversé, sur la moraine menant à Gorak Shep, je vois Diké, le sirdar[21] du trekking que j'avais fait ici avec mes parents en 2011 ! Il m'encourage, ce qui me motive tellement que je me mets même à courir un peu ! Mais sur le grand plateau de Gorak Shep, je marche.

**7h52** – Premier ravito et point de contrôle à Gorak Shep. Je ne m'arrête que pour dire que j'ai perdu le bracelet avec ma puce. Déjà ! Cet incident s'est produit quand j'ai enlevé mon gant pour

---

[20] Qui fait 60km donc pas vraiment un ultra, mais qui est même ici appelé « Extreme Ultra ».

[21] Chef des porteurs dans une équipe de trekking au Népal

prendre (déjà !) un Dragibus. Je m'en suis rendu compte juste après et suis revenue sur mes pas pour le chercher, mais sans le trouver. « Pas de problème, continuez » me dit heureusement un bénévole.

Je continue donc, avec ma musique aux oreilles et un paysage grandiose devant les yeux. Mon lecteur mp3 s'arrête sans cesse. Pour l'instant j'arrive à le rallumer mais après quelques heures de course je devrai renoncer à la musique (à la playlist que j'avais fait pour l'UTCAM !). Tant pis, au moins je peux entendre les encouragements de toutes les personnes sur la route : trekkeurs, Népalais devant leurs maisons/lodges ou en déplacement entre deux villages, enfants qui rigolent.

**8h35** – Lobuche. Je bois un peu d'eau au ravito et repars. Nous avons enfin une vraie descente ! Je m'amuse comme une folle, avant de passer sur le chemin que j'attendais : celui en balcon face à l'Ama Dablam. L'endorphine brûle mes veines. It's amazing!

**9h43** – Me voici à Dingboche. Je ne m'arrête pas au ravito. Je pars dans la vallée de Chukhung, de l'Island Peak au sommet duquel j'étais quatre jours plus tôt ! Nous devons en effet effectuer là un petit aller-retour, une boucle rajoutée pour que le marathon ait bien la distance de 42km. Je croise à ce moment Fabrice, l'autre Français de notre groupe[22], qui est sur le retour de la boucle et qui court au milieu des Népalais (!). Je croise aussi des filles et en profite pour deviner ma place : trois Népalaises, une étrangère, une Népalaise que je double tout de suite après. Je suis donc 5$^e$ femme, 2$^e$ étrangère !

Le chemin monte légèrement, juste assez pour empêcher de courir mais en ayant l'impression de ne pas avancer. Je ne vois pas la fin de cette boucle !

Mais celle-ci arrive et je peux courir au retour.

Je ne m'arrête encore pas au ravito de Dingboche, ne goûtant pas à la soupe proposée. Je préfère manger une barre.

Le plat népalais reprend, vite suivi par de la bonne descente comme j'aime.

---

[22] Des Alpes-Maritimes, même, et qui rejoindra plus tard le Vésubie Trail Club.

**11h09** – Je traverse Pangboche, un village que j'adore ! Ici je double même deux Népalais… et l'étrangère ! Je deviens 1$^e$ étrangère !

Le temps s'est couvert. Il pleuviote, même. Les montagnes sont cachées mais le paysage reste magnifique, grâce à sa végétation maintenant luxuriante à cette altitude, grâce aux jolies maisons du Khumbu, et grâce aux sourires des Népalais croisés. Je me sens si chanceuse de courir ici !

Je pénètre dans la forêt de Fondcombe, passe devant le lodge du même nom,… et commence à peiner. Je ne me souvenais pas que le chemin montait tant jusqu'à Tengboche ! Grimper me paraît dix fois plus dur que quand nous nous étions entraînés là à l'aller.

**12h11** – J'arrive à Tengboche avec un air sans doute épuisé, vu comme s'inquiètent les bénévoles. Mais je leur souris pour les rassurer et continue.

Enfin une chouette descente, peu technique, à faire à fond ! Mais j'ai un point de côté. Heureusement et malheureusement, je croise là un immense troupeau de yacks ! Je suis obligée d'attendre durant au moins cinq minutes qu'ils passent ! Je me sens frustrée de perdre du temps, mais en profite pour respirer et masser mon point de côté. Ainsi, quand enfin je peux repartir, je cours beaucoup plus vite et sans douleur. C'est reparti !

Je m'étais préparée psychologiquement à peiner dans la longue montée qui suit. Tellement que, finalement, je ne la trouve pas si dure. Elle n'est pas très raide, et pas si longue, et passe bien avec quelques Dragibus et phrases que je me répète pour me motiver (par exemple : « la force ne vient pas des capacités physiques, mais d'une infaillible volonté » de Gandhi).

**13h35** – Je passe devant l'Ama Dablam View Hotel. Je suis trop heureuse, je suis presque arrivée !

Le plat népalais reprend. Je cours, je marche, je cours, je marche,… Quand une trekkeuse me dit « félicitations » et non pas « bon courage », je me dis que la fin est proche !

Et soudain, après un virage, je vois le haut de Namche Bazaar ! Et juste après l'arrivée ! L'arrivée est en haut de Namche ! Quelle bonne surprise !

En quelques minutes, j'y suis !

Je franchis la ligne d'arrivée. Une Népalaise me remet un khata. Je regarde ma montre ; j'ai mis seulement 7h ! Je suis trop heureuse !

Tenzing, le jeune Néerlandais de notre groupe, est là, me félicite. Et puis j'apprends qu'il a gagné le semi-marathon ! Je suis trop heureuse pour lui ! Je vois Fabrice, et apprends qu'il a fini 2$^e$ étranger. Waouh ! Quelle équipe nous formons.

Je m'assois. Une Népalaise me donne du jus chaud. Pemba, notre guide, prend mon sac de trail. Tout le monde est aux petits soins ! On m'incite à aller manger. Le dhal bhat est délicieux ! Je le déguste même si j'avais pris une barre peu avant l'arrivée, ayant peur de faire une hypo après celle-ci.

Pemba m'accompagne ensuite au lodge et m'attend le temps que je prenne une douche. Quel bienfait ! Mais pas la remontée dans Namche pour retourner sur l'aire d'arrivée !

Car je ne veux pas louper l'arrivée de mes compagnons ! Surtout celle de ma copine Tal, qui passe la ligne avec le sourire. C'est moi qu'elle prend en premier dans ses bras. Je suis trop heureuse pour elle ! Elle dit avoir marché tout le long (elle avait été malade puis bien fatiguée pendant le trek qui nous a menés au camp de base), mais peu importe ! Elle l'a fait !

**19h30** – Les momos sont délicieux. Mais je suis épuisée et rêve de dormir ! Une heure plus tard, Morphée m'accueille dans ses bras. I did it!

*Parcours : Camp de base de l'Everest (5225m) – Gorak Shep – Dingboche – aller-retour vers Chukhung – Tengboche – Namche Bazar (3450m)*
*Résultats : 6h57, 42$^e$/146, 4$^e$/37 F, 19$^e$/109 étrangers, 1$^e$/31 étrangères*

*Vous pouvez lire l'histoire entière (trekking, ascension de l'Island Peak et suite du voyage compris), dans mon livre* Nouvelles aventures… vers toujours plus d'humanité.

*En montant au Passeur de Pralognan, sur les Traces des Ducs de Savoie en 2014*

# Chapitre 4 : Les courses au podium

*Ce n'est pas parce que les choses nous paraissent difficiles que nous n'osons pas, c'est parce que nous n'osons pas qu'elles nous paraissent difficiles.*
**Sénèque**

*Je ne suis pas montée sur le podium uniquement sur les trails suivants – et j'avoue que je suis compétitrice sur presque toutes les courses auxquelles je participe –, mais j'ai parfois davantage cherché la 3$^e$, 2$^e$, voire 1$^e$ place…*

## 17 juin 2017 : *Ultra-Trail du Haut-Giffre*, Samoëns, 83km, 6200m de dénivelé

Il est bientôt 4h, nous sommes en plein centre de Samoëns, dans la vallée du Haut-Giffre, en Haute-Savoie. C'est Jacques et Éric (alias Ricou) du VTC (meilleur club au monde), qui nous ont amenés, mon chéri et moi, de Morzine, à quarante minutes de là, dans le Chablais, où nous logeons depuis jeudi soir avec une joyeuse troupe du club.

Le départ est donné, et nous commençons presque directement par grimper, de suite par un sentier. Pas de bitume ! Mais l'inconvénient, c'est que ça bouchonne. Pas grave, au moins on ne part pas trop vite. On profite de la nuit. Une toute petite descente arrive assez vite, suivie d'un plat sur bitume (le voilà quand même, grrr), un peu trop long à mon goût. Mais le jour se lève doucement et nous voyons déjà le Mont Blanc ! Magnifique !

Nous poursuivons la montée sur un sentier de montagne, puis attaquons la première descente. Je n'arrête pas de doubler, stupéfaite de voir que personne ici ne sait « caler »[23] ! Au moins ça me motive, je cale assez vite, et j'arrive avec déjà quinze minutes d'avance au premier ravito au Crêt, par rapport à mes prévisions.

---

[23] « Descendre » en niçois, qu'on emploie beaucoup au VTC.

Deuxième montée. La meilleure ! Très montagnarde, avec une fin sur rochers puis dans la neige.

De la neige aussi à la descente, où je tente de glisser sur les pieds avant de faire comme tout le monde : glisser sur les fesses ! La trace des coureurs en fait un vrai toboggan !

Je me retrouve alors devant un spectacle à couper le souffle : le lac Vogealle, magnifique, avec en fond les cascades du Fer à Cheval ! Trop beau !

Je descends cette fois un peu moins vite, pour m'économiser (et profiter du paysage). Mais je continue pourtant de doubler. Dans la première montée un spectateur m'avait dit que j'étais 14$^e$ femme. J'ai compté en doublant et me retrouve en dépassant deux femmes que je suis maintenant… 2$^e$ ?! Il doit y avoir une erreur.

En effet quand j'arrive au Pelly (km37), on me dit que je suis 4$^e$ femme. En fait j'avais oublié que sur cette portion nous étions mélangés aux coureurs du 50km. Je suis quand même ravie d'apprendre que je suis 4$^e$ ! Mais c'est surtout de voir ici mes parents, venus exprès de Bourg-Saint-Maurice (à deux heures quarante de route !), qui m'enchante. Une des premières choses que je leur demande est s'ils savent (avec le suivi live) où est mon chéri. Mais il n'y a pas de réseau ici.

Je papote quelques minutes, récupère, reprend des forces en mangeant des patates douces préparées par ma maman à ma demande (après l'expérience de manque d'un plat consistant sur le 80km de Chamonix, et parce qu'on a droit à une assistance perso à chaque ravito), et repars, en même temps que la femme que j'ai doublée dans la descente.

Hélas, elle me sème. Car je peine dans cette montée pas raide sur piste comme je déteste. En plus il fait chaud (je crains beaucoup la chaleur). Mais heureusement, dès qu'on atteint une certaine altitude, un petit vent nous rafraîchit, et la piste laisse place à un sentier qui serpente, comme j'adore. Les bénévoles au Praz de Communes me disent : « Elle était chouette, hein, cette montée ?

– Oh non, je déteste la piste !

– Bon après vous ferez attention, la descente est caillouteuse.

– Ah ben ça j'aime bien ! »

Sauf qu'il faut les chercher, ces cailloux ! Rien de technique, snif. Mais je finis quand même par rattraper la 4$^e$ femme ! Et prend un peu de distance grâce à la fin de cette calade qui se fait sur pistes de ski, droit dans la pente, où j'ouvre mes ailes (bras) pour me laisser aller. J'adore !

Au ravito de Salvagny (km48), mes parents sont encore là ! Cette fois ils peuvent me donner des news de mon chéri. Je suis trop contente d'apprendre qu'il est passé dix minutes après moi au Pelly ! Si je ne visais pas le podium, je l'aurais attendu. Mais la 4$^e$ femme est déjà repartie, et mon père me dit que la 3$^e$ n'avait pas l'air bien fraîche. Donc je ne traîne pas trop.

Je repars encore une fois dans la chaleur. Mais sur sentier, qui serpente, même si chaque virage est long et plat (je me dis que mon chéri ne va pas aimer, et j'aurai raison). Et comme avant, nous avons vite droit au vent frais. Nous sommes surtout récompensés par une magnifique vue sur le Mont Blanc au refuge Grenairon. En réalité, je l'avoue, je ne savais pas qu'il s'agissait du Mont Blanc. Je me suis pris la honte en demandant au bénévole de quelle montagne il s'agissait. « Je suis de Bourg-Saint-Maurice, je n'ai pas l'habitude de le voir comme ça » me justifié-je en riant avec le bénévole.

Nouvelle descente, toujours en mode assez tranquille pour garder des jambes pour la dernière bosse de notre ultra, qui sera plus longue. Ce qui ne m'empêche pas de semer la 4$^e$ femme, ou plutôt ex 4$^e$ femme, que j'ai cette fois doublée dans la montée ! Et surtout… de doubler la 3$^e$ ! Me voici en 3$^e$ position, je suis trop contente ! Mon père me félicite quand je le rejoins juste avant d'arriver aux Cascades du Rouget (km62). Ça me motive à bloc ! Mais me pousse aussi à ne pas traîner au ravito, alors que j'aurais voulu plus profiter de mes parents et de cette magnifique et immense cascade, impressionnante.

La dernière montée commence. Encore une fois je commence doucement car j'ai chaud, et car cette fois en plus la pente est bien raide. Mais elle s'adoucit ensuite, le vent revient, et le paysage est magnifique, semé de petites cascades (et même d'un jeune bouquetin au bord du chemin !). Pourtant je ralentis à nouveau, ne voyant pas la fin de cette montée de 1400m ! Le pire est quand, après une loooonnnngue traversée, nous nous retrouvons face à une petite descente suivie… d'une piste toute en longueur ! Et après la piste, il reste encore des virages avant le col ! Mais finalement tout passe plus vite qu'on ne s'y attend.

Et enfin, la dernière calade débute ! En plus elle débute bien, raide et avec plein de caillasse ! Je double des coureurs qui m'ont doublée dans la montée. Le bénévole en haut nous dit que le dernier ravito se trouve au lac des Gers, et on voit vite le lac, qui paraît tout près, à trente minutes environ.

En trente minutes pile j'y suis, courant même sur le plat qui contourne le lac. Je me dis que peu importe ce qui arrive, je ne cesserai plus de courir. Je m'arrête donc au ravito pour reprendre des dernières forces, et repars en courant. Même si c'est plat. Plat. Encore plat. Et que ça monte légèrement (!), descend légèrement et remonte (bon là je marche car la première montée m'a cassé les jambes). Et du faux plat descendant. Je regarde sans cesse l'altitude qui baisse à peine.

Mais enfin la calade arrive, sur sentier et non plus sur piste ! Youpi ! L'altitude dégringole, et je me réjouis d'approcher de l'arrivée.

Enfin j'entre dans Samoëns ! J'entends de la musique et le speaker. Je vois l'aire d'arrivée. J'atteins le pont pour y accéder !

Et là un coureur me double en m'informant que nous devons faire un grand détour pour arriver. « Les sadiques ! » m'écrié-je. Je passe à côté du pont et continue de courir, pour faire tout le tour du plan d'eau, interminable, et enfin atteindre l'arrivée !

Mes parents sont là ! Et mon chrono s'affiche : 15h53 ! Je n'aurais pas arrêté de gagner du temps tout le long, arrivant avec plus de deux heures d'avance par rapport à mes prévisions !

Et je suis 3$^e$ femme (56$^e$ au général) !

Je suis trooooop contente ! Mes pieds sont très douloureux mais à part ça, et une petite ampoule, et une grande fatigue bien sûr, je vais bien. Je n'ai plus qu'à attendre mon chéri avec mes parents, en mangeant à nouveau des patates douces puis un bout de tarte aux cassis faite par ma maman (miam miam miam). Il arrive une heure trente plus tard, dans le même état que moi ; pas trop mal, donc. On a trop géré !

On a bien le droit à notre bière ! Un petit repas et un gros dodo à notre hôtel où mes parents passent aussi la nuit.

Le lendemain, ce sera balade dans Samoëns et remise des prix avec nos copains du club qui ont aussi brillé sur le KV. Bravo le VTC ! Et bravo à l'orga de ce bel ultra, au parcours vraiment chouette, bien balisé et aux nombreux bénévoles tous très gentils. C'était à faire !

*Parcours* : *Samoëns – Refuge Golèse – Le Crêt – Lac de Vogealle – Le Pelly – Praz de Communes – Salvagny – Refuge Grenairon – Cascade du Rouget – Col de Pelouse – Samoëns*
*Résultats* : *15h53, 56ᵉ/395 (244 arrivants), 3ᵉ/22 F (Jonathan 17h22, 97ᵉ)*

## 26 avril 2015 : *Ultra-trail des Balcons d'Azur*, Mandelieu-la-Napoule, 80km, 3500m de dénivelé

Trois heures du matin, j'ouvre les yeux, pour la troisième fois au moins durant cette – courte – nuit. A chaque fois je me suis répétée « ça va être dur, ça va être long ». Car jamais je n'ai couru autant, proportionnellement sur du long. Sur la TDS, j'étais partie pour une expédition de vingt-quatre heures, une rando rapide dans la montagne. Alors que cet ultra-là ressemble plus à une course. De onze heures !

Je m'y prépare donc psychologiquement une fois encore en me levant à 3h, un quart d'heure avant que mon réveil sonne. Malgré le peu de sommeil, je me sens en forme.

Sur l'aire de départ, je retrouve Karine. Nous apprenons que nous ne sommes que quatorze femmes, sur presque deux-cents participants ! Pour autant, je ne me sens pas seule, retrouvant quelques têtes connues. Ça fait toujours plaisir.

Cinq heures, le top départ est donné. Dès le début je me sens bien. Je prends un rythme que je juge ni trop rapide ni trop lent. Il fait nuit, les frontales se suivent, il ne fait pas chaud, ni trop froid. La nature est là. Je me sens bien.

Sur la crête menant à Maure Vieil, je vois la file de frontales derrière moi. Trop beau ! J'adore cette ambiance de course de nuit.

Le jour se lève et tout se passe toujours bien. Il faut beaucoup courir mais on a aussi droit à de bonnes montées, comme celle menant au Pic de l'Ours.

Au premier ravito, j'hallucine en voyant ce qui y est proposé : rien d'autre que des pains au chocolat ! Euh, peu pour moi, pas envie d'avoir soigné mon alimentation depuis quelques jours pour tout foutre en l'air dès le début de la course ! Même si une bénévole insiste : « Laissez-vous tenter, juste la moitié ». Adorable. Mais non.

Passé le lac de l'Ecureuil, je me retrouve en terrain inconnu. Malgré toutes les sorties dans le massif, je ne connais pas encore tout l'Estérel. Mais j'aime bien aussi, être en totale découverte. Le temps est plutôt couvert, ce qui bouche un peu la vue mais permet de rester au frais, ce qui est agréable.

La partie vers Agay est moins drôle : de la route. Je hais le bitume ! Mais heureusement, un copain coureur m'avait prévenue, et finalement je m'attendais à pire. Le deuxième ravito est bien plus tentant, ce qui tombe bien car j'ai faim : TUC, fruits secs, cacahuètes, et un peu de cola que je dilue dans de l'eau. J'ai fait environ un tiers du parcours.

On croise de drôles de personnes sur ce trail. Mais ces rencontres ont rythmé ma course, ont contribué à la rendre encore plus agréable : entre ces deux femmes que j'ai vues trois fois et qui m'ont à chaque fois bien encouragée (« Mais vous êtes partout ! » « Vous aussi, et toujours avec le sourire en plus ! C'est bien, continuez »), ce monsieur qui courait toujours dans l'autre sens (« Mais vous avez vu j'arrive quand même toujours à vous suivre »), et le bénévole qui me dit – comme je me le répète souvent en trail – « Garde la pêche ! ». J'adore !

Dans l'Estérel, il faut faire attention, il y a beaucoup de caillasse, le terrain peut être facilement glissant. Mais comme d'habitude ce n'est pas dans les parties les plus techniques que je tombe, mais dans les moments où je suis moins attentive. D'habitude c'est plus en fin de course. Là c'est arrivé deux fois avant même le troisième ravito ! La première a été un peu douloureuse, me laissant comme souvenir un beau bleu à la cuisse gauche et des petites égratignures au bras. La seconde n'a abîmé qu'un buisson qui a eu la gentillesse de me réceptionner (oups, il ne faut pas abîmer la nature !).

Après le passage du Cap Roux, le temps est dégagé, ce qui tombe bien car la vue est ici splendide ! Les rochers rouges, la mer à perte de vue… Amazing !

A partir du Trayas, je connais à nouveau le parcours par cœur, et ce jusqu'à Théoule. Si je commence à ressentir de la fatigue en montant au Col Notre-Dame, étant impatiente d'y atteindre le quatrième ravito, c'est surtout la montée aux Grues que je trouve difficile ! Mais je souffre moins que quelques autres coureurs que je double, qui sont eux en prise avec des crampes. Par contre, dans la descente, j'ai bien mal au genou droit. Ce qui ne m'était jamais arrivé auparavant. Ainsi, que ce soit en montée ou en descente, je n'avais jamais fait les Grues aussi lentement, mais je garde la pêche, mon mental à toute épreuve.

Encore une fois, on me dit que je suis 3$^e$ femme ; ça m'aide à rester motivée. Il ne reste qu'une quinzaine de kilomètres.

Si le bitume au niveau de Théoule m'avait tuée l'an dernier sur le 47km, maintenant je le connais bien (j'ai même refait cette partie du parcours, depuis Notre-Dame d'Afrique, en rando et en sortie trail). Et dans la montée qui le suit, dans laquelle j'avais eu un bon coup de mou il y a un an, cette fois je me sens bien.

Au début en tout cas. Car la fatigue gagne petit à petit du terrain, et je commence à penser plus fort à l'arrivée, à l'attendre avec impatience. Elle aussi me motive tout le long. De savoir que mon chéri (qui participe au 47km, et qui à ce moment est déjà arrivé) sera là. Un bisou (et une bière), voilà tout ce que je veux !

Je commence à doubler les derniers du 47km, voyant là encore des têtes connues, ce qui m'aide à garder le sourire. C'est qu'en plus, on commence à être sur cette partie du parcours sadique où les tours et les détours mettent nos nerfs à rude épreuve.

Il n'y a plus de ravito, je mange ma dernière barre et encore un (le septième depuis le début) Dragibus (mon produit dopant perso[24]).

Dans la descente sur piste, tout en lacets, qui permet de rejoindre Maure Vieil, j'aperçois soudain Karine derrière moi. Aaaaaah ! Je lui fais un gentil « coucou ». Mais – compétitivement et égoïstement – ne l'attends pas pour autant. Je veux garder ma troisième place. Alors – chose incroyable – j'accélère. Je me sentais à plat, vide d'énergie. J'avais mal au genou. Eh bien de l'énergie, j'en avais encore, apparemment. Et ma douleur au genou, je pouvais l'ignorer.

Et tout devient plus facile. Je m'amuse à nouveau, même (merci Karine). J'atteins le port de la Rague, je sais que je suis presque arrivée. Je sais aussi que la fin est difficile, avec ses cruels

---

[24] Je répète, j'ai par la suite arrêté ce « produit dopant ». Mais à une époque, HARIBO aurait pu me sponsoriser ! J'ai aussi arrêté le cola (même dilué).

escaliers qui m'avaient fortement et désagréablement surprise il y a deux ans (sur mon premier Trail des Balcons d'Azur, de 30km à l'époque). Quand l'arrivée est là, je vois mon chéri, avec ses copains qui m'encouragent. Trop bien !

Et une fois la ligne passée, j'ai enfin mon bisou. La meilleure récompense ! Je suis exténuée mais trop heureuse.

C'était chouette finalement !

*Parcours* : *Mandelieu – Pont Sarrazin – Pic de l'Ours – Agay – Cap Roux – Le Trayas – Col de Notre Dame – les Grues – Notre-Dame d'Afrique – Théoule – Maure Vieil – La Rague – Mandelieu*
*Résultats* : *10h24, 31ᵉ/180, 3ᵉ/14 F*

## 6 juillet 2014 : *Trail de Valberg*, Valberg, 46km, 2600m de dénivelé

Youhouuuuuuu ! Oh yeah ! Ma prépa de choc de la veille (jogging avec une bonne courte montée répétée trois fois au-dessus de Golfe-Juan, suivi d'une journée sur canapé les jambes relevées, pour un coucher à 19h30 !) m'a servie, même si elle a fait suite à une journée passée debout sans bouger en chaussures à talons (horrible !).

À ce trail, je l'avoue, j'y allais pour gagner.

Montée à 4h30 du mat avec Karine, j'étais en forme au départ à 7h30, ce qui m'a permis de prendre la tête des filles au bout de moins d'une heure de course.

Je m'en suis mis plein les yeux ! Les paysages étaient trop beaux ! Surtout après le col de Sui, sur la deuxième boucle que je n'avais pas faite l'an dernier puisque j'avais fait le petit parcours. Se retrouver sur ce sable rouge… incroyable ! J'ai bien aimé la longue descente régulière, permettant de gagner des kilomètres sans se fatiguer, même si j'avais faim à ce moment et attendais la montée pour manger un bout (pas assez, j'attendais ensuite avec impatience le troisième ravito !).

La deuxième montée m'a tuée ! Il faisait chaud, elle était looooooonnnngue, me rappelant la montée au Col du Palet sur le Tour de la Grande Casse (enfin ce n'était quand même pas aussi long !). Vu mon allure, j'avais peur qu'une fille me rattrape ! Mais non.

Ensuite la descente a été, même si j'ai chuté sur le joli sentier de randonneurs du dimanche juste avant d'arriver dans Valberg (la pas douée !). Aïe, ouille, ma main ! Mais arrivée saine et sauve sous les applaudissements, 1$^e$ femme, 12$^e$ au scratch ! Turquoise, autre copine coureuse, et Karine, sont arrivées quinze minutes plus tard, pour un magnifique podium, sur lequel nous sommes montées avant une bonne douche puis un repas et une bière bien mérités.

Seul regret : être partie très tôt (covoiturage ne laissant pas le choix), avant la suite de la remise des prix et l'arrivée des derniers concurrents. Ce que je n'aime pas, me donnant l'impression que « c'est bon, j'ai mon lot, j'me casse ». En plus je commence à connaître tout le monde sur les trails, je voulais papoter (c'est moi qui dis ça ?). Et le pire : j'ai été malade en voiture à la descente. Il faut dire que Karine est grenobloise, ça en dit long sur sa conduite (je plaisante, que je suis moqueuse !). J'avais trop hâte d'être chez moi. Je crois que j'étais aussi un peu en hypo, car après avoir mangé de la compote je me sentais mieux.

Aïe, aïe, aïe, à quand le prochain trail ? Quelle addiction, mais c'est trop bon !

*Parcours* : *Valberg – Col des Atres – Chapelle Saint-Jean-Baptiste – Col du Raton – Col de Sui – Col de Roua – Haute Villetalle – Tête de la Colombière – Col du Raton – Col des Anguillers – Valberg*
*Résultats* : *6h34, 12$^e$/51, 1$^e$/7 F*

*C'est sur ce trail que Jonathan m'a vue pour la première fois. Moi, j'avoue ne pas me souvenir de lui (oups). Il s'était à l'époque demandé ce qu'une minette comme moi faisait sur un grand trail comme ça. Quand il a fini la course, il ne m'a pas vue, pensant que j'avais abandonné. En réalité, j'étais déjà partie !*

*Mon futur mari m'a retrouvée sur le site de sorties et de rencontres amicales On Va Sortir (OVS), sur lequel j'avais posté une sortie Initiation trail à laquelle il s'est inscrit. C'est ainsi (à la Madone de Fenestre dans la Vésubie) qu'on s'est vraiment connus. Et cette fois, c'est moi qui suis tombée sous son charme.*

## 27 mai 2017 : *Trail de Rimplas*, Rimplas, 20km, 1700m de dénivelé

J'ai trooooooop adoré ! Un de mes trails préférés ! Même s'il est au début... roulant ! Avec 1700m pour 21km, on s'attend à grimper, grimper, grimper... et on commence par courir, courir, courir ! A ce moment je double assez tôt mon chéri qui n'est pas bien, trois jours après son retour de voyage d'affaire à Dallas.

Quand d'un coup, ça monte, ça monte, ça monte ! Jusque sous le Mont Giraud où on est alors vraiment en montagne. J'adore ! Belle pente, jolies gentianes, je suis dans mon élément. Je vois devant la première femme, une coureuse qui me bat habituellement. Quand on doit contourner un gros névé avant le sommet, en descente en dévers, je la double car elle n'est pas à l'aise.

Avec d'autres coureurs, on doit s'arrêter car on ne voit plus de balisage. Les mecs veulent descendre sur la droite mais je leur fais remarquer que des gens courent sur la crête à gauche. Puis j'en vois même plus haut. Eh oui, nous sommes trop descendus, le sommet du Giraud est au-dessus de nos têtes, il nous faut remonter et nous apercevons d'ailleurs assez vite un bénévole là-haut donc impossible d'échapper à cet effort supplémentaire.

Puis une descente sans chemin débute, sur une belle crête puis... droit dans le pentu ! J'adore ! Et sème le groupe avec lequel j'étais, dont la femme. Eh ouaip je suis prem's !

Et le reste tout le long de cette descente qui, même si elle s'adoucit, reste technique jusqu'à l'arrivée.

Quand je passe celle-ci, je suis trop heureuse ! Puis j'attends l'arrivée de mon papa sur le 13km, puis de mon chéri qui a pris son temps mais a fini, puis de ma maman... qui n'est pas dernière car elle a semé notre copine Aurore accompagnée de notre copain Phil. Ces derniers arrivent avec notre copine Marie qui faisait serre-fil.

Résultats sur le 20km : moi 21$^e$ en 3h25, mon chéri 42$^e$ en 3h59 (40min de plus que l'an dernier) ; sur le 13km, mon père 63$^e$ en 2h12, et ma mère 70$^e$ en 2h49 (elle pensait mettre 3h30 !).

Suivent comme d'habitude un repas et une remise des prix dans la bonne humeur spécial VTC, tout ça dans une chaleur infernale pour un mois de mai. Ma maman fait podium, seule de sa catégorie (M4 cette année), et nous gagnons tous au tirage au sort ! Nous repartons avec la voiture archi pleine, dont un énorme pot de fleurs et un sac de terreau !

Trail de Rimplas, à refaire !

*Parcours* : Rimplas – boucle de la Couletta – Cime de Ballour – Las Planas – Mont Giraud – Las Planas – Rimplas
*Résultats* : 3h25, 21$^e$/65, 1$^e$/12 F (Jonathan 3h59, 42$^e$)

## 4 août 2018 : *Trail de l'Energie*, Saint-Etienne-de-Tinée, 14km, 1300m de dénivelé

Les années se suivent et se ressemblent à St-Etienne-de-Tinée ! Je finis comme d'habitude 2$^e$ femme !

Une différence cette année : pas mon chéri snif (parti en Bretagne pour le baptême de sa nièce). Donc pas de récompense couple, car pas de challenge couple comme l'an dernier (Noël, organisateur et ami du club, n'a pas voulu le refaire car on ne pouvait pas y participer !). J'y suis donc allée avec Ricou et Annie.

Je prends le départ pas très sereine, sans trop d'envie, après ma peine sur le K3 et encore plus à l'entraînement mardi et à la sortie au Mont Vial mercredi. Pourtant quand la montée commence, je me sens bien, et ce de plus en plus au fur et à mesure de la montée. D'ailleurs je ne fais que doubler !

Sur le chemin de l'énergie tout va bien, et je double déjà là une coureuse que je double chaque année de plus en plus tôt !

La descente ultra raide que j'adore commence, puis le faux plat plus montant que descendant, que je subis moins maintenant que je connais. Puis la vraie descente arrive (je double un copain du club *exactement* au même endroit que l'an dernier !). Je m'amuse comme une folle.

Et arrive exténuée mais trop heureuse d'avoir mis une minute trente de moins que l'an dernier (à la descente ; à la montée j'ai mis le même temps à quinze secondes près !). Pourtant j'ai eu un peu mal au ventre et une sensation d'essoufflement.

Le repas est cette année à la salle des fêtes, et je le prends avec une partie de la bande, pour un moment super sympa, suivi de la remise des prix. Je rentre à la maison avec notre copain Georges avec qui le temps passe trop vite tellement on discute.

*Parcours* : Saint-Etienne-de-Tinée – montée aux Fournels par la balise 108 – chemin de l'Energie – descente hors sentier – les Fournels puis descente à Saint-Etienne par balise 101
*Résultats* : 2h18, 19$^e$/87, 2$^e$/17 F

## 6 septembre 2018 : *Ultra Tour Monte Rosa*, Grächen (Suisse), 170km, 11 300m de dénivelé

Cette année encore je voulais faire le Tor des Géants mais cette année encore je n'ai pas été prise au tirage au sort. J'ai été déçue bien sûr, mais pas tant que ça. Car j'ai découvert un autre ultra qui avait l'air incroyable : l'Ultra Tour Monte Rosa (UTMR), le tour du Mont-Rose. Les paysages avaient l'air incroyablement beaux, le profil cassant me plaisait, le parcours avait l'air assez technique, le nombre de participants était limité à 150, le départ était le matin. Bref, il avait tout pour me plaire, et pendant un moment, j'ai espéré ne pas être prise au Tor pour le faire.

Quand j'ai su que c'était le cas, je me suis donc empressée de m'inscrire à l'UTMR avant qu'il n'y ait plus de place. Mais si le nombre de participants est limité, la course n'est pas très connue et la sélection se fait sur dossier, avec obligation d'avoir déjà fait l'UTMB, la Hardrock, le Tor, la Ronda dels Cims ou la Diagonale des Fous. Je n'avais donc pas de soucis à me faire, et mon inscription a été très vite validée.

Youpi !

Il ne me restait plus qu'à me préparer. L'entraînement ne m'inquiétait pas ; là-dessus j'ai fait comme d'habitude, je n'ai rien programmé et j'ai juste couru quand j'en ai eu envie. C'était plus mon corps que j'avais à préparer, lui qui avait tant subi sur l'UTMB en 2016 et l'UTCAM en 2017. Ma plus grande peur : que l'ultra tombe encore cette année, pour la troisième fois, en période prémenstruelle. Être une traileuse ajoute des problèmes que les mecs ne connaissent pas ! Mais cette année, j'avais mes cours de naturopathie et toutes les clés pour me refaire une santé.

Ainsi, quatre jours avant l'ultra, j'étais déjà super en forme pour le Trail Per Cami, que j'ai fait en mode cool mais en finissant absolument pas fatiguée, ce qui m'a énormément rassurée, même si

– merde ! – mes menstruations devaient arriver dans les prochains jours.

La veille du départ, mon chéri et moi prenons la route pour Grächen, en Suisse allemande. Nous y arrivons en fin d'après-midi, récupérant le dossard dans la magnifique station avec vue sur le Weisshorn, avant de rejoindre le Bed & Breakfast réservé à Saint-Nicolas. La dame qui le tient se révèle être adorable ! Et son logement offre tout le confort qu'il faut pour se reposer avant une course.

Pourtant je dors très mal, trop excitée. L'heure du réveil, 2h, arrive heureusement vite. Petit déjeuner, fin de préparation, et nous voilà de nouveau à Grächen. L'ambiance est trop étrange : aucune foule, aucun bruit. Nous partons ainsi dans la nuit.

Le départ est très roulant, mais directement sur un sentier. Celui-ci descend assez vite pour rejoindre la vallée. Normalement nous aurions dû rester dans les hauteurs mais une chute de pierres a nécessité un changement de parcours. Nous nous retrouvons donc sur une piste à plat toute proche de la route, terriblement longue. Heureusement, je croise déjà là mon chéri venu m'encourager. Il est seul. Sur cet ultra il est quasiment le seul assistant et un des rares supporters !

Je le retrouve encore à la fin de cette portion plate, à Randa, où commence enfin la montée ! C'est partie !

Ça grimpe, le jour se lève. Tout est parfait ! Nous arrivons au pont suspendu le plus long du monde ! Mais je suis déçue car nous ne l'empruntons pas. Puis, en montant au refuge Europahütte, premier ravito, je croise des coureurs et comprends qu'il nous faut faire l'aller-retour au refuge pour ensuite prendre le pont et continuer par un autre chemin montant vers Täschalp. Youpi !

Si le ravito est nul (ou plutôt inaccessible car tout petit et envahi de coureurs), la traversée du pont est trop chouette. Mais c'est après que le meilleur arrive : un chemin en balcon avec vue sur… le Cervin ! Waouh ! C'est grandiose, magnifique ! Je n'en reviens pas ! Je reste des heures à courir (ou marcher, je suis sur une portion toute en monta-cala) face à cette incroyable montagne. Cela me rappelle le marathon de l'Everest où j'ai couru face à l'Ama Dablam. Quelle chance ! J'aperçois aussi d'autres montagnes, dont Castor et Pollux.

J'arrive beaucoup plus vite que prévu à Zermatt (km39). La station est vraiment belle. Je retrouve là mon chéri, venu en train, car la station est fermée aux voitures. Je m'arrête ici vingt-cinq minutes, le temps de manger un peu de riz, de passer d'un haut à manches longues à un t-shirt, de refaire des réserves d'eau et de barres et fruits secs. Et de faire un bisou à mon chéri bien sûr.

Je repars ensuite, pour une longue montée sous le Cervin qui est en train de se cacher tout doucement. Ce qui m'inquiète, car j'avais vu à la météo que la pluie était annoncée. Et ça ne loupe pas ! Quelques gouttes commencent à tomber. Je mets mon coupe-vent. La pluie s'arrête vite mais un vent froid souffle légèrement donc je reste couverte.

Au bout de 1400m de dénivelée depuis Zermatt, j'arrive au refuge Gandegghütte, perdu au milieu des rochers. Un petit thé et je repars continuer cette montée qui mène au glacier de Théodule. Je me retrouve alors dans un paysage incroyable ! Je marche au milieu d'un immense glacier, où je croise même des skieurs ! Et me fais doubler par une dameuse ! Puis vois descendre des cyclistes à VTT ! C'est fou ! Et pour ajouter à l'ambiance, il se met à grêler puis à neigeotter.

Dernière montée raide dans la caillasse et me voilà au col. Une bonne surprise nous y attend : du thé (j'aurais bu des litres de thé durant cet ultra !). Il n'était pas prévu mais fait du bien par ce temps de m... D'ailleurs les nuages cachent complètement la vue. Nous ne pouvons voir qu'une étendue de pierres et de terres, parsemée de gros bâtiments de remontées mécaniques. Il y a même des camions et des travaux. C'est bien moche. Bienvenue en Italie !

Commence une bonne descente menant à un nouveau ravito et une nouvelle tasse de thé, plus réconfortante que jamais car il commence à pleuvioter. Puis une montée commence et il se met à grêler ! Et enfin une descente et il se met à pleuvoir à verse ! Qui durera deux heures trente ! Je deviens très vite trempée jusqu'à la moelle des os. Et gelée. J'ai très peur que cela dure et me demande comment font les traileurs qui finissent des ultras presque entièrement sous la flotte. Je me dis que je ne pourrais pas. J'ai vraiment du mal à supporter ce temps, ce d'autant plus que les chemins deviennent ruisseaux, les pierres glissantes et les petits bouts de plats archi boueux. Je pleure presque quand je glisse pour la seconde fois.

Pourtant, à ce moment, j'arrive dans un endroit magnifique, dans une très belle forêt que je reconnais. Eh oui, je suis déjà venu ici ! En 2010, avec mon père et Elise, pour faire l'ascension du Castor. Ce qui est drôle est que pour monter au refuge des Guides d'Ayas depuis Saint-Jacques, nous nous étions trompés et étions arrivés dans un vallon très beau, celui dans lequel je débarque maintenant. Petit souvenir qui me réchauffe le cœur (à défaut du corps).

Je suis quand même contente d'arriver au refuge Ferrarro. Pas parce que la bénévole me dit que je suis 2$^e$ femme (hein, quoi, 2$^e$ femme ?! Uuuuuh). Ça, je le mets de côté. Déjà parce qu'avec mon coach-chéri on a décidé que la compétition ne pouvait démarrer qu'à Alagna, km100, qu'avant je n'avais pas à me préoccuper du classement. Mais surtout parce que je ne pense qu'à me mettre au chaud. Je pars aux toilettes troquer mon t-shirt pour un haut à longues manches sous ma veste, et mon collant pour mon surpantalon. Même s'il ne pleut plus quand je repars, je suis bien mieux un peu plus sèche.

La motivation est revenue ! Je me sens d'attaque pour la montée qui suit. Et là, qui vois-je juste avant le col ? Mon chéri ! Quel amour d'avoir bravé la pluie pour me rejoindre ici ! J'attaque la descente avec davantage de motivation encore. Il pleuviote un peu, c'est toujours glissant, mais tout va bien. Même si encore une fois, je suis heureuse d'arriver au prochain ravito, à Gressoney-la-Trinité, base de vie où je me change, mange, refais le plein de tout, dont d'énergie, toujours assistée par mon chéri.

Je repars de nuit. Eh oui, déjà ! Cette première journée, de quatre-vingt-trois kilomètres, est passée vite.

Une nouvelle bonne montée, de 1300m, m'attend. Le début est bien raide et me plait. La suite l'est moins mais j'admire le ciel, parsemé d'étoiles. C'est beau ! Et encourageant ; le mauvais temps est terminé ! Ce qui est moins drôle est l'arrivée devant un troupeau de moutons gardé par un patou qui aboie. Je me retourne, vois une frontale derrière moi, et attends. C'est la Japonaise, en tête au début de l'ultra. Elle me double mais ne m'attend pas vraiment. Alors je ramasse une pierre car vraiment j'ai peur. En me redressant je vois la Japonaise arrêtée. Elle m'attend ? Non, elle prend en photo le patou ! Je lui dis qu'elle est folle et que c'est dangereux. Et nous partons, sous les aboiements du patou qui heureusement ne nous suit pas. Quelle frayeur !

Le col Salati n'est plus loin. Je connais cet endroit-là aussi. Cette montée, je l'ai faite pour gravir le Mont-Rose l'an dernier. Sauf que pour monter ici, nous avions pris les télécabines ! Là j'y arrive un peu plus fatiguée, et surtout un peu nauséeuse. Pour éviter l'hypoglycémie qui me guette, je me force à manger un TUC (tout ça !). Je repars en me sentant assez bien alors je mange de mes fruits secs. Je double alors la Japonaise et la sème dans la descente. Comme je vais mieux, je mange carrément une barre. A partir de ce moment et jusqu'à Saas Fee, plus aucune nausée ne se pointera, remplacée par des terribles fringales !

Cette descente-là est moins glissante et se fait bien, même si elle fait 1800m (!), et j'arrive sans difficulté à Alagna. Là, ce sont mes parents qui m'y attendent ! Je suis trop contente de les voir ! Ils sont venus le mercredi, ont dormi dans un refuge que j'ai croisé dans la descente, sont montés à Salati pour redescendre sur Alagna en partie en télécabine, pour dormir à Alagna et m'y voir. Je me pose un moment au ravito avec eux, pour repartir, cette fois avec une Américaine, super sympa, que j'avais déjà croisée et qui m'encourageait à chaque fois.

Elle me double dans le faux plat montant du début de la montée mais je la double quand ça monte un peu plus. Bien que ça ne monte pas tellement, en fait. Nous avons 1700m de déniv à faire et le chemin fait des immenses lacets, qui ne font prendre que lentement de l'altitude. Ça ne va pas être tout le long comme ça, quand même ? Eh si ! Horrible, cette montée. En plus, bien que j'arrive au col de Turlo avec le lever du jour, la vue n'y est pas splendide, là-haut. Pas de 4000 en vue. Je suis un peu déçue.

Mais je me sens toujours bien donc descend avec le sourire. Par contre, je suis stupéfaite. Car lors d'un arrêt au petit coin, je me rends compte… que j'ai mes règles ! Enfer et damnation ! Mais à aucun moment elles ne me feront souffrir, heureusement[25].

La descente devient moins raide, et c'est là que je vois mon chéri ! Quel amour de venir une fois encore me voir en plein parcours. Car de la motivation, il m'en faut pour gagner Macugnaga, car je ne m'attendais pas à ce que ce soit si long. J'avoue, je peste un peu de ces longueurs, portions plates et même de faux plats montants. Même la traversée du village me semble interminable. Il faut dire que j'ai faim et que j'ai hâte de prendre un petit déjeuner.

---

[25] Les dernières études montrent qu'en réalité les performances des sportives seraient meilleures pendant les menstruations ! C'est finalement seulement la période *pré*menstruelle qui serait pénalisante.

Quand enfin j'arrive au ravito, au km126, je suis donc trop heureuse de manger mon pain germé avec du beurre de cacahuètes. Et le tout accompagné d'un vrai café à l'italienne. De quoi redonner un bon coup de fouet.

Je quitte donc... ♪ sans aucun souci... ♪ philosophie... Macugnagagaga ♪ !

C'est partie pour une nouvelle longue montée, la dernière de l'ultra (déjà ?!). Le chemin est très beau, grimpe bien, je suis aux anges. Mais le meilleur m'attend. Là, au col de Monte Moro, j'entre dans le refuge où plusieurs filles m'accueillent en triomphe. Car je suis toujours 2$^e$ femme. Et elles me remettent une enveloppe. Elles m'ont fait un mot ? J'ouvre. Non, il est de mon chéri ! Ooooooh ! Je suis trop émue. C'est trop beau ! Du coup, en repartant, je me dis qu'il faut que je fasse un selfie pour lui, avec son mot et une belle vue. A ce moment j'arrive devant l'immense madone qu'il y a sur l'affiche de l'ultra. C'est là que je prends ma photo que j'envoie (mais qui ne part pas par absence de réseau).

C'est reparti pour de la descente, et c'est surtout reparti pour la Suisse ! Ciao Italia !

Là je croise des randonneurs qui m'encouragent comme des fous. L'une d'eux viendra lors de la remise des prix me montrer les photos qu'elle a faites. Trop gentil !

La descente est moins glissante, ça fait du bien. Elle est même technique au début. Puis vient la partie que je redoutais : le long lac à longer sur presque quatre kilomètres. Mais heureusement nous passons sur un sentier, qui n'est pas vraiment plat, mais en faux plat descendant où il est plus facile de courir, et faux plats montants offrant une excuse pour pouvoir marcher. Ensuite la descente continue, puis revient le plat mais celui-là je l'avais prévu, et c'est là encore que vient mon chéri ! Il me dit que ça va être long, car une bénévole lui a dit qu'il fallait quatre heures du refuge au ravito, que le 1$^e$ homme a mis trois heures trente.

Je mets trois heures vingt-deux !

Ici à Saas Fee, j'ai enfin à nouveau droit à la vue. Elle aura été gâchée par le mauvais temps depuis Zermatt. Mais au moins je n'aurais jamais souffert de la chaleur. D'ici je vois le Lagginhorn que j'ai fait avec mon père et ma sœur en 2012. Nous étions partis de Saas Grund, juste un peu plus bas.

Dernier ravito, au km 149. J'ai un peu peur de m'y arrêter car à chaque gros ravito j'étais arrivée 2$^e$ pour en repartir 3$^e$, 4$^e$, voir 5$^e$. Incroyable toutes ces filles qui mangent trois chips et repartent ! Moi il faut quand même que je me pose, car mes pieds tout fripés sont douloureux et ont besoin d'éosine, tout comme à Macugnaga déjà. Je mange un peu, je revérifie tout. Et... je me sens au bord du malaise, je dois m'allonger. Oh non ! Il se passe alors un truc trop bizarre. J'entends mon chéri me parler mais je ne capte pas du tout ce qu'il me dit. Comme s'il y avait un beug dans mon cerveau.

Heureusement cela ne dure pas, je me sens d'ailleurs vite mieux, et je finis par repartir après un passage aux toilettes car je vous rappelle que j'ai mes ragnagnas.

Ce qui est trop bien sur cet ultra est la possibilité de suivre tous les participants en direct et tout le long grâce à notre balise GPS. Ainsi, mon chéri sait que j'ai de l'avance sur la 3$^e$, l'Américaine (la Japonaise a abandonné, hélas). Mais j'ai quand même peur car je sais qu'elle ne va pas s'arrêter et va ainsi gagner trente minutes (mon temps de pause) sur moi. Donc nous élaborons un plan avec mon assistant : il me fera sonner trois fois si elle a moins de vingt minutes de retard sur moi.

Je repars quand même tranquillement, voulant garder de l'énergie pour la dernière descente. Soudain, mon téléphone sonne. Une fois. Deux fois. Oh non. Trois fois ! Aaaaahhhh ! Cela fait dix-huit minutes que j'ai quitté le ravito et devine qu'elle doit en repartir à l'instant. J'accélère. Je suis très inquiète car avant la dernière descente le parcours est tout en monta-cala.

Mais assez vite je me rassure. Car ces monta-calas sont plutôt techniques, avec des petits passages raides – en montée ou descente –, des passages dans la caillasse et des passages dans les rochers, avec risque de chute de pierres d'ailleurs (raison pour laquelle les écouteurs étaient interdits sur la course, ce qui m'a nécessité de mettre ma musique sans, en en faisant profiter tout le monde, car je ne peux pas faire un ultra sans musique). En regardant plus haut, je vois en effet que des pierres sont en positions précaires, ce qui fait plutôt flipper.

La technicité du terrain me rassure. J'avance super bien, en plus. Je ne me sens même pas fatiguée ! Mais je vois à ma montre que dans les portions montantes je ne suis quand même pas bien rapide. Et finalement cette portion jusqu'à Hannigalp est bien longue. Mais vraiment belle, avec son chemin en balcon et sa vue magnifique sur les Alpes Bernoises (dont le Bietschhorn ?).

Et enfin j'arrive à Hannigalp ! Il ne me reste que la dernière descente. Je me mets à caler à toute vitesse, comme si j'étais sur un trail normal. Je me fais moi-même halluciner. Comment arrivé-je à faire ça ?! Je n'ai même pas mal aux jambes ! Je ne ralentis que pour mettre ma frontale car la nuit arrive et il fait sombre dans cette forêt. Un petit faux plat montant vient lui aussi m'embêter, avant que je ne reprenne ma calade.

J'arrive donc très vite à Grächen. Youpiiiiii ! J'arrive bel et bien $2^e$ femme ! Mon chéri est là et… mes parents aussi ! Alors qu'ils n'avaient pas prévu de venir. Trop adorables !

Je passe la ligne. Richard Ball (organisateur) me remet une médaille et Lizzy Hawker (organisatrice) me remet un khata. Richard me demande si c'était dur, et moi je réponds « non ».

« It was amazing! ». Voilà ce que c'était pour moi. Mon meilleur ultra ! Il réunit tout ce que j'aime : la haute montagne, les paysages magnifiques, des parties techniques, l'esprit népalais, l'ambiance conviviale (avec des bénévoles trooooooop gentils). Et jamais je ne m'étais sentie aussi bien sur un ultra ! Jamais mes pieds n'ont si peu souffert (bien qu'ils aient un peu souffert, les feignassous), les douleurs n'ont été si faibles, la fatigue si peu présente. Merci au podologue que je suis allée voir dix jours avant et vive le *natrum phosphoricum* !

Les bénévoles sont toujours aussi adorables et aux petits soins. On me demande comment je vais, on me sert une soupe épicée délicieuse. Mon chéri insiste pour que je monte me mettre au chaud là où il y a les secouristes. C'est vrai qu'il ne fait pas chaud et qu'avec la fatigue je suis frigorifiée. Je me pose donc un moment avant qu'on parte, et c'est là, dehors, que je me mets à me sentir mal. Retour chez les secouristes qui m'allongent et me surélèvent les jambes. « On est partis trop tard » disent mon père et mon chéri pensant qu'une fois dans la voiture j'aurais été bien. « On est partis trop tôt » disons ma mère et moi, pensant qu'il valait mieux que je reste au chaud avec les secouristes. En tout cas les hommes vont rapprocher les voitures (ce qu'il ne faut pas faire pour être traitée comme une princesse !) et nous pouvons enfin regagner le B&B (mes parents y ont pris également une chambre), pour y prendre une bonne douche et plonger dans des draps douillets.

Le lendemain, aucun souci, nous partons nous balader une petite heure au départ de Täschalp (deuxième ravito) pour admirer le Cervin (et manger des röstis dans un resto), avant de retourner à Grächen acclamer la dernière concurrente, et pour la remise des prix, festive, où je retrouve sur le podium ma coupine l'Américaine, Sarah Hansel[26], arrivée 3e mais finalement une heure trente après moi, et Nicky Spinks, 1e, que j'avais aperçue dans la descente sur Zermatt (la Japonaise était alors en tête) mais qui par la suite m'avait mis une distance folle pendant la pluie (normal, elle est anglaise et a dû à peine la remarquer) et est finalement arrivée trois heures trente avant moi (!).

Et tout ça toujours avec mes parents, que nous ne quittons que le lendemain, sur le retour, après un dernier repas ensemble vers Aoste.

Et voilà pour notre séjour ultra et extra en Suisse et Italie. Je ne remercierai jamais assez mon chéri pour son assistance, qui lui a demandé de réaliser un tour du Mont-Rose bien plus élargi en voiture. Jamais il n'a autant conduit ! Ce fut donc pour lui comme pour moi une grande aventure !

Cet ultra m'a également redonné confiance en moi après deux ans un peu difficiles (depuis mon retour du Népal). Et m'a fait rêver de nouveaux sommets. Vive la haute-montagne !

<u>*Parcours*</u> : *Grächen – Europahütte – Täschalp – Zermatt – Col de Théodule – Lago Cime Bianche – Rifugio Ferraro – Gressoney-la-Trinité – Passo dei Salati – Alagna – Col de Turlo – Macugnaga – Monte Moro Pass – Saas Fee – Hannigalp – Grächen*
<u>*Résultats*</u> : *40h41, 18e/147, 2e/18, 1e/9 Français*[27]

*Je l'avoue, je suis compétitrice. Ce n'est pas l'envie de battre les autres qui me motive, mais celle d'être la meilleure. Et c'est un peu ainsi dans tous les domaines de ma vie.*

*A une période, je montais sur le podium après quasiment toutes mes courses, alors que je ne connaissais même pas ma VMA*

---

[26] Alors que je boucle ce livre, elle vient de gagner le Tor des Glaciers chez les féminines !
[27] Sans « e », comprenant donc les hommes (j'étais la seule français*e* anyway).

et que je me disais allergique aux plans d'entraînement. Car ce que j'aime plus que gagner, c'est être libre, m'écouter, tout faire au feeling.

J'avais même peur, en suivant trop les conseils techniques, de perdre mes forces : me connaître, me faire confiance, m'écouter, me respecter.

J'ai toujours eu peur de trop me laisser embarquer dans la recherche de la performance et dans la compétition. Il a toujours absolument fallu que tout ça soit secondaire. Je me suis toujours par exemple dit que si un jour je finissais un trail en ayant fait une super performance mais sans avoir profité du paysage, j'arrêterais la compétition.

Car ce n'est pas ce que je veux, ce que je suis. Je suis un papillon libre de voler où bon lui semble. Aucune contrainte, aucune pression. Peu importe la performance, seul le plaisir et le partage comptent...

*Après mon podium sur l'Ultra Tour Monte Rosa à Grächen en 2018*

# Chapitre 5 : Ceux où j'en ai le plus bavé

*La force ne vient pas des capacités physiques, mais d'une infaillible volonté.*
**Mahatma Gandhi**

*Bizarrement, presque toutes les courses suivantes se trouvent durant les années 2016 à 2018, période d'avant UTMR, durant laquelle j'étais plutôt en régression, en proie à des problèmes d'ordre intestinaux, dont vous comprendrez la cause dans le chapitre 10. Comme vous l'avez compris au chapitre précédent, j'en suis sortie grâce à la naturopathie. Mais sans jamais retrouver le niveau que j'avais avant 2016, surtout parce qu'à partir de 2019... vous l'avez sûrement déjà compris grâce au premier chapitre, mais tout s'éclairera mieux chapitre 10 une fois encore...*

## 26 août 2016 : *Ultra-Trail du Mont-Blanc*, Chamonix, 170km, 10 000m de dénivelé

**13h** – Mon chéri et moi quittons Bourg-Saint-Maurice en voiture. Je suis étrangement zen, même si l'excitation est là, sous-jacente. Cette course, j'en ai rêvé et dans quelques heures je la ferai !

Je suis zen mais moins confiante que pour l'UTCAM. J'ai été très fatiguée à mon retour du Népal, et la fatigue a duré tout l'été. Cela fait à peine deux semaines que je me sens enfin mieux ! Mais une part de moi est persuadée que j'irai au bout. Je n'aurai peut-être pas assez la forme, je n'aurai peut-être pas toujours les jambes, mais j'aurai le mental[28] !

**15h** – Nous arrivons à Chamonix. La remise des dossards est déserte, comme si nous arrivions trop tard. Mais tel n'est pas le cas.

---

[28] Clin d'œil au slogan de l'ITT

Enfin presque. J'arrive trop tard pour avoir un tee-shirt à ma taille. Tant pis.

**16h** – Je prends une dernière collation à la terrasse d'un café dans Chamonix, à côté d'un coureur espagnol qui se mange une énorme omelette à moins de deux heures du départ. Chacun sa technique.

Avec mon chéri-coach-assistant, nous revoyons une dernière fois le parcours, prévoyant les difficultés et les moments où je le verrai. Heureusement qu'il est là ! Car le temps s'allonge. J'ai hâte de partir !

**17h30** – Nous nous rapprochons du départ. L'excitation monte. Le monde est hallucinant.

Mon chéri me laisse là. Je me fonds dans la masse, je me laisse bercer par l'ambiance folle de cette course de tarés. Ici, avec la musique, les encouragements, le speaker à fond, on a l'impression d'être une star du trail, digne d'un athlète des J.O. C'est la gloire !

**18h** – *km0* – Le départ est donné. Ça y est ! Il y a un tel monde dans Cham, tellement d'encouragements, que je me dis que c'est aux joues que j'aurai le plus tard des courbatures, à force de sourire. Au début impossible de courir avec la foule, mais dès qu'on peut, certains coureurs se mettent carrément à sprinter. « Ils sont fous ou quoi ?! » me dis-je en commençant à trottiner tranquillement, trouvant un rythme que je garde jusqu'aux Houches.

Là encore du monde, et je croise avec plaisir Guillaume, venu en spectateur et qui m'encourage.

Ensuite, il nous faut attaquer une montée assez agréable. Ce qui l'est moins est le monde. Entre doubler, se faire doubler, se prendre des coups de bâtons (!),... j'ai hâte que la file s'allonge. Ce qui prendra du temps.

La vue est déjà splendide avant même d'arriver au Delevret. La vallée de Chamonix et le Mont Blanc sous les couleurs du soir sont magnifiques ! La première descente commence ! Je double, je double, je double. « Au moins cent personnes » me dis-je. Deux-cents, d'après le suivi live ! Pourtant je cale tranquillement, me retenant par les abdos pour relâcher les jambes au maximum et ainsi m'économiser et récupérer. Je ne m'arrête même pas lorsque je sors ma frontale, qui devient indispensable même si la nuit n'est pas encore là, dans la noirceur de la forêt.

J'arrive quand même de nuit à Saint-Gervais, où il y a tellement de spectateurs à fond et d'enfants qui tendent les mains que j'ai l'impression d'être à l'arrivée ! Mais la personne la plus importante est mon chéri, qui est là à m'attendre. Un bisou, un petit ravitaillement et c'est reparti !

Pour un faux plat montant jusqu'aux Contamines. J'avais bien étudié le parcours et m'y étais préparée psychologiquement. Donc tout se passe bien, même si on me redouble beaucoup.

**22h24** – *km31* – Aux Contamines, encore une ambiance de fou, et surtout encore mon chéri. Cette fois, il me fait l'assistance, et je prends le temps de m'arrêter. Je suis d'ailleurs en avance sur mon temps prévisionnel. Je me change intégralement, soutien-gorge[29] compris, tant je suis trempée de sueur. Il a quand même fait bien chaud !

Je refais le stock d'eau et d'aliments, je mange bien pour éviter tout risque d'hypo, et me voilà sur les chemins à nouveau.

Enfin sur la route plutôt, pour un bout. Mais je le savais. De là, je connais le parcours jusqu'au refuge Bonatti (plus, même, paraît-il que j'avais fait le Grand Col Ferret en rando avec mes parents quand j'étais ado, mais je ne m'en rappelle pas). Ici, c'est chez moi.

Dans ce fond de vallée, l'ambiance est festive, entre des campeurs qui proposent un coup de gniole (un coureur à côté de moi accepte, et serait le deuxième à en boire d'après le fêtard !) et un DJ qui mixe sur la terrasse d'un restaurant !

Je suis contente quand la montée commence, même si elle est courte avant qu'un nouveau plat survienne. On me double, on me double, on me double. Mais j'ignore les gens près de moi, admirant ceux au loin, la file de frontales qui monte jusqu'au ciel, jusqu'aux étoiles. C'est magnifique ! Et encore plus beau quand on monte et qu'on la voit en dessous !

Au refuge de la Balme, je prends mon premier thé chaud sucré avant de repartir, pour une montée enfin plus franche, où cette fois c'est moi qui double.

---

[29] Accessoire que j'abandonnerai par la suite, préférant les débardeurs moulants.

Je suis quand même heureuse d'atteindre le Col du Bonhomme. Sauf que je ne souvenais pas que le chemin était ensuite si long jusqu'au refuge de la Croix du Bonhomme ! Je suis trop heureuse quand enfin j'y arrive.

Car il ne me reste qu'une descente que je connais par cœur pour arriver aux Chapieux. En fait c'est plutôt ici précisément que je suis chez moi, puisqu'on est dans la commune de Bourg-Saint-Maurice. Mais c'est parce que je sais que mes parents attendent en bas que je suis pressée. Je double d'ailleurs encore pas loin d'une centaine de coureurs dans cette calade.

**Samedi 27 août, 2h28** – *km49* – Me voici aux Chapieux, où je retrouve mes parents ! Je suis trop contente de les voir. Je mange ma soupe aux vermicelles auprès d'eux pour profiter de leur soutien tout en ne m'arrêtant pas trop pour rattraper un peu des dix minutes de retard que j'ai sur mon temps prévisionnel (tout ça !).

Sauf que je reprends beaucoup de retard par la suite. La cause : un bitume imprévu. J'étais trop contente qu'un sentier ait été créé depuis l'an dernier entre les Chapieux et la Ville des Glaciers. « Pile pour mon UTMB » m'étais-je dis. Sauf que non, l'orga sadique nous fait quand même passer par la route ! Or ce faux plat montant sur bitume est assez déprimant. Je le fais entièrement en marchant. On me double, on me double, on me double.

Et le phénomène ne s'arrête pas quand on retrouve le sentier pour monter au Col de la Seigne. C'est qu'elle est longuette, cette montée ! Pas assez raide pour moi.

Mais mon humeur n'en est pas affectée. En arrivant au col, je mets l'ambiance « ils sont où les macaronis, les paninis, les spaghettis ? » m'écrié-je, remplaçant par là le super bénévole qui criait ça et « bienvenue en Italie ! » à chaque arrivée de coureur l'an dernier, quand mon père et moi avions passé la nuit au col pour tenir compagnie aux bénévoles et encourager les traileurs[30]. Cette année il n'est pas là, mais Jocelyn de l'Office du Tourisme de Bourg et Jeanine la copine de ma mère, si, et je suis contente de les voir et leur parler une minute. J'apprends qu'Eddy, autre Borain parmi les trois que

---

[30] Mon père y sera plus tard bénévole tous les ans.

nous sommes, n'est pas encore passé, alors qu'il était arrivé juste avant moi aux Chapieux. Il a dû rester plus longtemps au ravito.

Descente à nouveau, mais courte, avant de monter aux Pyramides Calcaires. Une montée raide comme je les aime ! Puis une descente… technique ! Yes ! Dans la caillasse où tout le monde paraît handicapé, sauf moi qui m'amuse comme une folle.

Sans doute le suis-je.

**6h27** – *km66* – Le jour commence doucement à se lever quand j'arrive au Lac Combal, nouveau ravitaillement. Je m'inquiète déjà du retard que je prends. Mais je me sens bien et repars zènement, en marchant, même si devant et derrière moi tout le monde court.

Je veux arrêter ma musique pour profiter de la quiétude du matin mais un coureur derrière moi n'arrête pas de roter, ce qui me dégoûte. Je remets la musique et entame la montée à l'Arrête du Mont Favre. De là nous prenons le chemin que nous avons passé – pour moi deux ans plus tôt – dans l'autre sens sur la TDS. Cela avait été le plus beau point de vue. Mais là… OMG ! Je reste bouche bée. Je m'arrête comme les autres et m'extasie. Que c'est beau ! Non, beau est un euphémisme. C'est splendide, magnifique, incroyable ! J'en ai les larmes aux yeux. Le plus beau spectacle de ma vie ! Je sors carrément mon portable pour prendre des photos, chose que je ne fais jamais en trail (car en général quand je commence à prendre des photos je ne peux plus m'arrêter). L'Aiguille des Glaciers, le Mont Blanc, les Grandes Jorasses, les couleurs du lever du jour, et la mer de nuage dans la vallée d'Aoste. Waouh !

Je repars avec les yeux brillants, le moral au plus haut.

Mais un moral un peu affecté lors de la descente sur Courmayeur, quand je me mets à avoir bien mal aux orteils. Mes chaussures achetées une semaine plus tôt sont trop petites. Pourtant elles m'avaient parue presque trop larges quand je les avais essayées, et elles ne m'avaient pas blessée comme ça sur le Trail de Saint-Auban une semaine plus tôt. Mais mes pieds ont dû gonfler avec la chaleur. Et puis je me rappelle que ma mère a eu le même souci de chaussures neuves trop petites alors qu'elle avait pris la même pointure que ses anciennes (avec le même modèle !). La marque aurait changé son système de pointure ?

Je suis donc un peu frustrée de devoir ralentir dans la descente sur Courmayeur. Et insatisfaite d'avoir augmenté mon retard, arrivant presque deux heures plus tard que je ne l'avais prévu !

**9h46** – *km79* – Me voici donc à Courmayeur. Tout près des Thermes de Pré-Saint-Didier où j'irai bien me prélasser. Non pas que j'ai mal aux jambes. Mais je souffre atrocement des pieds.

Peu importe. Je suis trop contente de retrouver mes parents et mon chéri, qui sont tous ici et seront tous à chaque nouveau point jusqu'à l'arrivée ! Cette base de vie est un peu bordélique, je ne comprends pas par où entrer et manque de repartir directement sans y passer !

Alors que j'ai grandement besoin d'une pause. Mon chéri me fait l'assistance, et va jusqu'à me masser les pieds et surtout panser mon orteil gauche. Pourquoi pas le droit, et surtout pourquoi je ne le réclame pas ? Je ne sais pas. Je ne devrais pourtant pas déjà manquer de lucidité ! Car le pansement me soulage quelque peu alors que je garde la douleur à mon autre pied. Je remets mes anciennes Salomon, même si les crampons sont abîmés.

Les minutes s'allongent aussi au ravito. Le temps de me soigner, de me changer, de manger (youpiiiiiii j'ai du pain que j'ai fait la veille et surtout mon beurre de cacahuète !), de refaire le plein de tout, de passer vite fait au ravito (il y a des pâtes mais après mon petit déjeuner cela ne me dit rien), il est déjà 10h30 quand je repars !

Je manque me perdre dans Courmayeur. Pour une fois, il n'y a pas de coureurs avec moi, et peu de balisage ni de bénévoles. C'est un Courmayeurin qui me montre par où aller. Ce sera la seule fois où je douterais ; le balisage est par ailleurs très bien fait.

La montée au refuge Bertone se fait sous une forte chaleur. Mais heureusement, nous sommes dans la forêt, et à partir de là les ravitaillements sont assez rapprochés pour ne jamais se retrouver en manque d'eau.

A Bertone, j'ai fait la moitié, ça y'est ! J'ai hâte d'atteindre le refuge Bonatti et suis pleine d'espoir. Je trouve ce plat népalais un peu longuet. Quand enfin j'aperçois le refuge, j'espère de tout cœur les voir. Et quand je vois les gens autour du refuge, je les cherche. « Tiens ce gars au tee-shirt vert ressemble bien à Jimmy », « et ce tee-shirt orange fluo ne peut appartenir qu'à Alexine ». Ma sœur et son chéri sont bien venus ! Je suis trop contente !

On discute pendant que je me ravitaille. Ils m'encouragent bien, on rigole, on prend des photos et je repars. Du plat m'attend encore, puis une descente mais avec du plat encore. Y'a beaucoup trop de plats sur cet ultra ! Et ces plats dans les descentes, ils n'apparaissaient pas dans le profil de la course. Quelle arnaque ! Il faut sans arrêt relancer, c'est fatigant. Et puis j'ai mal au pied droit.

**14h03** – *km96* – A Arnouvaz, les bénévoles sont super sympas. J'en repars avec le sourire, prête à affronter la montée au Grand Col Ferret. Celle-ci se fait en plein cagnard. A chaque petit court d'eau que nous traversons, je tâte ma tête. Quand elle est trop chaude, je me mets de l'eau dessus pour me rafraîchir. Cela dit, il fait quand même moins chaud qu'au 80km du Mont-Blanc. Il y a un peu d'air, ici, au moins.

En arrivant au col, un bénévole me dit « c'est bien, chacun son rythme ». Quoi, je suis lente ?

Oui je le suis. Extrêmement. On me double encore beaucoup. Pourtant je sais que je remonte dans le classement. Mais sans doute parce que je m'arrête moins aux ravitaillements. Et je double un peu dans les descentes et portions techniques.

Quand je pense, à ce moment, que le premier doit être arrivé, je préfère le prendre à la rigolade. Et moi qui n'en suis même pas au deux-tiers ! J'en parle un peu avec un autre concurrent, et pendant un temps on se soutient. Sur cette course, il n'est pas toujours aisé de discuter, tant il y a d'étrangers ! On entend parler toutes les langues. Mais moi, la plupart du temps, j'entends ma musique dans mes écouteurs. Techno à fond !

Au Col, la montée est récompensée par une magnifique vue sur le Grand Combin ! C'est trop beau !

**15h45** – Descente sur la Fouly, mais d'abord en passant par la Peeeuuuuule. Me voici en Suisse !

Mais ce n'est pas pour cette raison que je suis heureuse d'atteindre ce hameau. C'est parce que mon chéri m'y attend ! Il est monté à ma rencontre depuis la Fouly. Quelle chance j'ai d'avoir autant de soutien dans cette course ! Sans mes proches, jamais je n'y serais arrivée. Je les remercie de tout mon cœur.

**17h30** – *km110* – A la Fouly, mes parents sont là aussi. Ici tout est mignon, les chalets sont trop beaux. C'est la Suisse comme on la voit sur les cartes postales.

Nous continuons ensuite de descendre. Je me sens bien, je cours, même quand c'est plat. Nous passons dans d'autres jolis villages. Avant d'attaquer la montée, je double l'autre Borain, Jérémy, avec qui je discute un moment. Lui aussi a mal aux pieds, on pense se retrouver chez les podologues à Champex.

Quand je vois justement la ville, tout en haut d'une sacrée montée dans la forêt, j'espère que celle-ci sera plus courte qu'elle n'en a l'air.

Ce qui n'est pas le cas. Mais j'ai la bonne surprise de voir mon père un peu avant d'y arriver.

**20h10** – *km124* – Nouvelle base de vie, nouvelle assistance. Mon chéri est là avec ma maman. Quel soulagement de les voir ! A nouveau je me change, passant en affaires de nuit. Je mange, recharge,... enfin comme d'hab.

Sauf que là je vais aussi voir les podologues. Je prends soin de ne pas prendre la sortie « coureur » de la tente pour éviter de me faire biper comme partante. Sauf que mon chéri y passe, après avoir ranger le sac d'assistance, avec mon sac coureur et surtout ma puce. Donc je suis bipée comme partante, mon temps pour aller à Trient sera faux puisque je vais rester me faire soigner. Mais peu importe, je resterai le temps qu'il faut. D'ailleurs il commence à pleuvoir, autant rester au sec.

On me fait un pansement au pied droit (enfin !) et on me demande si je veux aussi me faire masser par une kiné. Je ne refuse pas, ayant justement un peu mal aux jambes. Le massage me fait un bien fou et je repars presque comme neuve ! En plus, c'est super, il ne pleut plus. Par contre la nuit est tombée.

Après la traversée de Champex, la montée commence. Et la pluie reprend. Les orages grondent. La pluie devient averse. Pas très rassurée, j'attends les deux gars que je viens de doubler parce qu'ils s'arrêtaient pour se couvrir (moi j'ai déjà ma veste imperméable). On en profite même pour discuter. Mais ils vont hélas trop vite pour moi, et je commence à avoir le collant trempé. Je les laisse donc filer pour mettre mon surpantalon étanche.

Quand un nouveau groupe arrive, je m'incruste et m'accroche. Eux aussi vont trop vite mais j'essaie de tenir. Je ne veux pas qu'on m'abandonne dans ce déluge et cet orage.

Mais au bout d'un moment je ne tiens plus et les laisse eux aussi partir. La pluie s'arrête heureusement. Mais un nouvel incident survient : une douleur terrible sous le pied ! Je m'arrête carrément pour enlever ma chaussure. Je crois à une ampoule et met un pansement spécial ampoule. J'apprendrai que ce fut une terrible erreur. Mais sur le coup cela me soulage quand même.

Sauf que les ennuis ne sont pas terminés. Des vaches qui n'ont pas l'air contentes bouchent le chemin. Je me retourne ; personne. Pour une fois – la seule de tout l'ultra ! –, je suis seule. Je dois affronter les vaches seule.

Je prends mon courage à deux mains et passe à côté de celle qui secoue sa tête, l'air pas contente du tout d'être dérangée. Je me retourne et voit qu'elle donne un coup de patte. Heureusement je suis hors de portée. Mais je craque. Je me mets à pleurer. « Il faut en plus que je me fasse attaquer par des vaches ! ».

Je me reprends assez vite, relativisant. Il ne pleut plus, il n'y a plus d'orage. Et même – youpi ! – la montée est terminée. Je descends direction Trient. Après, il ne me restera que deux grosses bosses avant l'arrivée. Je suis officiellement sur la fin !

Dans la descente, je reste vigilante. Mais je ne veux pas non plus y passer la nuit alors je vais à vive allure, doublant comme dans toutes les calades pas mal de gens. Je glisse bien une fois, me retrouvant sur les mains et le derrière, mais sans dommage.

Mon père, qui une fois de plus est venue à ma rencontre, fait une chute bien plus théâtrale juste après m'avoir dit de bien faire attention. Les larmes sont terminées, je ris franchement, tout comme lui.

**Dimanche 28 août, 1h09** – *km141* – Mon chéri est là une fois de plus, avec ma maman. J'ai droit à du réconfort après ce passage difficile. Il me faut me changer une fois encore ! Car, si ma veste imperméable m'a bien protégée de la pluie, elle m'a tenue bien trop chaud et m'a fait terriblement transpirer !

Pourtant j'ai froid et mets ma doudoune. Je me sens mal. Comme à l'arrivée de l'UTCAM, quand j'avais failli tomber dans les pommes. Je m'allonge, mon chéri me lève les jambes et me donne des sucres.

Attendez… J'avais déjà fait ça à Champex, je crois. Je n'arrive plus à me souvenir. Les ravitos se sont succédés et se sont ressemblés.

Je me sens mieux mais retourne voir les podologues. Car en mettant mon pansement pour ampoule, j'avais arraché celui sur mon ongle. Les podologues me soignent et me grondent. Apparemment, il ne faut jamais mettre ce type de pansement pendant une course. Ils galèrent à me l'enlever. Mais encore une fois je repars en meilleur état.

Mon chéri monte aussi à Catogne, pour participer à un challenge sur Strava.

Cette montée est dure pour moi. Je commence à avoir sommeil. J'ai du mal à me concentrer sur le chemin, je manque trébucher, je titube, j'avance comme si j'étais ivre. Je m'arrête donc un peu, m'assois et ferme les yeux. Mais je ne m'endors pas, pas même pour un petit flash dans le sommeil, alors je repars et tente de continuer, coûte que coûte.

Je suis heureuse quand enfin la montée est terminée. La descente me réveille. Je cours et comme d'habitude double les personnes qui m'ont doublée dans la montée. Pourtant la fin de la descente est assez technique et raide. Elle fait bien mal aux pattes !

Je suis heureuse d'atteindre Vallorcine. Me voici de retour en France.

**5h28** – *km151* – Et dire qu'à cette heure-ci, je pensais que je serais arrivée ! Et il me reste encore une belle bosse à faire. Mais c'est la dernière. Finalement, c'est passé vite. C'est déjà bientôt fini, j'en suis presque triste.

Cette fois je veux rester moins de temps au ravito, même si j'ai encore droit ici à l'assistance. Pas besoin de me changer, je ne veux pas non plus me poser car comme le fait remarquer mon père : « à chaque fois tu arrives bien, tu te poses et après ça ne va plus ». Mais même en restant debout ça ne va pas. J'ai comme d'habitude froid, doit mettre ma doudoune, me faire frotter le dos par mon chéri et finalement encore une fois m'allonger, surélever mes pieds et bouffer des sucres !

Mais comme chaque fois, je repars.

Le jour commence à se lever quand je marche vers le Col des Montets. Dans cette semi-pénombre, le sommeil m'envahit, et dans les ombres des formes apparaissent. Là je vois une ombre passer, que j'imagine être une femme en tyrolienne. Là je vois un photographe, avant de me rendre compte, en regardant mieux, en scrutant, en faisant un effort de concentration, que ce n'est qu'un rocher. Puis des gens ont l'air de bien s'amuser et de manger autour d'une table. Mais ce ne sont que des hautes herbes !

Mon esprit divague. Je me mets même à rêver en marchant ! Je manque louper une planche sur laquelle il faut passer par-dessus un ruisseau, je vois les obstacles au dernier moment.

J'ai envie de dormir, mais d'une force ! Et cette réalité qui m'échappe, c'est terrible. J'en pleure.

Pourtant je ne m'arrête pas. Je suis si près de la fin ! Et je suis confiante ; avec le jour qui se lève, le soleil qui va venir, je vais retrouver de la lucidité.

Mais c'est d'abord comme d'habitude le soutien des personnes que j'aime le plus au monde qui m'aide. Au Col des Montets mes parents sont là, et mon chéri m'encourage encore plus. Ils me rassurent.

Il reste une dernière montée que je connais pour l'avoir faite en descente pendant les 80km du Mont-Blanc. Puis il n'y aura plus qu'une longue descente. En plus, cette montée est comme je l'aime : raide. Et le soleil est là aussi. Et la vue grandiose ! Je monte à bonne allure. Je double un peu. Je me sens bien. Super bien, même. Je pète la forme comme si je débutais un trail !

Je cours dans les descentes et même les petites portions de plat. Les bénévoles sont étonnés à la Tête aux Vents. « C'est l'excitation de la fin » leur lancé-je avant de partir vers la Flégère. Je change de haut juste avant le ravito, pour mettre un débardeur. Car il se remet à faire un peu chaud. Je n'ai plus ma casquette et garde mon Buff sur la tête, tant pis.

Au ravito, il me prend l'idée saugrenue de goûter un morceau de barre non testée avant. Pouah ! Je le recrache, faisant rire les bénévoles.

Je ris aussi. L'humeur est au plus haut. Le sommeil m'a presque quitté. Je pars pour la descente.

La dernière, celle menant à l'arrivée ! Youpiiiii !

Dans la calade je double encore quelques coureurs, dont trois femmes ! Ma musique s'est arrêtée mais je me chante celle de l'UTMB (*Conquest of Paradise* de Vangelis), en mode héro !

Chamonix est en vue ! Chamonix se rapproche ! Je croise de plus en plus de gens. J'arrive en bas de la descente ! Il ne reste que du plat, qu'à traverser la ville ! On me félicite, je suis trop heureuse.

Je cours, je ne ralentis plus, je suis trop impatiente d'y être. On m'applaudit de plus en plus. J'atteins le centre-ville et c'est la foule. Quelle foule ! Quelle ambiance ! J'ai l'impression d'avoir gagné la course ! Et puis je vois mes parents et mon chéri ! Et puis je vois l'arche d'arrivée ! Et très vite je l'atteins ! Aaaaaaaah !!!

J'ai fini ! J'ai terminé l'UTMB ! Je l'ai fait ! Je n'en reviens pas. J'ai les larmes aux yeux. Je suis tellement heureuse !

**10h24** – *km170* – Encore une grande aventure, encore le soutien de tous. Encore tant d'émotions.

Un trail trop roulant mais avec tant d'ambiance et de tellement beaux paysages. A faire une fois dans sa vie, c'est sûr.

L'UTMB, c'est le mythe, la Mecque des traileurs. Mais qu'une étape, aussi. Il y a tant d'autres ultra-trails. Quand on y goûte, on en devient accro ! Alors le prochain, quel sera-t-il ?

*Parcours : Chamonix – Les Houches – Saint-Gervais – Les Contamines – Notre Dame de la Gorge – La Balme – Col du Bonhomme – Les Chapieux – Col de la Seigne – Lac Combal – Arête du Mont-Favre – Col Checrouit – Courmayeur – Refuge Bertone – Refuge Bonatti – Arnouvaz – Grand Col Ferret – La Fouly – Champex-Lac – La Giète – Trient – Vallorcine – Col des Montets – La Tête aux Vents – La Flégère – Chamonix*

*Résultats : 40h24, 611e/2555 (1468 arrivants), 47e/258 F, 6e/31 Françaises*

## 25 septembre 2016 : *Trail des puys*, Tourrettes-sur-Loup, 27km, 1600m de dénivelé

Après être passée prendre notre copain Phil au Cannet avec la voiture de mon chéri (eh oui incroyable j'ai conduit pour aller à un trail, c'est peut-être bien la première fois ! Pour ma 105e course !), nous voici à Tourrettes-sur-Loup, un très beau village près de Vence, avec une vue incroyable sur la mer… que j'ai dû trop admirer en m'échauffant dans le village, car j'ai loupé un trottoir. Première chute !

Mais j'ai l'habitude des écorchures, elles ne vont pas m'empêcher de prendre le départ. Après celui-ci, le parcours commence, très roulant d'abord, tout en faux plat montant comme je les déteste ! Je cours quasiment tout du long. Je sens que ça m'épuise mais dès que je marche je n'avance plus et perds du terrain sur le gars juste devant moi. Il me reste des progrès à faire !

Et ce n'est pas tout. En voulant monter sur un rocher, mettant ma main sur mon genou pour y porter tout mon poids, mon pied me trahit, glisse sur le rocher que je me prends dans la cuisse. Aïïïïïeeeee ! Je ressentirai la douleur tout du long et de plus en plus (et pendant encore plusieurs jours !).

Bref, je commence ce trail en râlant. Mais j'arrête un peu avant la fin de la première montée. Car nous sommes alors sur des crêtes (j'adore les crêtes !) et c'est vraiment magnifique !

Je suis toujours autant étonnée par le fait que l'on puisse voir d'un côté la côte ultra urbanisée et d'un autre une nature totalement sauvage (bienvenue dans les Alpes-Maritimes !).

En plus je suis contente car on a déjà fait plus de la moitié du dénivelé. Finalement c'est passé vite ! Puis la descente qui suit est trop chouette. Je double, je m'amuse. Puis il y a à nouveau du faux plat montant, mais s'enchaînant vite par de la vraie montée, qui devient raide, même. Il faut carrément mettre parfois les mains ! Là j'adore !

Mais je me sens déjà fatiguée. Je crains être allée trop vite au début. J'arrive en haut morte. Mais pas besoin d'énergie pour descendre ! Je me laisse allée dans cette chouette calade que je connais (commune avec le Trail de Cipières). Mais hélas du plat apparaît, et là vraiment je peiiiiine. J'ai presque envie de pleurer tant c'est dur.

Je n'ai plus l'habitude de cette distance ! En dehors de l'UTMB que j'ai géré presque comme une rando, je n'ai fait que des petits trails à fond la caisse. Entre 20 et 40km, vraiment ça ne me convient pas ! Bref, je suis trop heureuse quand on arrive à la salle des fêtes, d'où on est partis… Sauf qu'on ne fait que passer à côté ! Il faut ensuite continuer à descendre, quitter Tourrettes, pour se retaper de la montée ! Je fais celle-ci en mode escargot, et surtout au mental « motivation réveille-toi, qu'importe les kilomètres, qu'importe le dénivelé, et que je franchisse la ligne d'arrivée ! »[31].

Mais bonne surprise, l'arrivée est dans le village, là, tout de suite ! Hourra ! Je crains m'écrouler une fois la ligne d'arrivée franchie, et vais m'assoir à côté du ravito. Je suis exténuée, et pourtant mon résultat est médiocre. Bon, ok, je suis 3$^e$ femme, mais 65$^e$ au général, et tout le monde me demande ce qui m'est arrivé. « D'habitude tu es devant moi », me disent au moins trois personnes. Sniff.

Bref, je m'en fous, c'était chouette quand même, et se poursuit par un délicieux pan bagnat avec Phil et Aurore (un pan bagnat végétarien fait sur mesure pour moi !) puis une remise des prix avec des chouettes cadeaux (un Opinel !). Je ne sais pas si je referai ce trail, mais je suis contente de l'avoir fait.

*Parcours* : Tourrettes-sur-Loup – la Font de Teoure – Puy de Tourrettes – Clos d'Abric – le Sucra – Pic de Courmettes – Tourrettes-sur-Loup
*Résultats* : 3h38, 65$^e$/141, 3$^e$/17 F

## 3 février 2018 : *Bayard Trail*, Col Bayard à Gap, 15km

Nous voilà partis avec la moitié du club au Col Bayard, mon chéri et moi en voiture avec nos amis Claude et Violette.

Après un arrêt déjeuner à Gap, nous arrivons au Col Bayard vers 15h30. Alors que la plupart des membres du club partent faire un aller-retour à l'hôtel, mon chéri et moi participons au parcours de dégustation, en ski de fond, avec hélas quelques problèmes d'organisation. On ne trouve pas le parcours et du coup pas tous les ravitos. Et à chacun des trois ravitos trouvés (sur les quatre prévus), alors qu'on demande « vous êtes le combientième ravito ? », on nous répond chaque fois « le premier » !

Mais elles sont superbes, ces pistes de ski de fond. C'est un chouette endroit, ce col Bayard. A part qu'il caille grave ! Il y a un

---

[31] A prononcer tel Theoden sortant du Gouffre de Helm dans *Les Deux Tours*.

petit vent glacial. A la fin du ski de fond, on squatte les vestiaires en attendant les autres, l'échauffement,… et la course à 18h.

Quinze kilomètres qui me paraissent en faire plus de vingt ! La neige est molle, on glisse à chaque pas. C'est hypeeeeer physique ! Au début je m'amuse quand même ; on repasse devant le départ après la première boucle avec une super ambiance des supporters du club et du speaker. Puis on refait une autre boucle, et on repasse devant le départ mais là tout le monde est concentré sur les arrivées des coureurs du 6km et, étant seule, je me sens paumée, obligée de demander par où partir.

Il se trouve qu'il faut refaire la première boucle, que je supporte beaucoup moins bien ! Je n'en peux plus de cette neige, je commence à avoir froid, et soif, incapable de boire mon eau gelée dans le tube de ma poche à eau !

J'arrive (sept minutes après mon chéri trop fort) déshydratée, gelée, le ventre en vrac à cause des pâtes du midi et des tourtons (trop bons) de la dégustation. Et déçue de mon classement pourri.

Mais bon, je ne suis pas là pour ça, mais pour m'amuser avec les zamis, et on termine ce week-end par une soirée à l'hôtel dans une super ambiance, une deuxième session ski de fond le lendemain matin et un bon resto typique du col Bayard, avant de rentrer à la maison. Weekend bouf-sport-bouf-sport-bouf-sport-bouf comme on les aime !

*Parcours* : *boucle de 6km + boucle de 3km + la boucle de 6km à nouveau, sur les pistes de ski de fond*
*Résultats* : *1h56, 41$^e$/75, 5$^e$/20 F (Jonathan 1h50, 35$^e$)*

## 9 juin 2018 : *Esclapa l'Œil Trail*, Cipières, 63km, 3500m de dénivelé

Pour cette deuxième participation à la Grande Coursasse, autrement appelée Esclapa l'œil, je suis avec mon chéri.

Nous avons dormi la veille à Gréolières-village, dans un AirBnB, pour ne pas avoir à nous lever à 2h du mat (mais seulement à 3h30 !).

A 5h45 nous prenons le départ, et nous nous retrouvons ensemble dans la première montée, puis la seconde après Gréolièresles-Neiges (où je n'étais pas retournée depuis ma session ski de fond durant mon premier hiver dans la région !). Nous voulons alors tout faire ensemble. Cette année je suis un peu dans le même mode qu'en 2014 : tranquilou-juste-pour-profiter-de-l'ambiance-et-des-paysages, mon chéri aussi.

Mais sur les crêtes en descendant du Cheiron, je ne peux m'empêcher de faire la fofolle, sautant de rocher en rocher plutôt que de les contourner par le sentier. Résultat : je sème mon chéri.

Arrivée au ravito à Coursegoules (km21), je traîne pour qu'il me rattrape. Claude, que j'ai doublé dans la descente, le fait, mais pas mon chéri. Pas grave, je repars en me rappelant qu'il va y avoir du plat et qu'il me rattrapera là. Je n'arrête alors pas de me retourner mais sans jamais le voir (ni Claude d'ailleurs).

La montée au Pic de Courmette se passe super bien. Je double un peu, je me sens super en forme. Et dans la descente je renonce à me faire rattraper. J'arrive alors bien au ravito de Courmes (km40). Je recharge cette fois encore en eau car il fait très chaud, je traîne un peu au cas où mon chéri arriverait, et je repars.

C'est là que ça se gâte. On a encore ici un bout en plus par rapport à 2014, tout en D+. Mais c'est un mal de ventre qui me dérange. Mêmes symptômes qu'à l'UTCAM et qu'aux Balcons d'Azur ! Oh nooon. Pourtant pas de menstruations prévues. Les patates douces d'hier soir ? Le problème viendrait de là ? Plus tard mon chéri dira avoir eu des soucis de bidon aussi, comme à la Rosière (où les patates douces avaient été aussi au menu la veille). À voir... Si le problème est là, tant mieux, il sera par la suite facile à éviter.

Mais donc là je souffre, je souffle, je fatigue, j'ai la nausée. A partir de cet instant mes forces diminuent, le moral prend des coups, j'alterne entre fringale et (grignotage et) douleur au ventre. La chaleur doit également jouer cette fois encore.

Après le passage des tunnels je me mets à marcher même si c'est plat, et, zut, ça me soûle de ne pas être avec mon chéri, je l'appelle pour lui demander s'il veut que je l'attende. Il se sent mal et n'a pas trop le moral. Donc il voudrait bien que je l'attende, mais c'est comme je veux. Le réseau est mauvais, on a du mal à se comprendre. Le problème est que je suis 3$^e$ femme. En même temps j'ai envie d'être avec mon chéri et de le soutenir, mais je n'ai pas envie de perdre ma place. J'en ai honte, mais ainsi est-ce. Je suis une compétitrice égoïste. Finalement quand mon chéri comprend qu'il est vraiment loin de moi et que je suis 3$^e$, il me dit de foncer.

Je me sens alors mieux alors je fonce. Mais je suis alors dans la « draie des sangliers », là où il faut bien regarder le balisage et lever les pieds, car pas de sentier. Et je me trompe... pour la deuxième fois (première dans la descente du Pic de Courmette où j'ai pris une piste vers le bas au lieu du haut et ai dû remonter) ! Encore un demi-tour, pas bien long heureusement. Mais ça me fatigue et mes symptômes reviennent.

J'arrive donc fatiguée au dernier ravito, mais soulagée qu'on me dise qu'il ne reste que 12km. J'en suis à 48km sur ma montre et m'attendais donc à en faire encore 15. Mais en fait j'ai mis pause sur ma montre sans faire exprès pendant qu'on s'appelait et envoyait des messages avec mon chéri. Je me rends compte que cette pause a quand même duré environ trente minutes.

Pourtant ces douze derniers kilomètres me paraissent longs ! Ce plateau de Cavillore n'en finit plus ! Et quand arrive enfin la descente, je n'ai même plus la force d'en profiter. Et à chaque plat je me remets à marcher ! Je ne rêve que de franchir la ligne d'arrivée pour m'allonger.

Ce qui finit – bien sûr ! – par arriver ! Les zamis du club sont là. Je n'ai plus qu'à attendre mon chéri, là, allongée dans l'herbe derrière la ligne d'arrivée. J'ai mis 10h11, soit presque quarante-cinq minutes de plus qu'en 2014 (mais avec 500m et au moins 3km en plus). Mon chéri arrive presque une heure plus tard, en 11h03, en ayant tout fini en courant après une reprise d'énergie dans la dernière descente !

Cette année nous restons profiter jusqu'à la fin : après une douche froide se succèdent bières, repas à rallonge, remise des prix, soupe au pistou, bal (sympa même si presque personne ne danse, vu qu'en plus il ne reste plus grand monde, et que le DJ est décevant), et dodo sous la tente dans l'aire de jeu (où l'arrosage automatique se met en route au-dessus de la tente en pleine nuit !).

Tout ça pour mériter la plage le lendemain !

*<u>Parcours</u> : Cipières – Gréolières – Gréolières les Neiges – Cheiron – Coursegoules – Pic de Courmettes – Courmes – draie du sanglier – Gourdon – Cavillore – sommet du Gaz – Cipières*
*<u>Résultats</u> : 10h12, 34$^e$/136, 3$^e$/28 F (Jonathan 11h04, 42$^e$)*

## 23 mars 2019 : *Trail Nocturne des Abeilles*, **Roquebillière, 9km, 540m de dénivelé**

Je crois bien que je n'en ai jamais autant bavé sur ce trail ! Jamais fini si morte et en devant tant forcer. « C'est trop violent pour moi » me suis-je dit pendant la course. Maintenant en relisant les résumés des autres années je me dis qu'en fait ce trail très court a toujours été violent. Plus dur qu'un ultra !

Si j'ai davantage forcé que les autres fois, c'est pour un résultat moins bon ! Je n'ai jamais mis autant de temps ! J'ai pourtant, comme la première année, fini avec Ricou. « On se fait vieux » lui dis-je. Mais comme il m'a répondu, on s'entraîne surtout beaucoup moins.

Mais même si c'est frustrant, que j'adorais me vanter d'être une warrior, de faire dix heures de sport par semaine et de gagner tous les trails, d'un autre côté, ça fait du bien. J'ai fini par bien me bousiller les intestins et là je m'en remets tout doucement. Je prends soin de moi. Je deviens naturopathe (et j'ai fait dans ce contexte mon meilleur ultra il y a quelques mois !).

Et puis d'abord, j'ai quand même fini $2^e$ femme (nananère). Et puis cette année je me suis vraiment sentie chez moi. Je n'ai quitté la maison que trente minutes avant le départ, et suis rentrée me doucher entre la course et la remise des prix. Qui s'est terminée par le partage de pizzas[32] avec les zamis du club, pour une soirée plus qu'excellente !

*Parcours* : Trois montées sur les hauteurs de Roquebillière (au Niel, au Counigou, et au Cervagn avec descente par Plan Ghast)
*Résultats* : 1h01, $40^e/111$, $2^e/35$ F (Jonathan 0h52, $17^e$)

## 12 mars 2022 : *Trail Nocturne des Abeilles*, **Roquebillière, 9km, 540m de dénivelé**

Plus mauvais temps sur le Nocturne[33] (je ne vais pas dire ça à chaque fois ?!) mais trop fière de moi. Je ne le sentais pas vrai-

---

[32] Non, la naturopathie n'exige pas de manger sainement *tout le temps*.
[33] Le meilleur étant de 54min en 2016 !

ment, ce trail. Parce que je n'ai fait que deux sorties trails (Sauma Longa deux semaines plus tôt... avec des courbatures le lendemain, et parcours du Nocturne quatre jours plus tôt... en ayant mal aux jambes dans les montées !) depuis... des mois ?! Parce que j'ai eu une gastro deux jours plus tôt ? Parce que globalement je ne fais pas trois heures de sport par semaine depuis des semaines ?

Bref, me voilà au départ d'une course que j'adore, et ça, ça fait du bien. L'année dernière, j'avais vu tout le monde partir et étais restée sur place avec Charlie (qui avait à peine un an) en mode « bon... on rentre à la maison » ; ça m'avait fait bizarre.

Malgré le peu d'entraînement, et malgré que je souffle comme un bœuf dans les montées, j'arrive à relancer pas mal de fois, ce qui m'étonne. Je double deux femmes dès la première montée, puis deux autres dans la première descente. Je fonce dès celle-ci. Dans la deuxième montée, une des femmes me redouble. Je la suis tant bien que mal... en courant alors qu'elle marche ! Mais dès le début de la deuxième descente, elle me laisse passer.

Je me sens euphorique dès cette deuxième descente. Je m'éclate ! Je relance bien pour attaquer la dernière montée, dans laquelle je marche quand même beaucoup. Sur le plateau en haut, Alan Walker (*The Spectre*) arrive à mes oreilles, me rappelant mon illumination[34]. Les larmes me viennent aux yeux, l'extase m'envahit, je danse, j'accélère. Je me sens hyper bien.

Et attaque la troisième descente à fond, distançant tous ceux que j'ai doublés. Mon chéri (speaker ce jour[35] !) m'acclame au micro à mon arrivée (Charlie me loupe, occupé à jouer avec un tapis de sol en plastique). La première femme me félicite, m'affirmant que je n'étais pas loin. « Ah bon ?! ». Je ne pensais même pas être 2e !

Et comme d'habitude, nous terminons cette superbe course avec un vin chaud, une chouette remise des prix, et des pizzas, pour rentrer à plus de 23h, épuisés (surtout Charlie, au bout de sa vie !).

*<u>Parcours</u> : idem*
*<u>Résultats</u> : 1h06, 21e/47, 2e/13 F*

---

[34] Vous comprendrez au dernier chapitre.

[35] A cette période il était membre du Comité Directeur du VTC et faisait le chrono ou autre sur les trails qu'organise le club.

*Mon arrivée au refuge Bonatti pendant l'Ultra-Trail du Mont-Blanc en 2016, toujours avec le sourire, malgré tout*

# Chapitre 6 : Ceux en famille

*En famille, on n'est jamais seul à posséder son univers, à se posséder ! En famille on est toujours là pour quelqu'un.*
**Michel Dallaire**

    *Dans ce chapitre également j'aurais pu ranger de nombreux trails, puisque comme je vous l'ai dit, à nos débuts avec ma sœur, nous ne faisions pas un trail l'une sans l'autre. Je ne l'ai pas toujours précisé dans mes récits, mais très souvent, mes parents eux aussi participaient, à une marche ou même une plus petite course (ma maman a très souvent fait podium dans sa catégorie !). Une vraie famille de sportifs ! Sans compter ma grande sœur qui a trouvé un nouveau chéri... ultra-traileur, et sa fille, Eva, qui récemment est devenue championne de trail, avec un niveau jamais atteint par ma sœur et moi, finissant plusieurs fois dans le top 5... scratch !*
    *Et puis j'ai reçu le support de ma famille sur de nombreux trails, en plus de celui de mon mari, quand il ne courait pas lui aussi. En ajoutant finalement de nouveaux supporters : nos enfants.*

## 16 juillet 2017 : *Trail de la Rosière*, La Rosière, 40km, 3000m de dénivelé

    Puisqu'on était à Bourg et que j'avais gagné l'inscription à un concours sur Facebook, nous avons pris le départ du 40km des Trails de la Rosière, mon chéri, le chéri de ma grande sœur et moi. A 1850m d'altitude et à 7h, ça caille. Je peine dans la première montée, pourtant pas difficile. Alors que je me retourne, je suis stupéfaite de voir derrière moi... presque personne ! Je suis dans les dernières ! Mais bon, le paysage est beau (le Mont Blanc est caché par un nuage mais les Grandes Jorasses sont magnifiques), et je double dès la première descente.
    On a ensuite droit à une montée bien raide au Col de la Louie Blanche (2524m). Cette fois en me retournant, c'est mon chéri que je vois, mais toujours la tête baissée, qui ne répond jamais à mes signes (mais lui me dira la même chose à l'arrivée).

Nous descendons au refuge du Ruitor, où j'avais dormi avec l'école quand j'étais en primaire. Nous étions comme cette fois montés au Lac Noir. Ici se trouve le meilleur bénévole de la course : mon papa !

Dans la descente, je double une coureuse qui était bénévole sur le KV qu'on a organisé l'an dernier avec ma sœur. La descente est d'ailleurs longue, mais très jolie (face au Mont Pourri !) jusqu'à Pierre Giret. Ici la bénévole est une amie de ma maman, qui m'encourage bien. Et un peu plus haut c'est ma grande sœur, mon neveu, ma nièce, mon frère et sa chérie qui m'encouragent, tellement que je me mets à courir alors que je commence à fatiguer ! Mais je suis trop heureuse de les voir.

La montée qui suit est hélas terrible ! Raide, en plein soleil et en pleine chaleur. Je ralentis beaucoup et dois même m'arrêter au trois-quarts pour souffler. Mais je finis par atteindre le Lac du Retour, où la vue récompense une fois de plus nos efforts !

Je descends alors tranquillement jusqu'au Châtelard. Je suis ici étonnée de trouver mon chéri (!), venu en stop après avoir abandonné à Pierre Giret (km26) pour cause de douleurs terribles au ventre. Je suis à la fois triste pour lui, et à la fois trop contente qu'il soit là.

Pendant qu'il monte en stop à la Rosière, je finis la course. Eh oui elle se termine par une montée ! Quel sadisme ! Heureusement elle est moins raide que la précédente.

Et alors que j'avais dit à mon chéri que je terminerais tranquillement « même si je me fais doubler par une femme », alors que j'arrive dans le dernier virage, me retournant et voyant une femme arriver derrière moi à vive allure, je puise dans mes dernières réserves pour accélérer ! Il me reste deux kilomètres de plat sur bitume, sur lesquels j'ai l'impression de sprinter même si je ne dois pas atteindre les 10km/h. Elle ne me rattrape heureusement pas, et je peux plutôt franchir la ligne d'arrivée avec Alexine – qui a participé au 22km et a déjà fini –, mon frère et mon neveu !

Ma maman est là aussi, avec toute la petite famille (dont le chéri de ma grande sœur qui a terminé trente minutes plus tôt) si présente sur ce trail et qui aura créé d'excellents moments ! Et je termine ainsi en 6h55, 4$^e$ femme (même s'ils ont oublié plus tard de m'appeler quand ils ont fait le podium avec les cinq premières !), 2$^e$ senior (cette fois sur le podium et avec de beaux lots !).

*Parcours* : La Rosière – La Redoute Ruinée – Col de la Louie Blanche – Refuge du Ruitor – Lac Noir – Pierre Giret – Lac du Retour – Le Châtelard – La Rosière
*Résultats* : 6h55, 47°/101, 4°/10 F

## 30 août 2013 : *L'Echappée belle*, Vizille – Aiguebelle, 132km, 10 800m de dénivelé (58km et 5000m pour moi, 74km et 5800m pour Alexine)

C'est ma sœur qui voulait faire ce tout nouvel ultra, mais je ne m'en sentais pas encore capable. Je pensais l'accompagner sur un bout, et finalement elle m'a proposé de le faire en relai.

Je prends le départ à 6h, avec d'autres traileurs du Sud avec lesquels j'ai covoituré et avec qui j'ai logé la veille au soir à l'Alpe d'Huez.

Le lever du soleil pendant la montée dans la forêt puis le lever du brouillard au niveau d'un lac sont magnifiques ! Un premier col (je ne saurais pas dire sur combien, mais beaucoup !) offre une vue fantastique, puis s'enchaînent encore des lacs de toute beauté.

A 11h30, j'ai fait la moitié du dénivelé, au deuxième ravito. Mais les choses se corsent : montée à la Croix de Belledonne, typée montée à l'Aiguille Pers sur l'Altispeed, puis descente dans la caillasse, à n'en plus finir ! Impossible de récupérer ou gagner du temps dans les descentes, trop techniques !

Dans la dernière montée, de 600m de dénivelé, pour gagner le dernier (sur combien ?!) col, j'en ai marre !

Et dans la dernière descente, encore plus !

Je suis donc contente d'arriver, que ce soit fini, mais surtout d'avoir vécu cette expérience, d'avoir vu ces paysages, d'avoir fait 5000m de déniv positif et 4100m négatif dans une journée (mon record) ! Le tout avec des bénévoles adorables, de bons ravitos et un balisage parfait.

Après ce passage de relai à ma sœur le soir, je vais dormir chez elle à Francin, à une petite heure de route. Hélas, elle nous réveille, son chéri et moi, pour nous annoncer son abandon, après onze heures de course et 3600m de dénivelée positive, à cause de douleurs non supportables à la cheville dues à son entorse faite à l'Altispeed.

Je ne me sens pas déçue, mais plutôt coupable de l'avoir abandonnée dans la nuit et d'avoir tranquillement dormi alors qu'elle vivait des moments difficiles.

Mais comme souvent, le reste du week-end se passe en famille à Bourg-Saint-Maurice.

*Parcours* : Relai 1 : Vizille – Arcelle – La Pra – Croix de Belledonne – Jean Collet – Fond de France
Relai 2 : Fond de France – Gleysins – Super Collet – Crêtes des Ferices – Val Pelouse – Cucheron – Aiguebelle
*Résultats* : officiellement DNF, mais pour moi à Fond de France : 14h14, 123$^e$/670, 5$^e$/38 F, 13$^e$/52 relais, 2$^e$/9 relais F

## 27 juin 2014 : *Kilomètre Vertical du Marathon du Mont-Blanc*, Chamonix, 3,8km, 1000m de dénivelé positif

Cette année je passe la nuit précédant la course chez mon cousin Quentin et sa chérie Elodie.

Après avoir applaudi les premiers arrivés du 80km, je prends le départ du KV avec Ine, qui démarre trente secondes après moi et me rattrape petit à petit pour qu'on termine main dans la main. Je l'ai tirée au milieu et elle m'a poussée sur la fin.

J'étais bien essoufflée tout le long, à fond ! J'ai fini morte mais trooooop heureuse d'avoir mis cinq minutes de moins que l'an dernier, de m'être donnée à fond.

La vue au sommet est encore limitée cette année mais j'en avais bien profité depuis le matin.

Notre copine Myriam et Jimmy nous attendaient à l'arrivée, où nous sommes restés applaudir les coureurs avec les membres du Vésubie Trail Club, ce qui m'a donné envie de rejoindre le club. Jusqu'à maintenant je voulais rester une traileuse savoyarde, mais ils m'ont donné envie de représenter le 06 (!) ; ça évolue dans ma p'tite tête…

*Parcours* : centre de Chamonix – arrivée de la télécabine de Plan Praz au Brévent
*Résultats* : 0h57, 218$^e$/425, 30$^e$/60 F (Alexine 0h57, 213$^e$, 28$^e$)

## 23 avril 2017 : *Ultra-trail des Balcons d'Azur*, Mandelieu-la-Napoule, 80km, 3500m de dénivelé

Samedi 22 avril 2017, Alexine, Jimmy – qui sont en week-end prolongé chez nous –, mon chéri et moi descendons à Mandelieu, pour récupérer nos dossards, voir notre copain Thibaud à son arrivée du 25km, et manger une glace en bord de mer. Puis direction le camping où nous avons réservé une « coco sweet », mélange de tente et mobil-home.

Après une méga partie de Monopoly, une gamelle de pâtes et une courte mais bonne nuit, mon chéri et moi prenons le départ du 80km. Mon chéri est assez stressé, a peur de ne pas y arriver. Je le rassure, étant quant-à-moi très zen, comme si ce n'était pas une grosse course. Je me rappelle quand même que « ça va être dur, ça va être long, on va beaucoup courir ».

Nous croisons Gilles puis retrouvons George, seuls autres participants membres du VTC. Nous entrons dans les derniers dans le sas. « Au moins on ne partira pas trop vite » dis-je. Sauf que le speaker annonce que le départ se fait du côté de notre entrée. Bon, on partira en premier, finalement. Ça se bouscule, c'est le bordel. Puis la course est lancée. Je pars assez vite, comme tout le monde, et passe le début de la course à suivre le mouvement. De toute façon, je me rappelais que ça partait vite… et continuait vite. J'admire quand même les lumières des frontales, et plus haut la lune, et plus tard, le lever de soleil. Trop beau !

Mais quand même, on court beaucoup. On ne fait que ça ! Bon, sauf dans la montée du Pic de l'Ours. Là je papote avec deux femmes. Que je sème ensuite dans la descente. Que j'aime les descentes de ce trail, bien techniques ! Bien sûr ce n'est pas dans l'une d'elle que je me croûte, mais dans un beau plat sans difficulté. Distraite, je me prends un caillou ou je-ne-sais-quoi et m'étale de tout mon long, m'égratignant le bras. Mais rien de méchant.

À Agay, on court. Comme d'hab, quoi. Sauf que là c'est sur bitume. Mais au moins cette année on passe par le bord de mer, c'est cool, c'est beau. Au ravito, une des deux femmes avec qui j'ai discuté (celle qui m'avait dit s'être comme moi inscrite cette année au Tor sans être tirée au sort) me rattrape. J'essaie de la semer mais elle me double dans la montée suivante. Je la redouble finalement dans la descente technique qui suit. Je ne la vois alors plus pendant un moment.

C'est ma sœurette que je vois, dans la descente de Cap Roux. Je suis trop contente ; pour moi un ultra ne se fait pas sans le soutien de ma famille (bien qu'en réalité je ne considère pas une course qui fait moins d'une journée + une nuit comme un ultra) !

Quand j'atteins mes chères Grues, j'ai un coup de mou. En fait j'ai l'impression de flirter avec l'hypoglycémie depuis des heures. Chaque fois que je commence à avoir une légère envie de vomir, je m'oblige à manger avant de ne plus pouvoir y arriver. Et je bois, je bois, je bois, car s'il faisait frais le matin, il fait de plus en plus chaud cet après-midi. Pourtant les Grues passent plus vite qu'en 2015. Et là, je vois même une autre femme devant moi ! Il me semble reconnaître Sonia, une coureuse que je connais.

En fait, je ne l'ai pas dit, mais je suis alors 3$^e$ femme !

Je rattrape presque Sonia au col de la Caldière mais un long plat suit, et au Col de Trayas je dois m'arrêter au petit coin. Je ne la revois donc pas. Par contre la « femme du Tor » me double juste au-dessus de Théoule. Mais je n'essaie pas de la rattraper, même si elle est toujours là quand j'arrive au ravito, car je suis morte de chez morte. Et je vois qu'elle est bien fraîche. En plus je dois remplir ma poche à eau et ma flasque.

Je repars en mobilisant toute ma volonté. « Motivation réveille-toi, qu'importe les kilomètres, qu'importe les dénivelés, et que je franchisse la ligne d'arrivée ! ». Je vais finir au mental, mais je finirai. Même si j'ai de plus en plus de mal à respirer, ma douleur aux côtes (ligaments ? nerfs ? autre[36] ?) se réveillant.

Et là, sur les crêtes entre le Rocher des Mondes et Maure Vieil, qui vois-je ? Sonia ! Que je double et qui me dit avoir très mal au bras. Elle me demande de prévenir les bénévoles. Je préviens alors toutes les personnes que je croise, même si ce ne sont au début que des randonneurs. Mais au dernier contrôle, juste avant la dernière courte montée, les bénévoles sont prévenus eux aussi, et j'ai l'impression de ne pas manquer à mon devoir d'assistance.

Je finis donc tranquillement, encouragée par les personnes qui sont de plus en plus nombreuses, surtout sur la plage où je vois

---

[36] Venant donc en réalité de mes intestins ; on en revient toujours à ce problème.

même des têtes connues. Les copains sont là à l'arrivée, c'est trop top ! Je passe la ligne exténuée mais ravie. Ouf, c'est fini !

La course, oui.

Car là, on me dit que je suis 4$^e$. Je croyais que j'étais 3$^e$. Au moment du podium – qu'ils font moins de quinze minutes après mon arrivée ! – j'entends qu'ils appellent Sonia à la 2$^e$ place ! Comment a-t-elle fait pour nous doubler sans qu'on la voie, et avec un bras blessé ? Bref, cette enquête n'est pas terminée mais peu importe !

Sur l'instant ce n'est pas ce qui me chagrine le plus. Car mon chéri n'est pas encore là et n'arrivera pas à temps pour qu'on aille voter au premier tour des présidentielles. Tant pis. Ce qui compte pour moi est qu'il soit bien et de ne pas louper son arrivée.

Alexine et Jimmy me rejoignent alors que je suis écroulée sur la plage. Nous trempons nos jambes avant d'aller nous poser en terrasse pour boire une bière, manger une glace,... et surtout voir mon chéri arriver ! Je suis trop fière de lui, car – même s'il a mis deux heures de plus que moi – il a trop géré. La preuve : il a mis le même temps que moi pour faire Théoule-Mandelieu, et se sentait très bien dans cette dernière partie. La TDS, sur laquelle il est inscrit cette année, s'annonce bien pour lui[37].

Il y a deux ans, j'avais dit que je ne referai pas cet ultra car je l'avais trouvé trop roulant et j'avais eu par la suite le syndrome de l'essuie-glace dont j'avais guéri à peine deux-trois semaines avant l'UTCAM ! Pourtant quand mon chéri a dit qu'il voulait le faire, j'ai dit « ok je le fais aussi ». Mais cette année j'ai pensé à mettre mes semelles d'amorti et ai mieux soigné ma récup. J'étais aussi mieux préparée, ayant fait pas mal de renforcement musculaire en début d'année.

Quant à cette histoire de classement, Sonia – que j'ai contactée par Facebook – m'a dit avoir bel et bien abandonné au km71 (elle n'était même pas au courant d'avoir été appelée sur le podium). Le soir-même, en regardant les résultats j'ai vu que ceux-ci ont été modifiés, rectifiés. Eh oui, c'est officiel, je suis bien 3$^e$ femme ! Bien que, bien sûr, je sois désolée pour Sonia, je suis contente d'être sur la même marche du podium qu'en 2015 !

---

[37] Il la gérera très bien, assistée de sa chérie et de ma maman. Je découvrirai d'ailleurs que j'adore passer les ultras en tant qu'assistante.

Quoi qu'il en soit, cette fois c'est sûr, je ne referai pas l'Ultra-Trail des Balcons d'Azur. Si, si, je le jure !

<u>Parcours</u> : *Mandelieu – Pont Sarrazin – Pic de l'Ours – Agay – Cap Roux – Le Trayas – Col de Notre Dame – les Grues – Notre Dame d'Afrique – Théoule – Maure Vieil – La Rague – Mandelieu*
<u>Résultats</u> : *10h38, 33<sup>e</sup>/168, 3<sup>e</sup>/19 F (Jonathan 12h48, 79<sup>e</sup>)*

## 8 avril 2018 : *Défi de l'Olympe*, Brides-les-Bains, le plus de montées possibles de 520m de dénivelée sur 3,5km en 6h

Troisième édition pour Alexine, deuxième pour ma maman, et première pour moi ! Dans le pays de nos ancêtres, nous prenons le départ de ce défi un peu fou.

**Montée 1** : je me rends compte que c'est bien roulant, plein de relances, je déteste ! Je cours beaucoup, j'arrive en haut morte, ne me sentant même pas d'en faire une deuxième ! Je mets **42min**. Alexine est bien loin devant moi.

Première descente en télécabine : je me dis que c'est chouette, j'envoie des sms à mon chéri, je prends des photos, je me ravitaille.

**Montée 2** : c'est reparti ! La deuxième montée se passe mieux. Je fais un meilleur temps, **41min**, car cette fois pas de bouchon dans les soixante-dix marches d'escaliers peu après le départ.

Deuxième descente.

**Montée 3** : celle-ci est horrible. J'ai déjà mal aux jambes ! Et un peu au ventre, en ayant du mal à respirer (ça recommence cette histoire !). Je double ma maman (dans sa deuxième montée) vers la fin. Je mets **43min**.

Dans la télécabine, je regarde l'heure, et, horreur, me rends compte qu'il est très tôt et que j'aurai le temps d'en faire encore au moins deux. Je ne me sens même pas d'en refaire une !

**Montée 4** : je souffre. Mais rattrape Ine sur la fin. Je mets **49min**.

On descend ensemble, c'est chouette. Je me dis que je peux en faire une dernière en rampant.

**Montée 5** : Ine part bien plus vite que moi. Mais incroyable, je me sens mieux ! J'y vais doucement mais sûrement, sans souffrance. Je rattrape encore ma sœur, un peu plus bas cette fois. Je mets **50min.**

On descend encore ensemble. De la télécabine, on aperçoit notre maman qui remonte. Pour sa quatrième montée ?!

**Montée 6** (eh oui !) : on repart cette fois ensemble. On a tout juste le temps car il est environ 14h50-55 et la limite pour partir est 15h. Mais je me sens encore mieux, et, sans le vouloir, sème ma sœur. Je mets **48min** !

Ma maman est en haut, après ses quatre montées (trois l'an dernier) ! Ine arrive, après ses six montées (quatre l'an dernier) ! On descend toutes les trois ensemble, retrouver notre papa et Jimmy pour aller à Courchevel voir la tournée de patinage des stars olympiques, puis redescendre à Brides manger libanais.

Une super journée ! Niveau classement, pas terrible mais le niveau était sacrément relevé, avec sept femmes qui ont fait sept montées ! Imbattables, donc. Mais j'ai du progrès à faire, et mes intestins à soigner, toujours...

<u>Parcours</u> : *Brides-les-Bains – Les Allues, sous la télécabine Olympe*
<u>Résultat</u> : *6 montées en 4h36, 137$^e$/229, 20$^e$/56 F (Alexine 6 montées en 4h45, 149$^e$, 25$^e$, maman 4 montées en 4h38, 223$^e$, 55$^e$)*

## 13 juin 2021 : *Marathon des Millefonts*, Valdeblore, 44km, 3200m de dénivelé

Premier trail depuis plus de deux ans. « Comme tout le monde » me répondent plusieurs coureurs quand je le leur dis, après cette période de pause due au covid. « Sauf que moi, j'ai fait un bébé, *en plus* ».

Je commence fort avec ce 42km et 3200m (qui en fait plus) très technique et exigeant !

Pourtant tout commence bien, je pars tranquillement avec mon chéri, dans les derniers. Petit à petit je double.

La première montée est déjà très belle ; en haut, on dirait qu'on court vers la mer, que l'on voit au loin. La première descente est roulante, je m'amuse. Premier ravito, je remplis ma flasque (il fera très chaud tout le long) et je repars. Longue montée jusqu'à la Vacherie de Rimplas (je double une dernière fille et je resterai à partir de là 4$^e$ femme) avec un passage en balcon technique, mais je tombe quand ça redevient roulant évidemment.

Chemin en balcon technique aussi jusqu'à la Vacherie des Millefonts puis au deuxième ravito où je fais comme au premier. Le passage aux Lacs des Millefonts est très beau puis enfin on attaque le sérieux : la montée au Pépoiri ! Raide mais je la fais bien.

La vue en haut est très belle ! La descente qui suit est hyper technique et je la démarre avec un point de côté. J'ai du mal à envoyer. Mais heureusement, mon mal part vite et j'atteins rapidement Anduébis. Là je m'attendais à avoir le troisième ravito mais il tarde, je m'approche de la Colmiane. Enfin, j'espère qu'on en est proche quand enfin le ravito est là ! Je n'y traine pas plus longtemps qu'aux autres.

J'arrive en effet vite à la Colmiane, mais là une surprise nous attend : la dernière montée se fait droit dans le pentu dans la piste de ski ! Je peine comme j'ai rarement peiné sur un trail. J'ai même limite la nausée, limite du mal à respirer. Je démarre la dernière descente en marchant (!) pour récupérer puis en mode tranquilou en me faisant même doubler (!).

A l'arrivée, j'ai la plus belle des magnifiques surprises : mon bébé est là ! Je le prends dans mes bras pour passer la ligne d'arrivée (en mode incognito car en plein podium scratch !). Trop morte mais trop heureuse de cette belle reprise ! Mon chéri a super bien géré et est arrivé pile une heure après moi.

*Parcours* : *St-Dalmas – Col de la Madeleine – La Bolline – audessus de Rimplas – Vacherie de Rimplas – Parking des Millefonts – Col Veillos – Lacs des Millefonts – Pépoiri – Vallon d'Anduébis – La Colmiane – Le Conquet – St-Dalmas*
*Résultats* : *8h03, 42$^e$/122, 4$^e$/9 F (Jonathan 9h03, 74$^e$)*

## 23 novembre 2024 : *Malnad Ultra*, Chikmagalur (Inde), 100km, 3430m de dénivelé (77km et 2384m pour moi)

Il n'est pas aisé de prendre le départ d'un ultra-trail quand on vit en Inde depuis dix-huit mois, que nos seuls terrains d'entraînement sont le tour d'un lac pollué (mais non bitumé heureusement) d'à peine 1,2km, des allées dans un quartier de riches (où on vit), une salle de sport avec tapis inclinés et espèce de machine entre l'elliptique et la montée d'escaliers, et – quand même – des collinettes à grimper quand on est assez motivés pour se taper minimum deux heures trente de route aller-retour (comprenant obligatoirement des bouchons, bienvenue à Bangalore !).

Surtout, il n'est pas aisé de prendre le départ d'un ultra-trail quand on côtoie les microbes indiens, tellement plus nombreux qu'en France. Quand on est malade pendant presque trois semaines avant le départ…

Mais m'y voici quand même, au départ du Malnad Ultra, à Chikmagalur, dans les ghâts occidentaux du sud de l'Inde, à l'ouest de l'état du Karnataka. Pour venir ici, nous avons roulé l'avant-veille pendant six heures, sans compter les pauses. C'est mon chéri qui nous a conduits, notre fils Charlie (4 ans et demi), notre fille Lilia (presque 2 ans), ma copine Myriam en vacances chez nous après son trekking au Népal, et moi.

Il est 6h20, j'attends le départ qui sera donné dans dix minutes, j'écoute le briefing après avoir déposé mon sac d'allègement, une fois que le propriétaire de notre homestay, trop sympa, nous ait amenés là, deux autres coureurs et moi.

J'hallucine en regardant les gens autour de moi dans le sas : certains n'ont rien ! À peine une gourde dans la main, sans sac, en short et t-shirt. Moi j'ai mes manchons car il fait frais ce matin. Et quelques affaires habituelles dans mon sac, bien utiles même si les ravitos seront nombreux.

Le départ est donné. Comme d'habitude en Inde – et à l'inverse de l'Europe –, ça part doucement, en trottinant. Pourtant on commence par de la descente. Qui devient faux plat descendant, sur bitume (on aura quand même 10% de route sur l'ultra !). Heureusement on quitte rapidement celui-ci pour passer une barrière et entrer dans une « Coffee Estate », une plantation de café. On passera bien les trois-quarts de la course au milieu des caféiers. Ça change, c'est super beau ! On monte un peu puis le parcours devient tout en monta-cala, en plat népalais, avec faux plats montants et faux plats descendants. Il faut beaucoup courir. Je me sens anormalement essoufflée. Je me dis que c'est sûrement à cause de ma bronchite de ces derniers jours (je tousserai même un peu durant la course, et la veille j'avais encore de la fièvre !). Mais quand un coureur indien me tape la causette et me sort « Comment tu trouves l'humidité ? », je me dis que celle-ci doit jouer également. Elle doit bien être à 80% ! J'ai vraiment du mal à bien respirer.

Mais je profite du paysage, des rencontres avec les travailleurs et travailleuses des plantations, dont certaines essaient de me parler en kannada (la langue locale), et rient quand je leur réponds en anglais. Je croise aussi des enfants qui m'encouragent et veulent même me serrer la main. Trop mignon !

Je croise également deux singes. Tout est tellement dépaysant ! Mais ce que je trouve le plus déconcertant est de n'avoir aucun repère : pas de col ou autre à atteindre. On tournicote dans les plantations de café sans savoir où on va, sans étape.

Enfin presque. Mon étape à moi se trouve au 27$^e$ kilomètre : notre homestay, qui est au bord du parcours, et devant lequel je retrouve mon chéri avec Lilia (Charlie étant resté au logement jouer, gardé par Myriam). Ma choupinette est d'abord trop contente de me voir, puis fait une drôle de tête, se demandant sans doute ce que je fais, et ce que je vais faire.

Quand je les laisse, après quelques bisous, elle ne pleure heureusement pas.

La suite du parcours est plus difficile. Il se met à faire bien chaud, sûrement plus de 30°. Quand je grimpe enfin une colline (il y en a beaucoup tout autour mais on n'y montait jamais jusque là), par une pente enfin raide et un peu longue, je peine comme jamais. Je suis en plein cagnard, et je suis toujours très essoufflée. Je me sens hyper mal. Je m'imagine arrêter à la moitié, pas par abandon mais pour cause de séquestration par les secouristes tellement je me sens au bout de ma vie. Mais je longe ensuite des crêtes puis atteins un ravito. Quand j'en repars, ça descend, et je me sens heureusement mieux. C'est même un peu technique, dans la caillasse !

Par contre, le balisage devient catastrophique (l'organisateur nous expliquera qu'il a subi du débalisage). J'hésite plusieurs fois, fais même une fois demi-tour et sors une fois mon téléphone pour utiliser le GPS ! Mais ne me paume finalement pas, heureusement.

L'arrivée de la première boucle n'est plus loin. Je longe une rizière ; c'est joliiii !

Encore un peu de montée, et j'atteins enfin la zone de départ/arrivée/milieu de course, au bout d'environ 7h45 de course. J'ai fait 50km. Il m'en reste encore autant, car je dois tout refaire ! Les Indiens adorent tracer des parcours de course en trouvant une boucle et en la faisant faire plusieurs fois.

Ils sont fous ces Indiens !

Ma petite famille est là, avec Myriam. Charlie est trop content de me voir.

Je prends le temps de me poser. De manger mon pain de mie et beurre de cacahuètes (car au ravito, c'est plats indiens, et j'ai peur que ce soit spicy !), de recharger en Yogabars et fruits secs, de soigner des ampoules aux pieds, de refaire mon taping (car j'ai eu une tendinopathie du tibial postérieur ces derniers mois, soignée tout récemment), etc., et bien-sûr profiter de mes supporters. Lilia ne veut pas téter, alors je tire un peu mon lait pour éviter tout risque d'engorgement.

Quand je repars, après environ quarante-cinq minutes de pause, Charlie passe sous l'arche avec moi. Puis il se met à pleurer, car il ne veut pas que je reparte.

Mon départ en est rendu plus difficile. Sniff.

Mais à part ça, je me sens plutôt bien. J'arrive toujours à trottiner, même en faux plat montant. Le temps se rafraîchit enfin. On s'approche déjà du soir, et de la nuit qui tombe vers 18h ici.

Ainsi, quand j'arrive au ravito du 70$^e$ kilomètre, je prends le temps non pas seulement de recharger mes flasques comme d'habitude, mais aussi de ressortir les manchons, un Buff, et ma frontale. Je repars et… horreur ! Mes jambes ont profité de ce petit arrêt pour se transformer en poteaux ! La douleur est atroce ! Jamais je n'ai eu aussi mal aux jambes. *Jamais* ! Je ne peux plus courir du tout. Le profil devient plutôt descendant, j'essaie de trottiner, mais au bout de quatre kilomètres, je vois que j'ai mis une heure pour les faire ! Et cela m'a paru cinq fois plus long. Je regarde sans cesse ma montre. Je souffre. Je ne fais que geindre. Ma course devient un cauchemar. En plus, comme je n'arrive pas à bien lever mes pieds, je me les tape contre des pierres. Je hurle plusieurs fois, je peste, et en anglais en plus (heureusement que je suis seule).

La nuit est bien installée, je vois des lumières de frontales un peu partout, puisque nous tournicotons dans les plantations de café. Mais tout ce que j'attends, c'est notre homestay. Je décide que je m'y arrêterai. Je n'irai pas plus loin. En fait, je serre même les dents pour arriver jusque là. Si notre logement n'avait pas été sur le chemin, j'aurais sans doute arrêté avant.

Le réseau téléphonique est catastrophique. Mon chéri ne reçoit pas mes messages dans lesquels je me plains. Finalement on réussit à s'appeler, et je lui annonce en pleurs que j'arrêterai, que je suis presque là mais n'avance pas. Il était déjà en place pour m'attendre (j'ai pris énormément de retard ; en fait à l'heure où j'arrêterai, je ne serai pas à beaucoup plus d'une heure de l'horaire auquel je pensais franchir la ligne d'arrivée !), avec nos petits choux et Mimi. Tout ce petit monde vient à ma rencontre. Quel bonheur quand je les entends m'appeler ! Je me laisse choir dans leur bras, puis finis le dernier kilomètre avec eux, en « boitant » d'après leurs dires (on peut boiter des deux jambes ?).

Je suis soulagée d'arriver au logement. Mais pas aussi heureuse que Charlie, trop content que je ne reparte pas.

D'ailleurs il est presque l'heure du coucher pour eux. Au moins mon chéri ne galèrera pas à faire dormir Lilia, qui s'endort habituellement avec la tétée. Et d'ailleurs celle-ci profitera bien de celle-là. Elle se rattrapera même toute la nuit !

Blottie dans mon lit après une bonne douche, entre mes deux enfants, je me sens enfin un peu mieux.

Il y a quelques semaines, alors que je m'entraînais à fond, enchaînant dix-huit tours de mon lac qui pue, j'aurais été dégoûtée de savoir que j'abandonnerai. Mais il y a une semaine, alors que je me mouchais sans cesse, toussais sans arrêt, étais fatiguée et fiévreuse, j'aurais été fière de savoir que je ferais 77km.

C'était surtout une expérience inédite. Et une belle aventure en famille !

<u>*Parcours*</u> : Mallanduru Sunset point – plein de Coffee Estates – Navilee Homestay – Bandekallu Gudda top – Mallandur road – Shiraguru – Mallanduru Sunset point – et rebelote
<u>*Résultats*</u> : DNF, 13h37 au km77 (j'étais $1^e$ femme jusque là)
On a été 30 sur 75 participants à abandonner, dont 3 femmes sur les 4 !

J'aurais pu ranger ce récit dans tellement d'autres chapitres ! Ceux où j'en ai le plus bavé, les abandons, ceux entre amis (puisque Myriam était là), et presque « les autres » tellement il était différent de mes précédents ultra-trails. Mais il a été mon premier ultra en famille à quatre, et je l'ai choisi en pleine aventure familiale, celle de l'expatriation.

Il faut également dire que le manque d'entraînement (expliquant mon échec), s'il a été majoritairement dû à des maladies et une blessure, a pu également s'expliquer par la difficulté à s'absenter régulièrement (et longtemps) pour courir quand on a des enfants en bas âge. On ne peut clairement pas en faire autant que sans enfants. Mais l'expérience est mille fois meilleure avec eux, même sans aller au bout, qu'en rencontrant le succès, mais sans eux.

*Dans la télécabine lors du Défi de l'Olympe à Brides-les-Bains en 2018*

*Départ pour la seconde boucle sur le Malnad Ultra en 2024*

# Chapitre 7 : Ceux entre amis

*L'amitié double les joies et réduit de moitié les peines*
**Francis Bacon**

*Je vais vous faire une confidence : à une période de ma vie, je faisais beaucoup de compétition pour voir du monde. Je venais d'arriver dans les Alpes-Maritimes et, à part ma tante, je ne connaissais personne. Si je n'étais pas sur un trail (et pas chez ma tante), je passais mes week-ends seule chez moi. Alors je m'inscrivais à toutes les courses qui passaient. Et c'est ainsi que je me suis fait des amis (et que j'ai même trouvé mon futur mari). C'est pourquoi ma passion a toujours rimé avec partage...*

## 10 octobre 2015 : *Kilomètre Vertical de Gorbio*, Gorbio, 5,4km, 1000m de dénivelé positif

Bien moins raide que les autres KV précédemment faits, il n'en est pas moins beau, avec la vue magnifique du sommet de la Cime du Baudon. L'ambiance était bonne comme d'habitude à Gorbio. Le temps était parfait. Phil a mis 1h12, Olivier (copain d'OVS) 1h09 et Jonathan... 1h04 ! Il m'a battu ! Trop fort.

Nous avons fait perdurer cette belle journée par un pique-nique, des parties de Uno (où enfin j'ai pu battre *tout le monde*, na !), un dîner et du camping au Col de la Madone, avec vue sur la Cime du Baudon et la mer. Extra !

Pour le lendemain prendre le départ du 42km, sur lequel mon chéri et Phil sont bénévoles (Olivier prenant le départ du 16km), pour parfaire ce week-end trail entre amis.

*Parcours* : sous Gorbio – Cime du Baudon
*Résultats* : 1h05, 51$^e$/107, 5$^e$/25 F (Jonathan 1h04, 48$^e$)

## 12 avril 2015 : *Ronde des Collines niçoises*, Nice St-Isidore, 18km, 480m de dénivelé

S'il y a deux ans cette course déguisée aux ravitaillements alcoolisés avait été géniale, cette année elle était... OMG, sooooooooo great, trop énoooooooorme ! Avec des zamis d'OVS et les copains de Jonathan, on était en « Guerriers des Collines » (sauf que si les autres ovésiens et moi étions en Romains, mon chéri et Loïc étaient en kilt, Didier en Jack Sparrow et Phil en guerrier médiéval, ou parfois même – avec son masque –, en cheval !).

On a profité de chaque ravito ! Une verre, deux verres, de la barbe à papa, des bonbons,... et de la danse ! Au ravito du VTC, on m'a acclamée « Elodie ! », acclamation reprise par d'autres coureurs à chaque fois qu'on les recroisait !

On a fini bien bourrés ! On a passé plus de temps aux ravitos qu'entre chaque, mais entre chaque on allait parfois bien vite (presque en sprint entre le troisième et quatrième, très rapprochés). Ligne d'arrivée franchie sur Horseman !

Tout ça sous le soleil (il faisait chaud). Le top du top du top !

*Parcours : tours dans les vignobles au-dessus de Nice*
*Résultats : On s'en fout !*

## 1 mai 2018 : *Ronde des Collines niçoises*, Nice St-Isidore, 11km, 300m de dénivelé

Encore une super édition de la Ronde des Collines (ma quatrième) ! Cette année non chronométrée et avec un nouveau parcours plus court et moins bitumé, mais avec toujours autant de ravitos !

Avec mon chéri et Phil, encore cette année déguisés en mode disco (vu qu'on est ainsi sur l'affiche !), on loupe le départ (!) pour cause de retour à la voiture chercher les bâtons de mon chéri, qui a mal au mollet en ce surlendemain de notre rando-trail sur deux jours (85km et presque 5000m). Les autres sont déjà partis quand on revient à l'arche, mais ne sont pas loin pour cause de bouchons au premier chemin. On double donc beaucoup même si on ne fait que marcher.

Deux premiers ravitos vite passés car pas très intéressants (bien que le deuxième, au château de Bellet, est très beau), on arrive vite au meilleur : celui du VTC (les copains sont là, bourrés), où on boit bière et vin et où je mange une dizaine de minis parts de tarte aux bretelles ! Où on danse aussi, face aux danseuses brésiliennes !

Je repars de là bien « tchouk » ! Nouveau ravito où on boit et danse encore. Puis le suivant où on boit seulement. La ligne d'arrivée est vite gagnée mais je suis bourrée complet ! On a cette année encore bien rigolé !

<u>Parcours</u> : *tours dans les vignobles au-dessus de Nice*
<u>Résultats</u> : *Non chronométré*

## 6 juin 2015 : *Trail de la Peïra*, Suquet de Lantosque, 14km, 1100m de dénivelé

Cela faisait trois semaines que je n'avais pas couru ! Et la dernière fois, lors d'une sortie dans le Verdon (pendant que mon chéri reconnaissait le parcours vélo du Natureman), j'avais terminé en mode rando à cause d'une douleur au genou gauche (qui se révélera être un syndrome de l'essuie-glace).

Pas de douleur au départ, mais pas de jus non plus. A cause de la chaleur ? De mes cinq heure trente de vélo la veille pour venir à Lantosque via le Col Saint-Roch ? Du manque d'entraînement ? D'une légère anémie ? En tout cas cette première montée est difficile, mais je tiens le coup.

Ensuite vient ma partie préférée de ce super trail : une descente technique en travers d'une pente bien raide, où je double pas mal de personnes, en mode chamois. Je prends du plaisir dans la descente, sans douleur. Je suis trop contente !

Mais la deuxième montée fait mal. Gros coup de fatigue. Je laisse passer la 4$^e$ féminine (Audrey), que j'avais doublée et qui me suivait, et qui du coup me sème.

J'arrive à Loda en mode limace, alors que l'an dernier j'y étais passée en courant, première féminine, rattrapant ma maman qui le faisait en rando et qui était partie deux heures plus tôt.

Dans la descente qui suit, la douleur au genou se réveille doucement. Mon allure est bien moindre que celle de la descente précédente, mais je me dis « ne crains pas de ralentir, crains seulement d'être à l'arrêt » et continue.

L'orage gronde, la pluie menace d'arriver. J'atteins le Suquet avec les premières gouttes. Ouf, arrivée !

Un peu déçue d'avoir mis quinze minutes de plus que l'an dernier (!) et à la ramasse dans le classement. Mais au moins j'ai pu le faire. Et puis tout est là pour me consoler : les amis du club, un ravito réconfortant (avec même des bonbons !), le soleil qui revient et une bonne ambiance !

Vivement la prochaine édition de ce trail qui est peut-être bien mon préféré des courts du département ! Merci aux organisateurs Annie et Ricou !

*Parcours* : le Suquet – St-Pierre – sous la Cime de Bonvillars – Loda – Giandola – le Suquet
*Résultats* : 2h12, 61$^e$/188, 5$^e$/38 F

*Comme vous l'avez compris, j'ai également fait des trails avec ma copine Myriam, que je connais depuis que nous sommes petites (on a fait de la danse ensemble !) et avec laquelle je suis amie depuis le lycée. Et ce, partout, de notre Savoie natale à l'autre bout de la planète, en passant par les Alpes-Maritimes !*

## 12 octobre 2014 : *Trail de Gorbio*, Gorbio, 42km, 2500m de dénivelé

Enoooooooorme ! Trop contente de ce trail ! Je le craignais, pensant subir comme à celui de Sospel, étant donné ma fatigue ces derniers jours. Mais il faut croire que mon mélange de plantes acheté la veille m'a reboostée.

Si le début a été un peu difficile (« I'm exhausted! » me répétai-je), mais surtout parce que voulant quand même finir sur le podium, j'ai tenté de garder l'allure des deux premières femmes. Si j'en ai doublé une, l'autre m'a vite semée. « La première est loin devant » me dit un bénévole au bout de pas même une heure de course. Je laisse donc tomber la chasse, espérant juste ne pas me faire rattraper par la troisième.

Finalement non. Je me sens de mieux en mieux. La musique me booste. Après le ravito de Saint-Agnès, ça monte. Enfin ! Après ces trois-quarts de parcours roulant, je me délecte de cette montée digne d'un vrai trail. Mains sur les cuisses et parfois même sur les rochers, je me sens comme Kilian montant le Cervin (difficulté non comparable mais comme je viens de voir une vidéo de son exploit, je pense à ça).

En haut, on a droit à une superbe vue (presque aussi belle que celle du début en balcon sur la mer et Monaco... waouh !) que le brouillard nous avait empêché d'avoir l'an dernier. Puis une vraie descente. Quel bonheur d'à nouveau pouvoir aller vite en descente ! Je suis ivre de bonheur, envahie par l'adrénaline.

Je termine la course à fond la caisse, passant la ligne d'arrivée avec plus de joie que jamais.

Après une interview du speaker avec moult bafouillages et un bonjour aux membres de mon club – presque tous sur le 16km –, je rejoins Mimi qui était sur le 9,5km. Un repas, une remise des prix conviviale, une bonne bière au bar du coin, un resto indien le soir avec ma coupine,... pour une journée plus que parfaite !

*Parcours* : Gorbio – Col de la Madone – Les Assalins – Collet de Christo – Col du Farguet – Mont Avellan – Baisse du Loup – St-Agnès – Cime du Baudon – Col de la Madone – Gorbio
*Résultats* : 5h42, 34$^e$/135, 2$^e$/10 F

## 25 août 2018 : *Caïre del Mel*, Roquebillière Vieux Village, 6,5km, 450m de dénivelé

Super course consanguine (comme dirait Ricou, car uniquement entre membres du VTC !) avec un chouette parcours, des excellentes récompenses pour tout le monde, un apéro, puis le repas traditionnel chez Violette et Claude !

Cette année il n'y a que sur des courses de Festin de village que je termine première !

*Parcours* : Roquebillière Vieux – Caïre del Mel – au-dessus du Cervagn – Sentier des Villettes – Roquebillière Vieux
*Résultats* : 0h50, 7$^e$/12, 1$^e$/3 F

*Les Guerriers des Collines sur la Ronde des Collines niçoises à Nice en 2015*

# Chapitre 8 : Les erreurs de parcours et les hors-courses

*L'erreur n'annule pas la valeur de l'effort accompli.*
**Proverbe africain**

*Dès mon tout premier trail, sur l'Altispeed, je me suis trompée de parcours (je prends pour excuse la pluie qui avait sûrement chassé le bénévole qui aurait dû orienter les coureurs, car j'avais suivi le balisage de l'épreuve marche de l'événement). Ce fut la première, mais par la dernière fois...*

### 4 août 2013 : *Trail Cenis Tour*, Lanslebourg, 48km, 2200m de dénivelé (moins pour moi[38])

Beau temps, début de parcours super, beaux paysages !

Mais en descendant du Pas de la Beccia, je ne vois soudainement plus le mec devant moi. Je me retourne : on me suit. Puis je rattrape quelqu'un, ouf ! Descente au-dessus du lac du Mont Cenis, trop beau ! Mais en repartant à plat dans la vallée, en arrivant au refuge, je vois des gens arriver d'un autre chemin, plus direct. Au ravito, je dis à un bénévole : « Je crois que je me suis trompée de chemin.

– Vous êtes arrivée par la route ou le chemin au-dessus du lac ?
– Le chemin.
– Ah oui vous avez rallonger de deux kilomètres ».
Ah.

Je repars. Montée un peu longuette jusqu'au col, puis c'est parti pour la descente ! « Vous êtes 6ᵉ féminine » me dit-on au col. Puis une fille me double. « Moi je fais le relais » me dit-elle. Donc

---

[38] Mais je ne sais pas combien. A l'époque, je n'avais pas Strava (même pas une montre GPS ! Juste une Suunto qui donnait l'altitude selon la pression atmosphérique).

dans les cinq femmes devant moi, peut-être y a-t-il d'autres relayeuses (deux m'ont doublée bien vite dans la montée ; si elles étaient plus fortes, elles m'auraient doublée avant !).

Dans la forêt, « ah tiens voilà, là, à droite, le parcours du 30km rejoint le nôtre », me dis-je en prenant le chemin qui continue de descendre, en mode déconnectée.

Plus tard, je me sens seule. Et surtout, plus de balisage. Eh m… ! Ce n'était pas le parcours du 30, mais le mien qui remontait ! Je suis bien bas, ça fait 6h que je cours, je n'ai pas le courage de remonter ! « Je retrouverai bien le chemin ».

Exact, mais juste avant Lanslebourg, après le dernier ravito que j'ai loupé ! Je franchis la ligne d'arrivée juste avant la 1$^e$ féminine, en avouant ma bêtise à l'orga.

Conclusion : dégoûtée car j'aurais peut-être fini sur le podium sans ces erreurs. Mais contente de ma perf quand même et de ma course dans ces belles montagnes.

<u>*Parcours*</u> *: Lanslebourg – Lac de l'Arcelle – Col du Mont Cenis - Fort de la Turra – Pas de la Beccia – Refuge du Petit Mont Cenis – Col de Sollières – Replat des Canons – La Ramasse[39] – Lanslebourg*
<u>*Résultats*</u> *: 6h32, disqualifiée*

## 1$^e$ juillet 2018 : *Tour de l'Aiguille de la Vanoise*, Pralognan, 15km, 1100m de dénivelé (17,5km et 1150m pour moi)

Encore un podium manqué ! Je suis maudite en ce moment !

En ce weekend passé à Bourg suite au décès de mon grand-père, on se décide la veille, alors qu'avec mes parents et ma sœur on est allés faire le Petit Mont Blanc de Pralognan (pour rendre hommage à notre papy et pour poser des flyers de nos trails[40] au retrait des dossards du Tour des Glaciers de la Vanoise), à participer au

---

[39] Comme moi, quoi !

[40] Avec ma sœur, on a organisé des trails à Bourg-Saint-Maurice de 2016 à 2021, les Trails Intervillages de Haute-Tarentaise.

Tour de l'Aiguille de la Vanoise (le petit parcours de l'événement). Pour notre papy encore, car nous sommes dans son domaine[41].

Le profil est parfait : une montée, une descente. Je double Alexine à la moitié de la montée. La vue en haut est incroyable ! La Grande Casse est magnifique cette année, bien blanche !

Le début de la descente n'est pas technique. Zut, je voulais doubler encore quelques femmes. Puis un peu plus raide, yes ! Enfin je double. Reste cette fille qui m'a doublée dans la montée. Je la rattrape presque. Elle accélère. Je la piste.

On arrive aux Fontanettes. Tiens, pourquoi elle part sur la gauche ? C'est tout droit pourtant, non ? Ah ben non il y a bien du balisage à gauche. Ils nous font retrouver le chemin de la montée pour finir la descente ? Non, mais là, on remonte, ce n'est pas possible ! Il fait hyper chaud en plus, on est en plein cagnard. Je meurs !

Et la fille me sème. Non, mais là, vraiment, y'a un problème. Je croise des coureurs qui descendent, que j'avais doublés dans la montée. Je les questionne mais ils tracent sans me répondre ! Puis j'en croise un autre qui a l'air perdu aussi. Mais en tout cas c'est sûr, là je remonte pour un deuxième tour, ça ne va pas du tout.

Je fais demi-tour et me dit que j'ai dû me tromper au moment où ça remontait. Donc je descends là. Sauf que vraiment, je me retrouve sur le chemin de la montée qui a été débalisé. Tant pis, je continue là. Et arrive donc à Pralo, mais après Ine !

Je me rends compte que j'ai fait presque deux kilomètres en trop et ai bien dû perdre quinze minutes, et que j'aurais pu finir 5e, voir 4e si j'avais réussi à battre la fille que je suivais (qui a fait demi-tour un peu après moi, elle).

Bon... Pas grave. C'était trop chouette quand même ! Et mon papy se serait bien moqué de mon erreur.

<u>Parcours</u> : *Pralognan – Lac des Assiettes – refuge du col de la Vanoise – Lac des Vaches – Pont de la Glière – Pralognan*
<u>Résultats</u> : *2h28, 37e/130, 10e/68 F (Alexine 2h20, 27e, 6e)*

---

[41] Il était garde du parc de la Vanoise.

**17 juin 2018 :** *Trail de la Vésubie*, **Saint-Martin-Vésubie, 41km, 3100m de dénivelé (29km et 3000m + 7km de redescente pour nous)**

Ce devait être *mon* trail ! Tout était réuni : beaucoup de déniv pour le nombre de kilomètres, des bonnes montées, bonnes descentes, mes montagnes,… et j'avais la niaque. En forme, bien remise de Cipières, sans patates douces la veille (place au quinoa !), j'y allais pour gagner.

Montée à la Palu : je suis avec mon chéri, youpi. On ne monte pas trop vite mais avec un bon rythme quand même. On double même quelques gens.

En haut, on ne fait pas les crêtes comme je le pensais (dommage), mais on prend un joli sentier dessous, très sympa aussi. Je passe au ravito du vallon de la Madone dans un tout autre état que l'an dernier sur l'ultra : sans m'en rendre compte, en traçant direct. Je suis alors 3$^e$ femme !

Mon programme : doubler la 2$^e$ dans la descente sur le Boréon et la 1$^e$ dans la descente de l'Archas (ou au pire de la Colmiane).

Nous attaquons la Cime du Pisset… Et je vois les deux premières femmes ! J'en double une dès les crêtes après la montée, et la deuxième dans la descente avant le looooonnnng plat avant la dernière descente sur le Boréon. Je passe le ravito de celui-ci 1$^e$ femme ! Trop contente !

Je ne traîne pas, remplissant vite fait ma poche à eau avant de repartir, suivie par mon chéri qui se serait bien posé plus longtemps. Mais c'est quand même lui qui donne l'allure dans la montée, comme dans les autres (et moi dans les descentes ; équipe de choc !). Nous ralentissons bien sûr l'allure, mais pas tant que ça. Je me sens vraiment bien même si c'est plus dur.

Pourtant une femme me double. Bon, je l'ai doublée dans la première descente, celle-là. Je l'aurais dans la dernière.

Sur la dernière portion de l'Archas je double et sème un peu mon chéri qui commence à peiner. Nous sommes alors tout près du sommet… que nous ne voyons pas car dans le brouillard !

Et là, alors que je l'atteins, le bénévole nous dit de faire demi-tour. Il y a un risque d'orage, c'est trop dangereux. Nous demandons si la course est annulée. Il ne sait répondre mais dit que ceux passés seront arrêtés de l'autre côté. Nous devons quant-à-nous descendre au Boréon.

Nous sommes dégoûtés mais descendons, en mode tranquilou du coup. Au Boréon, on doit se faire pointer puis attendre une navette. Mais mon chéri et moi trouvons des randonneurs (jeunes Ecossais trop sympa) qui peuvent nous descendre en voiture.

Plus tard, à St-Martin, nous croisons un coureur qui nous a doublés dans la montée à l'Archas. Et qui nous annonce avoir pu terminer la course ! Nous vérifions les résultats : 33 coureurs classés, dont la femme que je devais redoubler !

On va voir l'orga qui nous explique classer les autres coureurs grâce à leurs temps au Boréon. J'ai un peu les boules mais c'est mieux que rien. Sauf qu'une heure trente plus tard, à la remise des prix, on ne m'appelle pas et m'explique qu'en fait, non, la FFA[42] ne veut pas, ils ne récompensent que ceux qui sont passés. On était 356 au départ, on se retrouve 323 hors course ! C'est une blague ! J'ai le sentiment qu'on m'a empêchée d'aller chercher ma victoire !

Enfin… j'ai fait une super course (le parcours était vraiment top) avec mon chéri puis ai passé un super moment avec les copains du club qui étaient sur le 25km, sur l'ultra, ou qui étaient juste venus encourager. C'est le plus important !

*<u>Parcours</u> : Saint-Martin-Vésubie – Cime de la Palu – Vallon de la Madone – Cime du Pisset – Le Boréon – Mont Archas – La Colmiane – Saint-Martin-Vésubie*
*<u>Résultats</u> : HC, environ 5h30 à l'Archas - au Boréon (22km, 2000m de dénivelé) : 3h44 - 38ᵉ/356, 1ᵉ/65 F*

*Plus tard je verrai un classement au Boréon, publié sur l'ITRA[43], avec les coureurs n'ayant pas pu finir la course :*
*<u>Résultats</u> : 3h43, 7ᵉ/311, 1ᵉ/56 F*

---

[42] Fédération Française d'Athlétisme, qui régit les courses à pied en compétition, comprenant même les trails.

[43] International Trail Running Association, qui a pour objectif de promouvoir le trail et favoriser son développement. Les coureurs ont notamment un indice de performance selon leurs résultats, qui est parfois utilisé comme critère pour être qualifié à des trails, ou pour être considéré comme « coureur élite », par exemple.

*C'est sûr, ça fait joli sur mon profil ITRA, mais selon moi, il aurait fallu classer tout le monde selon le temps au Boréon... ou tout simplement annuler la course et ne publier aucun résultat.*

## 28 juillet 2018 : *Red Bull K3*, Suse, 9,7km, 3000m de dénivelé positif

Je dois être maudite en ce moment[44]. Pas moyen de finir correctement une course ! Cette fois mise hors course au deuxième ravito car arrivée avec presque cinq minutes de retard.

Mais partons du départ. De notre maison tout nouvellement achetée à Roquebillière, où mes amis Thibaud et Marie sont passés me chercher, pour gagner la Colmiane, Isola 2000, le Col de la Lombarde, Cuneo puis l'autoroute italienne jusqu'à Susa, où nous avons retiré nos dossards et rejoint d'autres membres du club. Nous sommes alors montés avec eux jusqu'au parking de Rochamelon, près du parcours du K3, à 2020m d'altitude, où nous avons campé.

Le pied ! Trop beau malgré le temps couvert !

Le matin, redescente au départ des filles à 7h30. Nous commençons par une traversée de la ville non chronométrée, de deux kilomètres quand même ! Et où les filles vont à fond. Perso je suis à 12km/h, et ne pourrais faire plus vite sachant que 3000m m'attendent ensuite.

Sauf que ce n'est pas réellement un départ fictif puisque le chrono est lancé quand la première femme commence le K3 ! Soit avec déjà deux minutes d'avance sur moi.

Autre mauvaise nouvelle, la première barrière horaire, fixée à une heure trente de course, est à presque 1200m et pas 1000m. J'y passe avec peu d'avance... Car en plus ce « premier KV » n'est pas raide du tout. Et je ne me sens *pas du tout* en forme. Peut-être le fait d'enchaîner l'assistance sur l'ultra de mon chéri, un déménagement et l'organisation de nos trails à Bourg !

Le « deuxième KV » commence par du plat ! Je sors les bâtons et le fait à moitié en courant, moitié en marche nordique. Puis

---

[44] Regardez les dates de ce chapitre !

ça grimpe vraiment raide ! Droit dans la pente ! Je me demande si mes bâtons ne me ralentissent pas (je n'ai pas l'habitude de m'en servir). En tout cas je vois sur ma montre que mon allure ascensionnelle est trop basse pour passer la deuxième barrière à temps... qui se trouve à 2300m et est fixée à deux heures quarante-cinq !

Et en effet quand j'atteins le deuxième ravito, on me barre mon dossard et me fait signe que stop, c'est fini.

Je suis alors morte ! Je m'assois, je mange au ravito, je prends des photos. Et puis m... ! Je bois une Red Bull[45] !

Et puis, bon, je repars (au bout de dix minutes). Je suis là pour faire 3000m quand même ! Et veux être au sommet car j'ai réalisé la veille qu'il est à la frontière avec la Maurienne et qu'on y voit la Grande Casse, le Pourri, le Mont Blanc,... C'est chez moi !

Je range vite les bâtons car le sol est devenu cailloux et rocheux. Il me fait penser à l'Aiguille Pers pendant l'Altispeed. Je finis en me tenant à la roche, parfois à quatre pattes. Passé les 3000m d'altitude, j'en bave vraiment. Je finis morte de chez morte, plus fatiguée que je ne l'ai jamais été.

Mais j'arrive au sommet ! Je passe le porche d'arrivée au cas où on me compte quand même mais le chronométreur repère la croix sur mon dossard, merde !

Le pire est que j'ai doublé des gens avec dossards non barrés dans cette dernière montée, où j'étais aussi suivie par le serre-fil !

Vue bouchée en haut, dommage ! Mais trop beau quand même ! J'y retrouve Marie, Jany et Claris venus juste accompagner, et Michel, mis hors course aussi à la deuxième barrière (sachant que les mecs avaient vingt-cinq minutes de moins pour la passer !). On redescend tous ensemble jusque là où on a dormi, pour redescendre en voiture à Suse pour le repas d'après course, et, pour moi, repartir de suite avec Michel à Roq !

Quel séjour ! Extra !

*Parcours : Suse – sommet du Rochamelon*
*Résultats : HC, 4h15*

---

[45] Rappelez-vous, j'étais en cette période en pleine formation en naturopathie. Mais il fallait bien faire honneur au nom de la course et principal sponsor !

*Au sommet du Red Bull K3 à Suse en 2018*

# Chapitre 9 : Les « autres »

*Le véritable voyage de découverte ne consiste pas à chercher de nouveaux paysages, mais à avoir de nouveaux yeux.*
**Marcel Proust**

*Mais que font des courses hors sentier (ou même, hors pure course à pied) dans ce livre ?! Eh bien, elles sont là pour vous divertir, vous changer les idées, vous montrer que je ne suis pas une puriste, que j'aime parfois changer...*

## 11 décembre 2011 : *Goa River Marathon*, Vasco da Gama (Inde), 21km

Levée à 4h pour me préparer puis prendre un taxi de ma guesthouse à Baina beach, je m'élance à 6h sur ces 21km de course à pied !

Malgré une hygiène de vie exécrable ces derniers jours et un manque flagrant d'entraînement, je suis très contente de mettre à peine quatre minutes de plus qu'au semi-marathon de Lyon, auquel j'ai participé quelques mois plus tôt en étant beaucoup mieux disposée, et beaucoup plus entraînée après avoir passé tout l'été à faire des trails.

Après cette chouette course en plein tour du monde[46], je finis de visiter Goa, de profiter de la plage, des bières, des boutiques et de la musique. Avant de poursuivre vers le sud de l'Inde...

*Parcours : Baina Beach – Birla Goa Campus – Baina Beach*
*Résultats : 2h01, 111ᵉ/507, 9ᵉ/79 F*

---

[46] Voir mon livre *J'aime me perdre n'importe où dans le monde*.

## 11 janvier 2015 : *Prom Classic*, Nice, 10km

Waouh ! Trop fière de moi ! J'ai couru à 13,6km/h, je n'ai pas l'impression. Surtout sur les trois premiers kilomètres où j'avais un peu l'impression de me traîner et où je ne doublais pas tellement (mais parce que je suis partie dans le sas 40-45, en pensant tricher, mais finalement non !), et sur les trois derniers où je croyais mourir.

Une chouette course dans la bonne humeur (échauffement collectif trop motivant), sous le soleil (et dans la chaleur, en débardeur et en transpirant, en plein janvier !) et pour commencer une journée qui se révélera excellente, se poursuivant par un brunch avec Jonathan[47] à Cannes puis sur la Croisette à se balader au soleil et devant la mer.

Attends… 42$^e$/1131 SEF ?! OMG ! C'est pas mal !

*Parcours* : aller-retour vers l'aéroport sur la Promenade des Anglais
*Résultats* : 0h44, 1270$^e$/7487 F


## 21 mars 2015 : *Course des escaliers de Beausoleil*, Beausoleil, 458 marches

Une course qui n'était pas prévue mais qu'après-coup je me dis qu'il aurait été vraiment bête de louper. Vantée par Guillaume le weekend précédent lors du repas d'après-course au trail du Boréon, elle a éveillé ma curiosité et m'a finalement tentée lorsque ma sortie rando à ski prévue samedi a été annulée.

Jeudi soir, j'ai envoyé mon inscription par mail (les inscriptions sur internet étant closes depuis la veille). Vendredi matin, j'ai reçu pour réponse qu'elle était validée. Yes ! Beausoleil, me voilà.

Samedi matin, je prends le train direction cette ville que je ne connais pas. En descendant à la gare de Monaco, je suis donc un peu paumée, mais tombe sur Elvin[48], rencontré dimanche dernier au trail du Boréon et qui a déjà participé à la Course des Escaliers l'an dernier. Je laisse donc ce Breton spécialiste de la discipline (chez lui il

---

[47] Mon futur mari, qui n'était alors même pas encore mon petit ami.
[48] Futur membre du VTC.

grimpe les escaliers dans les phares !) me guider et me parler de ses expériences.

Rien qu'en voyant les fameux escaliers, qui font la fierté de la ville, je sens mon cœur commencer à accélérer. Quatre-cent-cinquante-huit marches, ce n'est pas rien ! Il faut déjà en monter une partie pour atteindre le retrait des dossards.

L'orga est au top ! On a déjà droit à des petits cadeaux, et à l'accès au vestiaire. Arrivée très en avance, j'ai le temps de m'échauffer, notamment en montant déjà deux fois en marchant les escaliers jusqu'en haut, d'où on peut admirer une vue superbe sur la mer.

Mais je ne suis pas très sereine. Je n'ai jamais fait de course d'escalier, et les monter en marchant me semble déjà difficile !

Je retrouve Guillaume, venu avec sa petite famille pour l'encourager. Et enfin le départ est donné. Nous sommes 29 à partir, chacun toutes les une minute. Quand mon tour vient, le stress monte, mon cœur accélère. Et c'est parti ! Je monte les marches deux par deux. Au début... Car elles ne sont même pas régulières. Parfois plus raides, je passe à une par une. Mais je peux les passer trois par trois dans un petit replat.

C'est duuuuuur. Les sensations sont super bizarres. J'ai des fourmillements dans les bras, j'ai limite l'impression d'avoir des vertiges. Je m'essouffle, mon cœur va exploser. La dernière volée de marches est troooop difficile, mais heureusement, il y a du monde en haut pour encourager et vous pousser jusqu'au bout.

Je souffle comme jamais en atteignant la dernière marche.

J'ai mis 2 minutes 28 secondes. Pas mal, non ?

Après un moment de récup, je redescends en trottinant, par la route et ses épingles (pour éviter les escaliers) avec Guillaume.

La remise des prix est faite dans la bonne humeur. Je suis 2$^e$ femme. Guillaume 2$^e$ homme (derrière Elvin) ; décidemment on fait tout pareil (au Boréon le weekend d'avant chacun 1$^e$), et ce ne sera pas fini...

Orga toujours au top, une navette est prévue pour monter les piétons comme Elvin et moi, au stade du Devens. On a là droit à une pasta party, prise toujours dans la bonne humeur, pour ensuite attendre 14h30 une seconde épreuve, une boucle de deux kilomètres à faire quatre fois, où je terminerai 1$^e$ (puis, après de nouvelles remises des prix puis un apéro offert, les organisateurs iront jusqu'à m'amener jusqu'à Carros où ma tante ira me chercher pour que je prolonge mon weekend chez elle dans la Vésubie !).

*Parcours* : *Place du marché de Beausoleil – Riviera Palace*
*Résultats* : *2min28, 14$^e$/29, 2$^e$/6 F*

*J'ai à nouveau participé à cette course en 2016 (2min23, 1$^e$ F), 2017 (2min28, 2$^e$ F) et 2018 (2min, mais avec moins de marches, 3$^e$ F), en étant toujours autant chouchoutée. Beausoleil porte bien son nom, dans son cœur !*

## 3 octobre 2015 : *Natureman*, Les Salles-sur-Verdon, 700m de nage, 25km de vélo, 5km de course

*Natation (700m)$^{49}$* :

Mon chéri juste avant le départ : « Tu les laisses partir, hein ». Moi : « Oui, oui ».

Coup de sifflet… je pars ! Oups, satané réflexe ! Je me retrouve dans la foule ; on me nage quasiment dessus.

Ajouté au stress et au port d'une combinaison pour la première fois, j'ai du mal à bien respirer en crawl. Après le virage du retour, j'ai plus d'espace mais stresse dès que j'ai la tête sous l'eau de ne voir plus personne ni où je vais. En plus, j'ai de la buée dans mes lunettes. Je fais donc presque la moitié en brasse, à la fin la tête hors de l'eau et sans les lunettes, à regarder tranquillement les autres finir de nager et sortir de l'eau.

*Résultat* : *25min avec transition vélo, 505$^e$, 148$^e$ F*

Au final je m'en sors sans trop me fatiguer, prête à faire le…

*Vélo (25km)* :

Je double plusieurs personnes dans la montée, ce qui me motive, malgré la difficulté de rouler durant une heure sans musique (ce silence… weird!). Les rafales de vent rendent l'effort plus difficile.

---

$^{49}$ A l'époque je nageais souvent, dans la mer toute proche de chez moi. Mais je n'ai jamais nagé très vite (en fait, j'ai toujours nagé à 2km/h pile).

Et la pluie (la grêle, même, au début !) me tombe dessus au début de la descente, amenant avec elle un bon stress.

*Résultat : 1h11 avec transition course à pied, 463ᵉ, 114ᵉ F*

Dépassée par les personnes doublées à la montée, frigorifiée, j'ai hâte d'en terminer et de me réchauffer grâce à la...

*Course à pied (5km) :*
Enfin le meilleur ! Je me sens trooooo bien, pars doucement pour ensuite accélérer, (regretter de ne pas avoir mis mes chaussures de trail car le terrain est bien gadoueux), doubler plein de monde et arriver naze mais contente de mon premier triathlon.

*Résultat : 24min, 235ᵉ, 27ᵉ F*

*Parcours : natation dans le lac Sainte-Croix, tour à vélo au-dessus du lac, course à pied le long du lac*
*Résultats finals : 2h01, 445ᵉ/572, 115ᵉ/176 F*

Le lendemain, ce fut au tour de mon chéri, mais sur le format L (il en avait déjà fait avant, étant même dans un club de triathlon avant de s'inscrire au VTC). Nous n'avons pas refait de triathlon depuis. Pourtant, c'était sympa, à refaire !

*Mon essai triathlon dans le Verdon en 2015*

# Chapitre 10 : Les abandons

*J'appelle sage celui qui, tout innocent qu'il est, supporte les injures et les coups avec une patience égale à sa force.*
**Siddhartha Sakyamuni**

En trail, et encore plus en ultra-trail, on ne peut pas gérer tous les paramètres. On a beau se préparer et mettre toutes les chances de son côté, un souci de santé, une chute, un événement inattendu, ou autre, amène une difficulté qu'on ne peut contrôler. Parfois, il vaut mieux arrêter.

## 24 juin 2016 : *80km du Mont-Blanc*, Chamonix, 80km, 6000m de dénivelé (41km et 3345m pour moi)

Il est 2h20, le réveil sonne, à la même heure que deux jours plus tôt pour que j'aille prendre mon avion pour rentrer d'Inde. J'avais atterri à Genève, pour venir directement, en bus, à Chamonix. C'était ma motivation pour quitter l'Inde (trop dur pour moi !) : venir passer cinq jours de folie à Cham avec mon chéri et les amis du meilleur club au monde.

Dur, dur, ce réveil. Mais la motivation est là. Notre résidence, la Forêt des Tines, nous avait préparé un petit déjeuner, trop sympa. Mes parents, eux, nous avaient laissé leur voiture pour que nous puissions venir au départ. Nous les avons donc rejoints devant leur hôtel qui était tout près de celui-ci.

C'est donc sous leurs encouragements que nous prenons le départ à 4h. Au début, il faut courir, pour traverser la ville. Courir me fait du bien mais je n'en avais plus l'habitude ! Après le Marathon de l'Everest le 29 mai, j'avais essayé de recourir pour garder la forme et les bénéfices de mon séjour en altitude. Malgré les 40° en pleine journée à Lumbini puis en Inde, j'étais allée courir plusieurs matins vers 6h, quand il ne faisait *que* 30° et quelques. Mais hélas, une terrible tourista, me frappant deux semaines avant la course, m'a empêchée de poursuivre mon entraînement et m'a vidée de toutes mes réserves d'énergie. Je n'ai couru ensuite qu'une fois, et vingt minutes seulement, arrêtée par une terrible envie d'aller aux toilettes. Je n'étais pas tout à fait guérie.

Bref, je recours enfin, c'est dur mais génial.

Nous quittons vite le bitume pour un sentier. Nous nous prenons des bouchons. C'est que nous sommes 1096 sur cette course !

Le chemin monte, je peine au début puis me sens bien. La lune brille au-dessus du Mont Blanc ! Puis le jour se lève, offrant un spectacle incroyable ! Nous arrivons au Brévent en même temps que les rayons du soleil au sommet du Mont Blanc. Quelques passages sur la neige, puis nous longeons des crêtes. Je me sens légèrement euphorique, c'est tellement beau là-haut ! Presque aussi beau qu'il y a un mois (pile !) au sommet de l'Island Peak (6189m !).

C'est dans la neige que nous attaquons la première descente. Il ne manque que les skis ! Mon chéri, avec qui – sans même faire exprès ! – je suis depuis le début, me dit que nous avons déjà fait 1500m de dénivelée. J'en suis agréablement surprise ! Nous avons collé le tatouage donné par l'orga avec le profil de la course sur notre bras, bien pratique pour voir tout le long où on en est, ce qui nous attend.

Nous commençons à doubler, à passer devant les personnes peu à l'aise dans la neige molle, ce qui est loin d'être notre cas. Personnellement, je m'amuse comme une folle !

Mais j'ai des sensations bizarres, des fourmillements dans les bras et même un peu dans les jambes. J'ai un peu mal aux coudes et épaules, mes mains ont doublé de volume et je ne peux qu'à peine bouger mes doigts. Problème de circulation dû à l'avion ? J'avais eu la même chose (mais en moins violent) au Trail de Faverges dix jours après être revenue de mon tour du monde en 2012. C'est surtout embêtant car nous arrivons au premier ravito et j'ai du mal à attraper les TUC, chocolat et bouteille d'eau.

Mais cela ne m'empêche pas de courir, donc je repars. Encore un peu de descente, du plat, des petites montées,... des bénévoles qui m'interpellent comme s'ils me connaissaient : « Elodie, vient voir, il y a un bouquetin. Rien que pour toi ». Je vais le voir et l'envie, lui qui est posé tranquillement non loin du chemin.

La descente qui suit est assez technique, d'autant plus que les chemins sont mouillés. Mais une bonne surprise nous attend en bas : mes parents sont là ! Nous discutons quelques minutes avant de repartir jusqu'au deuxième ravitaillement, où ils veulent nous rejoindre en voiture.

Je peine à suivre mon chéri. J'ai l'impression d'être à fond, pourtant objectivement je vois bien que je suis lente. Je ne me sens vraiment pas en forme. Je vois que mon chéri est en mode « doucement mais sûrement pour finir tranquillement ». Notre allure est la même mais mon ressenti est tout autre. Je me demande comment je vais pouvoir tenir jusqu'au bout. Nous n'avons même pas fait trente kilomètres ; il nous reste teeeeeellement d'heures de course !

Mais je me dis que manger me redonnera des forces. J'arrive en effet au ravito avec la fringale. Hélas, pas de nourriture consistante à manger, comme des pâtes. Il n'y en aura jamais sur ce 80km que certains font en vingt-quatre heures ! Heureusement il y a quand même du pain et de la soupe aux vermicelles. Et mes parents qui me redonnent le moral. Et un médecin qui me rassure sur l'état de mes bras : un simple problème de circulation qui n'a rien d'alarmant.

Nous repartons. Je remets ma musique, ma mère m'ayant donné un chargeur portable. Car la batterie de mon téléphone s'était vidée à cause du froid et de Strava. J'éteins donc l'application, pour ne garder que ma musique, ma meilleure source d'énergie.

Nous débutons par des légères montées-descentes, nécessitant de sans arrêt relancer, ce qui m'épuise ! Puis nous avons droit à un faux plat montant, terriblement déprimant, d'autant plus que nous nous faisons doubler par une foule de gens ! Mais nous les redoublons tous dans la *vraie* montée qui suit. A ce moment mon chéri me sème. J'essaie d'abord de le suivre, puis, ne le voyant plus, m'enlève cette pression en me disant qu'il vaut mieux prendre l'allure que je veux, même si celle-ci est lente.

De toute façon, une fois dans la descente, je me sens super bien et pars à vive allure, en mode chamois, volant par-dessus les cailloux, doublant tout le monde, même mon chéri ! J'arrive toute contente en bas, où mes parents sont encore là !

Normalement nous n'aurions pas dû faire cette descente. Nous aurions dû monter encore et encore pour descendre sur le barrage d'Emosson. Mais à cause de la neige, le parcours est modifié et il nous faut descendre pour remonter. Et cette deuxième montée n'est pas marrante. Elle est horrible, même. Longue, monotone. Et il fait chaud, très chaud. Heureusement que nous croisons plusieurs fois un ruisseau pour nous rafraîchir. Sinon nous serions tous morts !

Mon chéri part à bonne allure et disparaît de ma vue en moins de deux. Je ne vois que des gens qui s'arrêtent sur le bord du chemin. Je veux faire de même. Mais je sais que si je m'arrête, je ne repars plus. Alors je continue.

Je croise là Matthieu, qui était dans mon groupe de trekking au Népal en 2011. C'est chouette de faire un bout ensemble, mais j'aurais préféré un bout plus marrant.

La fin de la montée est proche. Je n'en peux plus ! Un randonneur qui descend nous dit « il ne vous reste que 100m de montée, puis un plat de 700m pour arriver au ravito ». Il voulait nous redonner du courage. Mais les « 700m de plat » (pour moi qui croyais que le ravito était juste au-dessus !) me décourage. J'ai envie de pleurer. Ma gorge se sert. Tellement que je n'arrive plus à respirer. Je me mets à haleter comme une asthmatique. Une coureuse qui me double me demande si je vais bien. Je n'arrive même plus à parler, je bafouille. Elle m'incite à me poser, à faire une pause, à m'asseoir. C'est tellement bête, la fin de la montée est juste là ! Mais je suis le conseil. Je m'assois et fonds en larme. Je n'en peux plus !

Pleurer me fait du bien, cela dit. Au moins j'arrive à nouveau à respirer. Un bénévole qui m'a vue en détresse vient à ma rencontre. Il m'incite à terminer la grimpette avant de me poser à nouveau. J'obéis. Je vois trouble, à cause des larmes. J'ai presque des vertiges.

Mais je n'ai plus beaucoup à marcher. Je m'assois sur un large rocher, ne pouvant malgré tout pas manquer le spectacle magnifique qu'offre le lac et la neige tout autour. C'est beau !

Le bénévole me donne à boire (je n'ai plus d'eau !), me conseille de manger un bout, et m'encourage à aller – une fois reposée – jusqu'au ravitaillement tranquillement. J'obéis à tout. Je repars à une allure d'escargot pour traverser le barrage. C'est quand même plus facile quand c'est plat.

Je croise là mon papa. Je suis trop heureuse de le voir, même si je me remets à pleurer en lui disant que « non, ça ne va pas, je n'en peux plus ! ».

Si je n'avais pas été malade en Inde, et si je n'avais pas dû changer mes plans pour voir la Tibétaine que je parraine et que je croyais en vacances à Delhi chez ses parents, mais qui était en réalité dans son école dans des montagnes à 250km de la capitale, enchaînant, juste avant mes 10h de vol de retour, 19h de train puis 8h30 de bus, puis 7h de bus, avec quelques petits déplacements au milieu, pour un total de 45h de transports en 5 jours, peut-être que j'aurais été assez en forme pour ce 80km. Mais là... non.

Au ravito, je vois aussi ma maman, et mon chéri. Ce dernier aussi a souffert. Comme tous dans cette montée. Plus tard je verrai que 149 personnes ont abandonné ici, puis 148 juste après la descente qui suit. Moi j'annonce que je vais peut-être m'arrêter. Je suis épuisée, et l'état de mes bras a empiré. Je ne peux plus du tout bouger mes doigts.

Je me pose. Mon père m'apporte à manger et à boire. On m'encourage à, dans un premier temps, faire une vraie longue pause. Mais pour moi ce n'est pas la bonne stratégie. Car après trente minutes, quand je me relève (pour aller aux toilettes) je peine à marcher et j'ai surtout une forte douleur (du genre inquiétante) à la cuisse droite. Mes pauvres jambes n'avaient pas connu ni montées ni descentes depuis le Marathon de l'Everest ! Cette douleur me donne une excuse de plus pour arrêter. Je ne me sens même pas de descendre. Mentalement je ne suis déjà plus dans la course. Je ne rêve que de me poser dans la voiture avec mes parents et de continuer à suivre mon chéri.

Il n'en avait pas besoin, mais voilà, je lui passe le relais, au bout de 40,5km et 3345m de dénivelée positive, réalisés en 9h27. C'est déjà pas mal, suffisant pour moi aujourd'hui. Je ne regrette rien, j'ai adoré le début de la course. Je suis heureuse de l'avoir fait. Pour le reste, on verra une prochaine fois.

Donc mon chéri repart. Moi aussi, en voiture, avec mes parents. C'est pas mal, aussi. Hélas, on le loupe en bas de la descente (il descend trop rapidement depuis que je lui ai appris comment voler !). Nous partons donc à Tour, où nous avons le temps de faire la tournée des bars (il n'y en a que deux), pour que je déguste (enfin ! après trois semaines sans alcool[50]) une bonne bière, puis une bonne glace. Mon chéri arrive fatigué mais motivé.

---

[50] Mon séjour après le Marathon de l'Everest et avant la visite de ma filleule était un pèlerinage bouddhiste : voir mon livre *Nouvelles aventures... vers toujours plus d'humanité*.

Petit passage aux Tines pour que je me douche (trop bon !) et que ma mère prenne son train (elle part à Paris). Puis avec mon père, nous allons au ravito des Bois. Il va bientôt faire nuit, le temps menace de virer à la pluie et à l'orage, mais mon chéri tient bon. Je suis trop fière de lui ! C'est le meilleur ! Il ne cessera de remonter dans le classement. Trop fort !

Direction Chamonix, pour nous plus vite que lui. Nous retrouvons mon club, pour tous ensemble accueillir mon chéri en fanfare. Je passe la ligne d'arrivée avec lui, parvenant à courir même si je ne rêve que de dormir depuis au moins trois heures.

Il est 23h12. La journée se termine enfin. Nous rentrons nous coucher fiers de nous (de lui surtout !).

*Parcours* : *Chamonix – Brévent – Plan Praz – Tête aux vents – Col des Montets – Le Buet – Loriaz – La Villaz – Emosson – Le Châtelard – Tête de Balme – Le Tour – Les Bois – Montenvers – Chamonix*
*Résultats* : *DNF, au barrage d'Emosson (km41) : 9h27, 491$^e$/1076, 48$^e$/96 F (Jonathan 19h12, 268$^e$/565 arrivants)*

## 25 août 2017 : *Ultra-Trail Côte d'Azur Mercantour*, Nice – Saint-Martin-Vésubie, 140km, 10 000m de dénivelé (97km et 6743m pour moi)

Mon objectif 2017 n'était pas l'Ultra-Trail Côte d'Azur Mercantour, mais le Tor des Géants. Mais je n'ai hélas pas été tirée au sort. Que faire à la place ? Pour éviter de dépenser (en partant à Pétaouchnock) ce qu'il faut garder de côté pour le Tor et parce que maintenant mon chéri et moi habitons à trois mètres du parcours, j'ai décidé de refaire l'UTCAM. Bonne idée ? Maintenant je me dis que non. Car oui c'était hyper simple niveau organisation, oui je connais maintenant bien le parcours et ses difficultés. Mais refaire un ultra qu'on a super bien réussi une fois (et sur lequel on n'aimerait pas faire moins bien), sur lequel on est annoncée favorite (vive la pression), et qui traverse des montagnes où on peut aller quand on veut (alors pourquoi insister à y aller cette fois),... eh bien tout ça n'aide pas à aller au bout. En tout cas pas quand on part en cacahuète. Ou en compote.

Tout avait pourtant bien commencé...

Mes parents étaient venus exprès de Savoie pour venir me suivre sur l'ultra ! Mon chéri avait pris son vendredi pour m'accompagner au départ. Ma tante Nadine aussi était venue. J'étais bien entourée. On était huit du VTC à prendre le départ. Même si le speaker n'arrêtait pas de parler de moi (et de Gilles annoncé comme favori lui aussi), allant jusqu'à dire que les autres concurrents pouvaient me demander des conseils, je n'étais pas stressée. Mais j'avoue, j'avais envie de gagner, ou au moins d'être sur le podium.

Le départ est donné, comme d'hab tout le monde part très vite. Moi je suis à l'arrière et ça me va bien. Je double quand même un peu dès la montée au Mont-Chauve, avec une autre femme, Magali, de Trail entre Elles, qui va à toute vitesse et me sème vite.

A Tourrette-Levens, mes parents, ma tante et mon chéri sont là. Je bois et repars. Au Col de Châteauneuf ils sont là aussi. C'est super d'être autant encouragée !

En montant au Férion la nuit tombe, l'ambiance change. Je me sens trop bien. Mes écouteurs aux oreilles, je chante, je danse, je me sens même légèrement euphorique.

En passant au Férion je me fais redoubler par Magali ! Il se trouve qu'elle s'est trompée dans la descente et est remontée par erreur au Férion !

Pour moi aucun problème dans la descente. J'arrive très vite à Levens (km30). J'ai pas mal d'avance sur mes temps prévisionnels basés sur mes temps de 2015. Là, mes parents, ma tante et mon chéri sont encore là mais ne me reconnaissent pas. J'éteins ma frontale et lance un « coucou ! » qui les fait sursauter.

Dans cette première base de vie c'est le bazar. On m'indique le ravitaillement, où je me rends. Mais je ne vois pas mon chéri qui doit me faire l'assistance. Par contre je vois Bastien du VTC qui n'a pas l'air très en forme. Il dit qu'il va bien mais je vois bien que non. Je demande où est la zone d'assistance, on me répond que c'est de l'autre côté. J'y vais donc retrouver mon chéri. Evidemment je n'ai pas pensé à recharger en eau au ravito, donc il faudra que j'y retourne ! Que d'allers-retours futiles...

Apprenant de mes erreurs de 2015, je prends le temps de bien manger en plus de me changer. Pas de pâtes acidifiantes et pleines de gluten, mais mes patates et patates douces[51] riches en glucides et alcalinisantes.

Mon chéri est aux petits soins, tout est parfait, je repars en pleine forme. Je double même deux femmes dans la descente au Cros d'Utelle. Puis c'est parti pour la montée à la Madone ! Comme le parcours a changé, nous faisant repartir en arrière avant de monter au Col d'Ambellarte, j'ai l'impression de me tromper et de revenir sur le Cros d'Utelle. Mais pas de soucis, le chemin monte ensuite bien vers le col.

Moi par contre ça va moins bien. Je me mets à avoir mal au ventre. Je dois ralentir. J'ai même des nausées puis carrément quelques haut-le-cœur. Je me fais redoubler par une femme, Emmanuelle. Mais je retrouve aussi ici Bastien, qui était reparti un peu avant moi de Levens. Il me dit toujours que « ça va » mais aussi qu'il va arrêter à Utelle. J'essaie de l'encourager en lui rappelant qu'on va bientôt retrouver le club.

En effet, tout le VTC est à la Madone, et nous les entendons d'ailleurs très vite gueuler et agiter des cloches. Je rêve où je les entends crier « Elodie ! Elodie ! » ? Comment savent-ils que j'arrive ?

Il reste quand même une bonne petite trotte, que je parcours avec Bastien, avant qu'enfin nous les atteignions ! Nous avons droit à un triomphe. Franchement, c'est dément ! Le Vésubie Trail Club est vraiment le meilleur club au monde ! Je remercie infiniment mes amis. Leurs cris de loin et leur soutien me font un bien fou. Je repars bien mieux vers Utelle.

De ce village, au km43, je repars avec Emmanuelle et Magali. Les bénévoles à la sortie du village sont en extase « Oh une fille ! Oh deux filles ! Oh trois filles ! ». Trop drôle ! Nous sommes 3$^e$, 4$^e$ et 5$^e$ de la course.

Les deux me larguent assez vite mais je redouble Emmanuelle avant le Brec d'Utelle et retrouve Magali au Col d'Andrion. Même si j'ai toujours mal au ventre, si j'ai un peu de mal à manger (je dois me forcer, ce qui me fait horreur car j'ai dans mon sac mes

---

[51] Et m… Les fameuses patates douces ! Je ne sais que depuis récemment qu'elles sont très riches en fibres (plus que les patates par exemple). Très bonnes à la santé, mais à éviter en trail. Cependant à Samoëns elles étaient bien passées.

barres préférées et mes Dragibus adorés), je suis contente d'arriver au col en meilleur état qu'en 2015. Je ne m'arrête cette fois pas longtemps.

Au Tournairet, il fait enfin frais. Car depuis le départ, il fait chaud, chaud, chaud. Je n'ai pas cessé de transpirer, même de nuit ! Sans doute cette chaleur a-t-elle joué sur mon mal. Mais pas que. J'avais eu les mêmes sensations durant le Trail de la Rosière. Et depuis des mois j'ai parfois mal plus haut, entre les côtes, plutôt les lendemains de trails, et sur certains j'ai eu du mal à respirer. Je ne sais pas ce que j'ai. J'ai passé plein d'examens (radios, échographies, test d'effort, analyse de sang), fait plein de séances d'ostéo et kiné, rien n'y fait[52]. J'ai remarqué que c'est pire durant les jours avant mes règles. J'aurai celles-ci le lundi après l'UTCAM. Pas de bol !

A la pointe de Siruol, je rattrape la 2e femme ! Elle me dit, en anglais, qu'elle ne va pas bien. Je n'ose donc pas la semer. Mais quand on croise des bénévoles à qui elle dit qu'elle va bien, je la laisse tomber et la sème sans culpabiliser.

En réalité c'était la 3e femme car Magali l'avait doublée aussi, mais je double Magali dans la descente de Siruol, au lever du jour, en lui lançant : « Alors elle n'est pas géniale cette descente ?!

– Elle est horrible ! » me répond-elle, et nous rions.

J'arrive donc bien à Roquebillière. Quel plaisir d'arriver *chez moi* ! Sur mon nouveau terrain de jeu. Avec cette ambiance de lever de jour, je ressens une soudaine plénitude qui me transcende.

Puis je papote jusqu'au gymnase avec un coureur, avant d'enfin retrouver ma famille !

Mon chéri prend encore bien soin de moi à la base de vie. J'arrive à bien manger mon pain fait maison avec mon cher beurre de cacahuète. Cela me rassure, même si je ne suis toujours pas au top.

---

[52] Et donc, pour boucler la boucle, j'ai compris lors de ma formation en naturopathie que mes problèmes venaient de mes intestins (avec sans doute, un syndrome de Roemheld dû à un syndrome du côlon irritable), traumatisés par ma tourista en Inde puis toutes mes courses. Je les traiterai donc par la naturopathie, éliminant ce mal à jamais. Du coup, j'ai fait mon mémoire de fin de formation sur les Intestins du traileur (à lire sur mon site internet).

Je prends le temps de me changer, de faire le plein de tout ce qu'il faut. Je suis la seule à le faire apparemment. Je suis arrivée 2$^e$ femme au gymnase (!), j'en repars 5$^e$ (!!). Les autres filles s'arrêtent à peine ! Comment font-elles ?

Mon chéri et mes parents (ma tante est repartie chez elle[53]) m'accompagnent jusque devant la maison, au Vieux village. Puis je repars seule pour la montée à Belvédère, partie du parcours que je connais le mieux.

A Belvédère mon chéri et mes parents sont à nouveau là. Derniers encouragements avant la partie la plus dure ! Car il recommence à faire un peu chaud, et surtout ma douleur s'accroît. Je n'arrive plus du tout à manger. Je ralentis beaucoup. J'ai toujours des nausées et cette douleur qui ne veut pas me quitter. J'ai beau me mettre du spray aux huiles essentielles au niveau du diaphragme, manger un sucre arrosé d'huile essentielle de menthe poivrée pour arrêter les nausées, rien n'y fait. Je m'arrête parfois pour pleurer. Heureusement mon chéri m'envoie des sms, et je m'arrête un moment méditer pour me reprendre. Tout ça m'aide, mais temporairement.

J'arrive assez mal au Relais des Merveilles (km85). Mais j'espère qu'une bonne pause m'aidera. Je perds du temps (j'en avais gagné jusqu'à Roquebillière par rapport à mes prévisions, je reperds cette avance et prends même pas mal de retard ici), je perds des places. Mais tant pis. M'arrêter, ici où mon chéri, mes parents et ma tante (remontée dans la vallée) sont à nouveau avec moi pour m'aider, me fait du bien. J'arrive même à manger un peu.

Je finis par repartir. Mais l'idée d'abandonner prend de plus en plus de place dans ma tête.

Dans la montée à la Cime de la Valette de Prals, je me remets parfois à pleurer. Je n'en peux plus. Je n'ai plus envie. Je n'ai qu'un souhait : m'allonger. Au Relais des Merveilles, une coureuse que je connais m'avait conseillée de me concentrer sur le paysage.

---

[53] Ma tante Nadine vivait donc à Lantosque, dans la Vésubie, et c'est parce que j'allais chez elle que je suis tombée amoureuse de cette vallée, que j'ai ensuite fait aimer à mon chéri, et dans laquelle nous avons décidé de vivre. A peine nous y sommes-nous installés que ma tante est quant-à-elle descendue vivre sur la côte.

C'est ce que j'ai envie de faire, mais assise, sans bouger. En restant en haut de la montagne.

Et puis je me dis que ce paysage, je peux le voir quand je veux. Je suis dégoûtée car toutes les fois où je suis arrivée à la Cime de la Valette, même en faisant le Tour des Cantons en sortie trail où l'on arrive après une looooongue montée, même en 2015 pendant l'UTCAM, j'ai ressenti une bouffée d'adrénaline, un sentiment de liberté. Mes chères crêtes ! J'y arrive cette fois en pleurant. Je les trouve longues ! Et en plus d'avoir mal au ventre, j'ai aussi mal aux pieds ! Sous les pieds, à cause d'ampoules. C'est d'ailleurs cette douleur qui prend le dessus dans la descente dans le Vallon de la Madone. Je souffre terriblement.

Donc c'est décidé, j'arrêterai au Vallon de la Madone. Je n'arrive même plus à courir en descente avec ces ampoules. Je n'arrivais plus à monter à cause de mon ventre, je n'arrive plus à descendre à cause de mes pieds.

Et je n'arrive surtout plus à prendre de plaisir. Tout me paraît insurmontable. Et je n'ai plus envie. Tant pis, je ne suis pas une warrior. Je n'ai pas un mental qui me pousse à aller au bout quoi qu'il arrive. Si je cours, ce n'est pas pour gagner, ce n'est pas pour franchir des lignes d'arrivée. Je cours car j'aime ça. Je garde toujours le sourire car, malgré les difficultés, j'arrive à profiter du meilleur. Mais quand je n'y arrive plus, j'arrête, car je ne suis pas masochiste. S'il n'y a plus de plaisir, il n'y a plus d'intérêt.

Donc quand mon chéri me rejoint juste avant le ravito, je lui annonce mon abandon, et nous descendons tranquillement rejoindre les bénévoles pour leur annoncer ma décision puis retrouver le reste de ma famille.

Je ne sais pas si je referai l'UTCAM. En fait peu importe pour l'instant. Il faut que je me soigne. Et puis on verra. Je n'ai pas été dégoûtée du trail ni de l'ultra-trail. Au contraire, je me remets à rêver du Tor et aussi de l'Ultra Tour du Mont-Rose.

Je suis déçue bien sûr. Evidemment, je me demande si je n'aurais pas pu continuer. Mais quand je pense au fait que j'avais toujours mal au ventre par moment même deux semaines plus tard, je me dis que ça ne valait pas le coup de me bousiller.

C'était quand même une super expérience. J'ai vécu des moments merveilleux comme sur chaque ultra : la Madone avec le

VTC, chaque moment avec mes parents et mon chéri, les paysages, les chouettes descentes, les bonnes sensations, ma playlist extra, les échanges avec les autres filles, les autres coureurs et les bénévoles aux petits soins, tous les messages que j'ai eu sur Facebook, même après pour me réconforter d'avoir abandonné.

Vive les ultras et vivement le prochain !

*Parcours* : *Nice – Mont Chauve – Mont Férion – Levens – Madone d'Utelle – Utelle – Col d'Andrion – Tête de Siruol – Roquebillière – Crêtes des Terres rouges – Relais des Merveilles – Cime de la Valette de Prals – Vallon de la Madone de Fenestre – Cime du Pisset – Le Boréon – Mont Archas – Mont Pépoiri – La Colmiane – Venanson – St-Martin-Vésubie*
*Résultats* : *DNF, dans le vallon de la Madone où j'ai abandonné (km97) : environ 22h25*

## 6 avril 2019 : *One&1*, Vence – Tourrettes-sur-Loup, 85km, 4700m de dénivelé (21km et 1438m pour nous)

En ce samedi matin, alors que nous avions dormi chez Nadine à Nice la veille, mon chéri et moi prenons le départ de la One&1, en duo.

Départ à 6h du mat de Vence, c'est parti pour 54,4km (et 3000m de dénivelée) pour rejoindre Gourdon où nous devions camper avant le deuxième jour qui nous aurait ramenés en 28km à Tourrettes-sur-Loup.

Le départ est rapide comme toujours et je ne me sens pas au top de ma forme dans la première montée. Mais en haut, sur le Baou des Blancs, je me sens mieux. Le jour se lève, c'est beaaauuu ! Je suis mon chéri.

Dans la descente sur St-Jeannet il est difficile de doubler et on se retrouve derrière des « handicapés de la descente » (désolée je suis médisante). Mon chéri me sème en voulant prendre de l'avance sur un plat mais où moi je me fais doubler. Pas grave, on se retrouve au premier ravito à St-Jeannet.

Là, on nous donne un casque et c'est partie pour la Via Ferrata, à la queue leu leu, dans les bouchons. On met une heure trente pour gagner le sommet des Baous, au lieu de trente minutes normalement ! On prend bien froid à cette allure mais la vue en haut (et l'accueil des spectateurs et accompagnants) est super ! On a droit à une belle photo de notre amie Violette.

Mais c'est dans la descente qui suit, au 12ᵉ km environ, que je trébuche durant une seconde d'inattention (en enlevant mon casque pour faire comme mon chéri). Je plonge en avant, en plein sur un arbre que je me prends dans les côtes (ils sont violents les arbres, là-bas !).

On repart doucement après que mon souffle coupé sur le coup reprenne sa cadence normale. Mais ma cadence à moi ralentit car j'ai un peu mal. On décide d'aller jusqu'au ravito au 20ᵉ km. Mais je cours toute de travers, ai perdu toute ma souplesse dans les petites descentes, suis obligée de marcher souvent, et les huit kilomètres que l'on parcourt ainsi deviennent interminable sur cette partie du parcours ultra roulante.

Du coup on décide d'abandonner. On va voir à Gourbel les secouristes qui me disent que je n'ai rien de cassé et me soulagent avec une poche de froid. Puis on va au ravito en attendant le passage de tous les concurrents.

Ce ravito n'est composé que de « cochonneries » (biscuits, chocolats de Noël, confiture maison, céréales de petit déjeuner, etc.) amenés du fond des placards des bénévoles qui le tiennent devant leur maison, car tous les produits bios qu'il devait contenir ont été mangés (même si j'appelle cela des « cochonneries », c'est gentil aux bénévoles de puiser dans leurs réserves au lieu de juste annoncer aux coureurs qu'il n'y a plus rien ! En plus, certains coureurs sont ravis de ce qui leur est servi). Alors qu'on doit attendre deux heures que tout le monde arrive !

On part alors avec sept autres abandonneurs dans la navette pour Gourdon, au camp, où on profite d'une douche (j'y croise Katie Schide, qui a déjà fini l'épreuve !), de bières et du ravito ici extra, en attendant l'arrivée des coupains du VTC. Nos amis Sté et Audrey arrivent sous la pluie (en s'étant même pris la neige !).

On décide alors de ne pas rester dormir au camp et de rentrer au chaud, n'ayant pas envie de se taper la pluie toute la soirée et la nuit sachant qu'on ne pourra pas courir la deuxième étape le lendemain.

Ce fut tout de même une super journée avec mon chéri, des paysages sublimes et les coupains du club !

*Parcours* : *1ᵉ jour : Vence – Saint-Jeannet – Gourbel – Gourdon*
*2ᵉ jour : Gourdon – Tourrettes-sur-Loup*
*Résultats* : *DNF, à Saint-Jeannet : 74ᵉ /171 équipes*

## 26 mai 2019 : *Trail de Rimplas*, Rimplas, 19km, 1500m de dénivelé (12km et 1000m pour moi)

Après la peine sur le KV de Tres Crous une semaine plus tôt, je ne me sentais pas d'attaque pour Rimplas. Dommage, car cette année le niveau était bas chez les filles sur le 20km. Mais je sais que je ne ferai pas de podium dès l'échauffement où je me sens déjà flagada. Et dès le début de la course je peine, me retrouvant très vite dans les derniers.

Au début du retour de la boucle de la Couletta, je regarde le chemin de l'aller, en bas, et n'y voit personne ! Il doit y avoir à peine quatre ou cinq personnes derrière moi ! Et très vite les personnes devant me sèment. Du coup je me retrouve sans lapin. Et je me sens faible comme lorsque je manquais de fer.

Je repense à mes dernières analyses de sang et à mon taux d'haptoglobine trop bas[54]. Aurais-je vraiment une anémie hémolytique ? Et si je manque de globules rouges, est-il bon que je continue cette course, sachant que j'aimerais accueillir prochainement un bébé dans mon ventre ? Du coup je passe en mode rando.

Je suis encore plus lente dans la montée dans la forêt que sur le KV de Tres Crous. Du coup je pense à l'abandon. Genre quand je croiserai mon chéri, lorsqu'il aura fini de descendre le Mont Giraud avant que moi je ne grimpe celui-ci.

Mais à la bifurcation avec le petit parcours, les contrôleurs me suggèrent de basculer dessus. Bonne idée ! Je m'élance donc sur la descente qui se passe bien, même si je dois dire à tous les bénévoles que je ne suis pas 1ᵉ, que j'ai basculé sur le 12km.

Mais à l'arrivée je suis déçue, car je ne pourrai pas être classée sur le petit. Même si je comprends, je le regrette et pleure un peu jusqu'à l'arrivée de mon chéri.

---

[54] Apparemment l'origine pourrait être mécanique et fréquente en course à pied. Mais sur le coup, j'ai un peu réagi en mode hypocondriaque.

Mais je suis contente d'avoir pris cette décision. Je peux comparer mon temps avec le classement du petit parcours, et je n'ai pas poussé trop loin. Je me suis préservée et j'ai bien fait.

Mon chéri arrive plus mort que moi, mais tout ceci ne nous empêche pas de profiter des amis et de la bonne humeur de ce super trail ! Sommet du Giraud et ta super descente, je vous retrouverai !

<u>*Parcours*</u> *: Rimplas – boucle de la Couletta – Vacherie de Rimplas – Mont Giraud – Vacherie de Rimplas – Rimplas*
<u>*Résultats*</u> *: 2h02, DNF, mais j'aurais pu être $27^e/67$ et $5^e/23$ F si j'avais pris le départ du 12km (Jonathan 3h05, $26^e/63$)*

*Quatre jours plus tard... je suis enceinte ! A croire que psychologiquement, je l'étais déjà lors de la course.*

*Un nouveau monde s'ouvre alors à moi, une nouvelle passion. Je suis allée jusqu'à faire une formation de Doula de dix mois tant j'ai aimé la maternité et la périnatalité.*

*A ce propos, quel point commun pouvons-nous trouver entre un ultra-trail et un enfantement ?*

*Aucun n'est source de souffrance tant que tout est normal.*

*Dans les deux cas, on vit une expérience intense, enrichissante, initiatique. Et dans les deux cas, le corps réalise un miracle.*

*Dans les deux cas, tant que tout se passe bien, on n'a besoin que d'être nourrie, hydratée, peut-être massée, et soutenue si besoin. Mais pour un enfantement on n'a pas besoin d'être orientée (on l'est par les sensations, l'instinct et bébé). Pourtant pour un enfantement, on a besoin encore davantage de savoir où on va (ce qui nous attend), en amont.*

*Dans les deux cas on perd la notion du temps.*

*Au niveau psychologique, un ultra-trail demande plus d'effort. Un enfantement, c'est passif, il faut juste laisser le corps faire. Alors qu'en ultra-trail, chaque nouveau pas est issu de la volonté de l'esprit.*

*Mais au niveau physique, l'effort est bien plus grand pour le corps lors d'un enfantement, durant lequel l'utérus devient le muscle le plus puissant du corps humain ! D'ailleurs, il est plus long de se remettre d'un enfantement que d'un ultra-trail.*

*Mais pour ce premier, le cadeau finisher est bien meilleur !*

*Mon arrivée dans le vallon de la Madone lors de l'UTCAM en 2017, où j'ai abandonné*

# Chapitre 11 : Les opposés

*Certains fardeaux se portent sans peine, mais d'autres demandent beaucoup d'efforts. On peut redouter l'avenir ou s'en moquer, craindre les coups du sort ou voir la vie en rose, mais rien de tout ça n'a d'importance tant qu'on est en mouvement. C'est une bonne chose de se poser des questions, mais c'est l'action qui compte.*
*Rien ne vaut le mouvement, la course.*
**Scott Jurek**

À une période de ma vie, celle durant laquelle j'étais la plus performante, j'ai été sponsorisée. Un coureur des Alpes-Maritimes avait monté une petite team et nous avait trouver des sponsors, dont le principal était la marque Akammak, produisant des vêtements techniques. A cette époque, je me mettais une pression monstre. Et je gagnais. La team n'a pas duré longtemps, et j'ai arrêté de progresser. Mais cela ne m'a pas embêtée. J'ai cherché autre chose : la longueur, les hauteurs, et d'autres supporters...

## 8 février 2015 : *Trail des Neiges*, Castérino, 8km, 150m de dénivelé

Première course avec la Team Akammak qui me demande de faire un top 5, et vertiges en me levant le matin qui m'obligent à m'agripper à l'échelle quand je descends de ma mezzanine et qui perdurent jusqu'au départ de la course (mais que m'arrive-t-il ?) [55]... De quoi stresser, quoi !

Arrivée à Castérino bien en avance, je fais la connaissance de Laurent et Cédric de ma team, m'échauffant même avec eux. Stéphane et Guillaume sont là aussi, rendant la team au complet.

---

[55] A l'époque j'avais le syndrome du REDs (déficit énergétique relatif dans le sport) ; je ne mangeais pas assez par rapport à mon volume d'entraînement. Je souffrais d'aménorrhée et de fréquents vertiges. Mais mes performances n'en étaient pas affectées, c'est pourquoi j'ai mis du temps avant de me soigner (plante pour redémarrer mon cycle, diminution du sport et augmentation des calories).

Pour marquer le coup – et parce qu'en plus, au retrait des dossards, en cherchant mon nom dans la liste des inscrits, je me suis vue tout en haut, dossard n°2 (après le n°1 Sylvain Camus !), comme si je faisais partie de l'élite[56] –, je me place très près de la ligne de départ. Grave erreur, les gens partent à toute vitesse et manquent m'envoyer dans le décor.

Mais je démarre à fond aussi, musique dans les oreilles, motivée. OMG ! La neige est fraîche, on s'enfonce, c'est terrible. Cardio à fond, mon cœur va exploser. Mais je m'accroche. Ma musique m'aide. Je me concentre sur le placement de mes pieds pour m'économiser. Je ne lève que peu la tête, que pour des photos et – quand même – pour remarquer que les montagnes sont belles et qu'il doit y avoir moyen de faire des chouettes randos à ski dans le coin.

Je me retrouve assez vite sans fille devant moi. Presque obligée de croire que je suis première quand je vois des gens m'encourager avec grand enthousiasme. Quelle ambiance, énorme !

Le soleil tape, je transpire et réalise que je n'ai pas mis de crème solaire et dois être en train de cramer. L'heure passe lentement, c'est duuuuuur !

Mais l'arrivée est là, je coupe la musique et entend qu'effectivement je suis la première femme. Je suis trop contente !

Ouf, je mérite ma place dans l'équipe Akammak ! Car le podium homme est entièrement Akammakien. La classe !

Une bière, un petit casse-croûte fait d'une barre et de fruits secs, partagés avec mes amis d'OVS[57], avec lesquels nous partons sur la seule piste de ski de fond que nous n'avons pas pourrie le matin, mais que d'autres (coureurs s'échauffant, marcheurs) ont quelque peu abîmée, nous contraignant à faire de l'alternatif plutôt que du skating. Pas grave – et même malgré le froid et mon enrhumement habituel d'après course intense et glaciale – nous nous amusons comme des fous.

Je rentre chez moi naze mais trop contente de ma journée !

*Parcours : tours sur les pistes de ski de fond*
*Résultats : 1h01, 59$^e$/338, 1$^e$/101 F*

---

[56] Tout est relatif ; on est sur une petite course départementale.

[57] Dont mon futur mari

## 2 septembre 2018 : *Trail Per Cami*, Belvédère, 27km, 2100m de dénivelé

Quand j'ai commencé le trail, je me disais parfois « mais qu'est-ce que je fous là ? Je serais mieux affalée sur mon canapé ! ». Depuis quelques temps (années, même), je ne me le dis presque jamais. Mais je regrette parfois le temps où je n'avais pas la pression de gagner. Quand je ne pensais même pas avoir une chance et faisais ma petite course tranquilou bilou. J'ai retrouvé ça et j'ai *adoré* !

En effet, à J-4 de mon UTMR, mon objectif était de ne pas me fatiguer. Je voulais juste tester ce parcours jamais fait et me classer au Challenge de la Vésubie.

Pour cela, je pars tranquille avec les bâtons de mon chéri. J'arrive à la Cime de la Valette de Prals en ayant l'impression d'être montée en mode rando et en profitant à fond du paysage, miagnifique. Je range là les bâtons et fais la première descente assez tranquillement aussi. Résultat : j'attaque la deuxième montée en forme. Ayant la flemme de ressortir les bâtons, je monte plus vite (eh oui). Puis j'attaque la descente, et là, l'absence de fatigue, l'effet compétition (en doublant deux femmes), l'adrénaline et l'effet descente me font accélérer et finalement caler comme d'habitude.

Oups !

Sur le bitume après le pont du Frêne, je me sens super bien, genre en me sentant de repartir pour un deuxième tour. Résultat (n°2) : j'arrive sans fatigue et en ayant trop profité de la course.

Trop contente, j'ai trouvé ça *génial* ! C'est là que notre amie du club Audrey me dit « Ah mais tu es arrivée après Jonathan ?! »

– Oui je l'ai fait en mode cool.

– Ah ben il est arrivé il y a deux minutes ».

Ah, m... Je vais me faire engueuler.

Je vois mon chéri qui se retourne, me voit, et... m'engueule ! Mais je ne me sens pas fatiguée, et suis ainsi classée $2^e$ femme au Challenge, derrière Audrey. Mon chéri fait $1^e$ senior du Challenge ! Je suis trop fière ! Encore une journée trail extra ! Et je me sens au top pour l'ultra.

*Parcours* : *Barver – Cime de la Valette de Prals – St-Grat – Terres Rouges – Croix de Suocle – Pont du Frêne – Barver*
*Résultat* : *4h26, $41^e$/94, $4^e$/14 F (Jonathan 4h24, $37^e$ )*

*Trail de Castérino en 2015 (photo de Damien Fichel)*

*Trail Per Cami en 2018 (photo de Violette Corona)*

# Chapitre 12 : En assistance

*L'aventure : un événement qui sort de l'ordinaire, sans être forcément extraordinaire.*
**Jean-Paul Sartre**

*C'est mon mari qui me l'a suggéré : « Et mes ultras à moi ? Tu pourrais raconter ton assistance ». J'ai adoré l'idée ! Sauf que je n'avais hélas jamais écrit le récit de mes assistances... Mais en réfléchissant, je me suis rendu compte que je me souvenais pas mal de son dernier ultra-trail. J'en ai donc rédigé le déroulé, de mon point de vue. Celui-ci n'est pas aussi précis que si je l'avais écrit tout de suite après, et je m'en excuse. Mais je pense que l'histoire vaut le coup d'être lue...*

## 24 septembre 2022 : *Nice Côte-d'Azur by UTMB 100K*, Roubion – Nice, 111km, 5240m de dénivelé, pour Jonathan

Vendredi 23 septembre après-midi, nous voici à Roubion, très joli petit village des Alpes-Maritimes situé à 1300m d'altitude. Malgré qu'il ne soit qu'à environ une heure trente de route de chez nous, nous sommes venus en cette veille de course et avons réservé un petit appartement en plein centre du village, à deux pas et demi du départ. Car la route pour venir est très mauvaise et le départ très matinal.

On se demande pourquoi ce nouvel ultra by UTMB a choisi Roubion comme départ. C'est riquiqui, il n'y a pas de quoi héberger autant de coureurs. Mais ceux-ci sont en fait à Nice, et l'orga a prévu des navettes pour les acheminer ici. Je plains les chauffeurs, avec cette route si étroite et tournicotante ! Et je plains aussi les coureurs, de se lever si tôt pour avoir la gerbe pendant deux heures juste avant de prendre le départ de leur 100K !

Mais nous, on est bien, on profite du paysage et d'une bonne crêpe au village, avec notre fils qui a alors deux ans et demi, et notre fille... dans mon bidon. Je suis enceinte de cinq mois et demi.

Après un dîner préparé au gite et une bonne mais courte nuit de sommeil, mon chéri se lève seul pour son petit déjeuner. Charlie et moi avons prévu de nous lever juste avant le départ et prendre notre petit déjeuner tranquillement après. Sauf que le départ est retardé. Une des navettes n'est pas arrivée. Mon chéri rentre même à l'appartement, car en plus, il pleut des cordes. Du coup Charlie et moi petit-déjeunons, puis nous retournons tous ensemble, bien couverts, au départ. Les coureurs et spectateurs s'abritent comme ils peuvent autour du sas minuscule.

Le départ est finalement donné à un peu plus de 7h, avec plus d'une heure de retard !

Mon chéri s'est stratégiquement mis en avant du peloton et part vite, car, après un faux-plat descendant sur route, le parcours plonge directement dans une bonne descente en single. Le but est donc d'éviter les bouchons. Mais quand on a 100km à faire (et qu'on n'est pas chaud avec la pluie et l'absence d'échauffement), sprinter n'est pas facile ! Mais mon chéri y va ; l'aventure commence !

De notre côté, Charlie et moi rentrons tranquillement vider l'appartement, amener les sacs à la voiture, et rendre les clés du gite. Après quoi, on the road again! Nous voici sur la petite route qui descend de Roubion à Saint-Sauveur sur Tinée. Je déteste conduire mais il va falloir, et pas qu'un peu !

Malgré qu'on ait pris notre temps, on se retrouve quand même, sur les dernières épingles, bloqués par des bénévoles pour laisser passer les derniers coureurs.

Nous devons également en laisser certains traverser la route à Saint-Sauveur, avant qu'ils n'aillent attaquer la montée sur Rimplas. On ne voit pas mon chéri, qui est déjà dans celle-ci.

Nous allons quant à nous directement à Valdeblore, où nous pourrons faire l'assistance à mon chéri.

Au gymnase, le parking est minuscule mais une voiture part quand j'arrive, et me laisse ainsi une place, et toute proche de la base de vie en plus. Parfait ! Car avec la pluie, un gros sac, un gros bide et un enfant (qui marche, heureusement), c'est sportif pour moi aussi !

On s'installe tranquillement dans le gymnase en attendant mon chéri, qui arrive trempé ! Mais en bon Breton, la pluie ne lui fait pas peur, et il a le sourire. Charlie lui fait la fête, et une fois son papa restauré et prêt pour la suite, accompagne celui-ci vers la sortie. L'aventure continue !

On ne retrouvera pas Jonathan avant Utelle, et donc une longue portion pour lui, sur les crêtes de Siruol, Andrion, etc., qu'on connaît maintenant bien, au-dessus de la maison. Notre route à nous passe d'ailleurs par celle-ci, où on peut donc s'arrêter, pour manger à midi, faire sécher quelques affaires devant le radiateur (allumé pour la première fois en ce tout début d'automne) et récupérer quelques trucs.

Nous partons ensuite pour Utelle, à l'heure de la sieste de Charlie qui s'endort dans la voiture. Cette fois je ne trouve pas de place pour me garer près du ravito, et galère à faire un créneau (je déteste les manœuvres en voiture !) pour me poser au bord de la route plus loin. L'avantage est que d'ici, je vois les coureurs au loin entrer dans le village. Je pourrai donc voir mon chéri arriver. Car Charlie dort toujours, je suis bloquée à la voiture.

C'est d'ailleurs assez stressant. Je ne cesse de regarder un coup au loin, un coup dans la voiture. Sous mon parapluie car il pleut toujours. Quand mon petit chou se réveille enfin, je le chope, prend le sac, et me voilà à courir à moitié dans les rues d'Utelle, à porter tout ça avec mon gros bidon et sous la pluie (la tarée !).

J'adore faire l'assistance, mais j'avoue, je suis souvent stressée à l'idée de louper mon coureur préféré.

Mais on arrive au ravito avec finalement un peu d'avance. Mon chéri y arrive toujours aussi mouillé mais souriant, et toujours sous les acclamations de son fils.

Après le départ de notre héros, je décide de traîner un peu, d'attendre l'arrivée de Georges qui fait le 100M. Charlie et moi allons même à sa rencontre à l'entrée du village, et, à son arrivée, l'accompagnons jusqu'à la base. Georges a le sourire lui aussi, malgré les difficultés (la pluie, et surtout la boue qu'elle a occasionnée). Mais je n'attends pas qu'il reparte pour reprendre la route, ayant peur de ne pas arriver à temps à Levens.

Je déteste la route qui permet d'atteindre ce prochain village ! Elle est encore plus étroite que celle menant à Roubion, et tourne encore plus ! Et je stresse encore plus en étant avec mon fils.

Mais tout se passe bien, et je trouve facilement de la place pour me garer près de la base de vie.

Sauf qu'à peine garée, je reçois un coup de téléphone... de mon chéri, qui y est déjà ! Oups ! Me revoilà à speeder avec tout à porter ! Mais mon chéri n'est pas si pressé, a profité de ce temps d'attente pour manger. Il va toujours bien, le moral au beau fixe. Et il repart sans pluie.

Nous aussi repartons, direction Tourrette-Levens ! Cette fois la route est moins horrible, et surtout plus courte. Mon chéri fera de sacrés détours pour nous rejoindre là ! Le parking à côté du gymnase est immense, donc pas de problème non plus pour se garer.

Comme on a le temps, Charlie et moi partons dîner... au resto ! Pas beaucoup de choix dans ce petit village, et celui que je trouve est du coup blindé. Je dois attendre pour avoir une table, et nous devons nous mettre en terrasse. Heureusement couverte, et nous avons de bonnes vestes. Naturopathie de côté, je commande une assiette de frites pour Charlie, et des bruschettas pour moi (non, non, je ne me rappelle pas de ce détail, mais j'ai des photos de mon plat !).

Nous avons ensuite même le temps d'aller dormir dans la voiture. Avec la tétée, Charlie s'endort sans peine. Moi je somnole comme je peux, aidée pour cela par les hormones de grossesse (et ma grande fatigue).

Reparti un peu avant 19h de Levens, mon chéri arrive un peu après minuit à Tourrette-Levens !

Réveillée en avance, en mettant Charlie dans la poussette, en allant déposer le sac au ravito en avance (je croise là Sté et Célia du club, qui viennent de faire l'assistance à Audrey qui est sur le 100M également, et qui vient de repartir ; je suis déçue de l'avoir manquée), je vais un peu à la rencontre de Jonathan, et le vois arriver avec notre copain du club Vincent.

Il est fatigué mais a toujours le moral. Il gère super bien cet ultra ; je suis fière de lui !

Il ne traîne d'ailleurs pas à ce ravito. Une nouvelle bonne portion l'attend, beaucoup plus roulante, mais la dernière ! Encore 26km (quand même !) et l'arrivée sera là.

Pour nous aussi c'est la dernière portion, de route. Ouf ! Je n'en peux plus de conduire. Mais cette portion est facile, même dans la ville (je déteste conduire en ville), qui est déserte à cette heure.

Je rejoins le parking... d'un hôtel proche de la Promenade des Anglais. J'aurais pu aller chez ma tante, mais elle habite trop loin de l'arrivée (à peine serais-je arrivée chez elle qu'il aurait fallu repartir), nous avons préféré réserver un hôtel (malgré les tarifs niçois). Charlie s'est endormi dans la voiture. Pauvre choubidou ! Je le dépose le plus doucement possible dans la poussette, dans laquelle il se rendort aussitôt. Du coup, arrivée dans la chambre (le personnel de l'hôtel est adorable, me recevant très bien malgré mon arrivée en pleine nuit[58]), je le laisse dans sa poussette pour dormir. Malgré ma fatigue, je prends une petite douche avant de plonger dans les draps.

Comme toujours en assistance, je ne dors jamais vraiment profondément, me réveillant pour checker le suivi live, savoir où il en est et à quelle heure il est prévu au prochain point de rencontre. Et comme (presque) tout le temps, je me rends à celui-ci en avance.

Il fait toujours nuit quand je repars, avec Charlie dans la poussette, à l'arrivée, à dix minutes à peine à pied de l'hôtel. Je ne me rappelle plus à quel moment Charlie s'est réveillé (j'ai une photo de lui avec moi sur le lit à l'hôtel, donc il n'avait pas dormi tout le long dans la poussette), mais en tout cas, là, il est bien éveillé, attendant avec moi son papa, le réclamant.

Heureusement il ne pleut pas. Car nous sommes arrivés *vraiment* en avance. Mais Charlie ne râle pas, et nous ne sommes pas seuls à attendre un coureur. Une autre assistante hallucine quand je sors « ça y'est, papa arrive ! » alors qu'il est encore très loin. Eh oui, je le reconnais de loin, mon chéri !

Quand il n'est plus bien loin, Charlie court à la rencontre de son papa, et passe la ligne d'arrivée sur les épaules de ce dernier.

Qui finit ainsi en beauté – et en moins de vingt-quatre heures – cet ultra bien humide. Bienvenue sur la Côte-d'Azur ; les participants venant de loin ont dû être bien dégoûtés par le temps ! J'avais trouvé chouette de faire l'inverse, mais – malgré tout – partir des montagnes pour atteindre la mer devait être chouette également !

---

[58] Je le souligne car les Alpes-Maritimes ne sont pas réputées pour leur accueil.

Mon chéri ne veut pas traîner. Il préfère profiter au maximum de la chambre qu'on a payée. Nous retournons donc rapidement à l'hôtel, pour qu'il profite d'une bonne douche, d'un bol de CHOCAPIC (il n'y a droit qu'à chaque fin d'ultra) et d'un peu de sommeil (Charlie ne dort pas, donc moi non plus). Nous irons ensuite profiter du petit déjeuner buffet avec vue sur la mer, puis nous balader dans Nice, avant de remonter dans nos montagnes, nous reposer enfin vraiment.

Je crois que ça a été « mon » ultra le plus fatigant !

<u>Parcours</u> : *Roubion – Roure – Saint-Sauveur sur Tinée – Rimplas – Valdeblore – Caïre Gros – Col d'Andrion – Brec d'Utelle – Utelle – Cros d'Utelle – Levens – Mont Férion – Plan de Couthon – Mont Cima – Tourrette-Levens – Baisse de Bordinas – Drap – Plateau de la Justice – Aire Saint-Michel – Mont Vinaigrier – Mont Boron – Nice*
<u>Résultat</u> : mon chéri 23h35, 194$^e$/704 (479 arrivants)

*Que raconter d'autres de mes aventures d'assistance ? Sur l'Ultra-Trail Verbier Saint-Bernard, je lui avais fait la surprise d'être là à la Cabane d'Orny, refuge en pleine montagne ! Pour l'atteindre (et surtout, y arriver avant lui), j'avais pris un télésiège puis étais montée en trottinant. Plus tard, j'étais montée à la Chaux, dernier col de l'ultra, et avais dû descendre en quatrième vitesse pour récupérer la voiture et le retrouver à l'arrivée. J'y étais arrivée à peine quelques minutes avant lui !*

*Sur la TDS, ma maman m'avait accompagnée à partir de Bourg-Saint-Maurice (où j'avais eu le temps de passer chez mes parents). Je me rappelle que je n'avais pas du tout aimer conduire de nuit, entre le Cormet de Roselend et les Contamines, puis des Contamines à Chamonix. On avait eu le temps de dormir un peu dans la voiture dans le parking à Cham, avant d'aller attendre mon chéri à l'arrivée, avec un petit déjeuner fait de pain et beurre de cacahuète ramenés exprès. Au départ de cet ultra (à 6h du mat, donc), j'avais acheté une casquette ~~ridicule~~ saharienne à mon chéri dans un magasin de Courmayeur, que je lui avais donné de suite lorsqu'il était passé devant moi en courant.*

*En 2016, je l'avais assisté sur son UTCAM, et il avait abandonné comme moi au Vallon de la Madone (ce vallon doit être maudit !).*

*J'aurais également pu écrire un chapitre intitulé « En tant qu'organisatrice », mais là encore, je n'en ai jamais fait le récit. J'aurais raconté les contraintes administratives, les galères pour trouver des bénévoles, les difficiles recherches de sponsors, la frustration de ne pas se lancer sur un KV sur lequel on voulait à la base participé mais que personne ne voulait organiser, le stress quand tous les ans des gens débalisent les parcours, avec une année – celle durant laquelle le VTC est venu, en plus ! – marquée par des coureurs perdus, et une durant laquelle les débaliseurs ont rebalisé vers un ravin (si nos bénévoles n'avaient pas rectifié avant le passage des coureurs, on aurait pu avoir des morts !).*
*Mais j'aurais également raconté les bons moments en haut du Fort 2000, arrivée de notre KV, où madame Pichot nous préparait la polenta, les rigolades avec les bénévoles (qui s'envoie des pics via les talkies-walkies), les retours positifs des coureurs, les performances inoubliables (comme la Néozélandaise qui avait gagné le KV... au scratch !), etc.*
*Organiser des courses (surtout quand on n'a pas toute une équipe pour le faire !), c'est du travail (non rémunéré, en plus), du temps, des prises de tête, etc., mais récompensés par de nombreux échanges et de multiples sourires sur les aires d'arrivée.*

*Jonathan sur le Nice by UTMB, et son équipe d'assistance :*

Roubion, Charlie et moi au départ, retrouvaille à Valdeblore, retrouvaille à Utelle, petit somme dans la voiture à Tourrette-Levens, avec Vincent au même endroit, Charlie qui part retrouver son papa à l'arrivée, et qui passe la ligne sur ses épaules, la récompense gourmande à l'hôtel

# Chapitre 13 : Le Tor des Géants

*Toute la fascination d'une ascension réside dans l'atteinte d'un objectif qu'il soit physique ou visuel.*
*La satisfaction est d'autant plus grande lorsque l'ascension demande des efforts et de la concentration.*
*Le motto « Faire et défaire en permanence » semble tout à fait approprié, atteindre le sommet, descendre la montagne puis remonter à nouveau.*
*Un mantra que répètent les concurrents du Tor des Géants.*
**Stefano Torrione, Paola Pignatelli**

Et le voici, le tant attendu, celui qui mérite un chapitre à lui tout seul, le…

## 12 septembre 2021 : *Tor des Géants*, Courmayeur (Italie), 352km, 25 000m de dénivelé

### Le départ :

Il est 9h30. Je suis dans le sas de départ… du Tor des Géants ! Je n'en reviens pas d'être ici ! Je suis sur le point de réaliser un de mes plus grands rêves.

Mon chéri est là avec mon bébé[59], et Georges, notre copain membre du Vésubie Trail Club (le meilleur club au monde) qui participe également. Ce dernier ne prendra le départ que dans deux heures. Avec le covid, le départ se fait en deux vagues, selon notre indice de performance établi par l'ITRA. Je suis dans le groupe « des forts ».

Départ dans trente minutes, je suis posée sur ma chaise pliante, amenée par mon chéri pour que je ne me fatigue pas. Il pense à tout ! Au bout de quinze minutes, je commence à me lever mais il m'oblige à me rasseoir. Mais j'ai envie d'y aller, moi !

Finalement le départ arrive vite. Ça y est, c'est parti pour 350km et 25 000m de dénivelé ou plus (selon les sources).

---

[59] Charlie a alors un peu plus de 18 mois.

La musique de *Pirates des Caraïbes* résonne (la même que pour la TDS, ça doit être la musique des départs de Courmayeur), puis le décompte. Ouiiiiiii ! On y va, on s'élance, c'est partiiiiiii !

On commence par courir dans les ruelles puis sur la route, dans la descente de Courmayeur. Je revois mes chéris et Georges qui ont pris un raccourci. Charlie fait une tête bizarre, se demandant sans doute ce qu'on fait à tous courir ainsi.

Les spectateurs sont nombreux, l'ambiance est délirante.

Au niveau du gymnase, la route devient faux plat montant, je marche. Ce n'est pas le moment de se fatiguer. Je cherche mes parents du regard car ils m'avaient dit qu'ils viendraient me voir à Dolonne, à la sortie de Courmayeur (suivant l'exemple des parents d'Audrey il y a deux ans, son livre *Au cœur des 4 Géants* étant un peu notre référence à tous). J'entends « Elodie ! » mais ce n'est pas leur voix. C'est le randonneur du Grand Capelet ! Durant ma dernière sortie longue, deux semaines avant le Tor, j'avais croisé au sommet du Grand Capelet un gars qui m'avait dit avoir fait le Tor et qui vient cette année suivre un ami coureur. Je le croiserai plusieurs fois durant le parcours, souvent au beau milieu d'une descente lorsqu'il viendra à la rencontre de son ami. Cela fait plaisir d'avoir des encouragements à des endroits inattendus.

Finalement j'atteins la fin de la route. Je me dis que mes parents ont dû changer d'avis et décider d'aller directement à la Thuile.

Eh non, les voilà, juste avant le départ du sentier !

Ma mère est très émue. Mon père me dit : « Mais tu n'as pas de bâtons ? », « Il est bien lourd ton sac ». Ah, mes parents ! Que je suis heureuse de les voir.

Mais allez, il faut quand même y aller. Je me glisse dans la file et attaque vite la montée. Avec le départ en deux vagues, l'entonnoir pour accéder au sentier n'est pas bien grand. Et comme je me suis mise plutôt à l'arrière du groupe « des forts », je me retrouve avec des personnes de mon niveau et l'allure me correspond parfaitement (car impossible de doubler dans ce single).

Cette première montée est agréable, ni trop raide ni trop douce, d'abord en forêt, puis sur un beau plateau où on aperçoit le col.

Je dois déjà m'arrêter au petit coin. Heureusement, il y a de quoi se cacher. Je quitte la file, vais faire mon petit pipi, et reviens me glisser dans la queue leu leu, juste derrière Robert (il y a nos noms sur chacun de nos deux dossards dont l'un doit être mis sur notre sac).

Quelques minutes plus tard, me voici au 1$^e$ des 25 cols du Tor, le Col d'Arp à 2571m (*km8*). Il nous offre une vue superbe sur le Ruitor et son glacier, sous lequel se trouve notre prochaine destination (refuge Deffeyes). C'est beau !

J'attaque la première descente en y allant tranquillement, mais en courant, en déroulant, et... en doublant.

Après pas mal de dénivelé, j'aperçois la Thuile, que je gagne après un chemin en balcon puis une dernière descente.

**Un endroit connu :**

Je suis en terre archi connue. D'ailleurs, je passe devant le resto dans lequel on a mangé l'an dernier avec notre copain Phil, après s'être baladés au lac d'Arpy.

Après quelques ruelles, je vois mon chéri et mon bébé chéri ! Même si je ne suis partie que depuis trois heures trente, je suis contente de les voir. A peine me voit-il que Charlie sort : « Tététée ?! ». On entre ainsi dans la zone d'assistance avec notre chanson « Ah té ♫, tététée ».

Avec le covid, les zones d'assistance sont séparées des ravitaillements. Ici, elle ne comporte que des tables. Même pas de chaise ! Mais mon assistant parfait a pris la chaise pliante. Il me l'installe, je me pose, prends mon bébé, soulève mon t-shirt et... Charlie change d'avis et se débat pour descendre. Je dois trop puer pour la tétée !

Tant pis, on s'y attendait. Mon chéri repart confier Charlie à mes parents. Pendant ce temps, je mange. Puis il revient m'assister. Je reprends quelques barres et boules d'énergie. Pas grand-chose à faire à ce stade de la course. Je prendrai de l'eau au ravitaillement.

Du coup je ne traîne pas, m'enregistre, entre dans le ravito et... y vois une queue monstrueuse pour avoir de l'eau ! Je n'ai aucune envie de faire la queue. Je me dis que je trouverai de l'eau ailleurs, et, en sortant, vois les toilettes. J'en profite pour faire un nouveau pipi et, comme il y a un robinet, remplis ici ma flasque. Hihi !

En repartant, je revois mon bébé. Avec une fille (?). Oh, ma sœurette ! Je suis trop contente de la voir, avec mes parents aussi. Charlie ne veut toujours pas téter. Alors je repars, sous les encouragements de ma famille.

Mais je suis peinée. Pas inquiète que Charlie manque, car j'avais tiré mon lait (mais avec notre pauvre glacière il n'aura pas tenu et mon chéri aura dû le jeter) et on avait acheté des desserts lactés (qu'il n'aura pas aimés). Je ne suis pas non plus inquiète d'avoir un engorgement, car j'ai un tire-lait manuel dans mon sac de trail, à utiliser à la moindre lourdeur ou douleur des seins. Non, en fait, je suis peinée car je vis ce refus comme un rejet. La tétée, c'est comme un câlin, un moment privilégié entre mon bébé et moi, et j'en ai été privée. Mais je relativise, me dis qu'on en profitera d'autant plus à nos prochaines retrouvailles.

Et puis me voilà à la Joux, au départ du sentier des Cascades du Ruitor, où nous sommes souvent venus en famille. La dernière fois, c'était en 2016, et ça m'avait manqué.

Ces cascades sont magnifiques, et le sentier très beau. Je me sens super en forme. J'ai la sensation que je vais réussir à terminer le Tor, et sans dommage. Je sais que cette pensée est due à ma forme du moment, et qu'il peut m'arriver plein de misères ces prochains jours, prochaines heures. Mais je profite et m'imprègne de cette certitude de réussir.

Je pense à la fois où, petite, j'avais perdu ma peluche préférée dans une des pentes sous ce sentier. Heureusement, un ami de mes parents avec qui on marchait avait réussi à la récupérer. J'ai une grosse pensée pour lui.

Les cascades sont passées, on sort de la forêt, mais il reste une bonne grimpette pour gagner le refuge Deffeyes. En haut de cette montée, je vois deux femmes qui me prennent en photo. Ce ne serait pas des copines de ma maman ? Mais si ! Je reconnais Simone et Marie-Elise. Elles me disent que Michèle et Jeanine sont plus loin. Michèle m'accueille comme si j'avais gagné le Tor. « Bourg-Saint-Maurice en force ! ». Ces encouragements me font trop plaisir. Je m'attendais à les voir sur le parcours près de la Thuile, mais pas si tard. Elles m'expliquent qu'elles dorment au refuge.

Au ravitaillement, je pète l'élastique de mon masque. Ça, c'est fait. Mais je ne le mettrai pas tant que ça. Ils seront moins tatillons sur le port du masque par la suite (et tant mieux car plus j'avance et moins je le supporte).

Oh surprise ! Je vois une autre tête connue ici : Hernan, l'Argentin qui était dans mon groupe de trek au Marathon de l'Everest. Je savais qu'il participait, mais je le pensais plus loin devant. Hernan, c'est un fou. Il voulait enchaîner l'UTMB, l'UTMR et le Tor (histoire de rentabiliser le voyage dans les Alpes, sûrement) ! Finalement, il a abandonné sur l'UTMB et a été bénévole sur l'UTMR. J'espère qu'il terminera le Tor.

Je dis au revoir aux copines de ma maman, et je repars, direction le Col de Passo Alto, à 2857m (*km31*). Je l'ai fait une fois en rando avec ma maman (on avait fait 1400m de dénivelé depuis la Joux, on était fières de nous... et dire qu'aujourd'hui ce n'est qu'une toute mini partie de mon aventure !).

Dans la montée, je me fais doubler par un mec à fond. Un coureur de la deuxième vague ! Il m'a déjà mis deux heures ! Je suis impressionnée. Et interloquée. Que faisait-il dans le groupe « des moins forts » ? A partir de là, d'autres participants de la deuxième vague me doubleront, et au bout du deuxième jour on sera déjà bien mélangés. Je me ferai globalement doubler (par des personnes des deux vagues) en montée et doublerai pas mal (surtout les deux premiers jours) en descente.

J'adore d'ailleurs cette nouvelle descente après le Col de Passo Alto. Je suis à nouveau en terre inconnue. La vue est très belle, bien que les sommets soient à moitié couverts. Je m'amuse dans la descente, la musique dans mes oreilles. Pour moi, le trail est un mélange de mes deux sports préférés : la randonnée en montée, et la danse en descente. Ce n'est pas un vrai sport, en fait.

Cette chouette descente est plus courte. Une nouvelle montée, bien raide, commence, pour nous amener au Col Crosatie, à 2829m (*km39*). Il faut même mettre un peu les mains sur la fin. Mais la vue est splendide ! On voit bien les Grandes Jorasses. Par contre, le Mont Blanc est dans les nuages.

Nouvelle descente ; elle se fait bien. Je ne vois pas trop où est la difficulté ni comment a fait le coureur chinois pour tomber en 2013. Il y a bien du vide au-dessus du lac, mais loin du chemin. Ça fait quand même bizarre de se dire qu'il y a eu un mort ici sur cet ultra.

Mais la vue m'accapare davantage que cette pensée. Le lac est beau, et une montagne que je ne reconnais pas (je verrai plus tard sur une carte qu'il pouvait s'agir du Ruitor encore, vu de derrière) domine le paysage. C'est de toute beauté !

Plus bas dans cette descente, un gars me double à fond. Un peu plus loin, je le retrouve au sol. Il se relève quand j'arrive. Je lui ramasse ses bâtons et ses lunettes, cassées. Lui a la main qui saigne, et surtout, il boite. Il est français ; je lui demande comment il va. Ça a l'air d'aller mais il est dégoûté, comprenant déjà que l'aventure va s'arrêter là pour lui. Je lui demande s'il veut que je reste avec lui. Il me dit que non, alors je repars, mais doucement d'abord, pas tranquille. Mais je vois qu'il marche. En boitant, mais il avance. Puis j'aperçois Planaval plus bas, où se trouve notre prochain ravitaillement. Je suis rassurée ; il devrait arriver jusque là. Je repars un peu plus vite.

J'atteins la route avec l'arrivée de la nuit. Sur le bitume, on voit assez clair, je décide de sortir ma frontale à Planaval.
Après un passage rapide au ravito, je repars dans la nuit. Le terrain est relativement plat (faux plat descendant et montant). C'est là qu'un coureur arrive à ma hauteur en me disant : « C'est drôle, je viens de recevoir ce sms : « Passe le bonjour à Elodie Lafay ».
– ??
– De Thierry Blondeau ».
Ah ! Oh, c'est gentil, ça ! Il a dû voir sur le suivi GPS qu'on était à côté. Je demanderais bien comment il connaît Thierry mais il trace. Moi, j'y vais tranquilou, je marche beaucoup.

Et j'arrive à Valgrisenche, première base de vie.
Première partie de faite !

Je suis contente d'être en avance sur mes temps prévisionnels. Pas pour gagner du temps au total (il peut arriver tellement de choses d'ici la fin !), ni pour croire que je suis plus forte que je ne le croyais, mais parce qu'il était prévu que Charlie reste à l'hôtel avec mes parents (ils ont réservé à Maison Bovard, qu'ils apprécieront beaucoup). Mais comme il n'est pas trop tard, finalement, il est là ! Et cette fois, il tète ! Mon petit bout de chou adoré. Il est tout emmitouflé dans sa grosse doudoune.

Car la zone d'assistance est en dehors de la base de vie, sous une simple tente (à cause du covid les assistants n'ont pas le droit d'entrer dans la base de vie). Mais heureusement, il ne fait pas trop froid. Nous n'avons pas de température négative comme ont eu Audrey et Georges il y a deux ans, ou de grosses pluies comme Alex (président de notre club) il y a huit ans.

Une fois l'assistance finie, j'entre dans la « vraie » base de vie. Je regarde un peu ce qui est proposé comme nourriture consistante mais mange finalement mon sachet de riz perso, avec un thé. Mais je trouve cette base un peu glauque et m'y sens seule sans mon assistant-homme-de-ma-vie. Du coup je ne reste pas longtemps. Je retrouve mon chéri à la sortie, et, après un dernier bisou, je repars.

Enfin, d'abord, il faut déposer mon sac Tor (sac d'assistance transporté par l'orga) à la sortie, plus haut que la base. Ils nous font faire une montée en portant nos gros sacs lourds, quel sadisme !

Mais je repars plus motivée que jamais.

**Une première nuit difficile :**

A peine ai-je attaqué cette nouvelle montée que je me sens nauséeuse. Oh non ! Ne me dites pas que je commence à faire une hypoglycémie. Je mange une boule d'énergie. Je m'en suis préparé cinquante pour le Tor, à base d'amandes et de dattes medjoul. Normalement, c'est une recette pour femme en fin de grossesse et postpartum. Mais ça passe bien en trail. Enfin là, ça ne passe pas très bien mais ça me fait du bien quand même. Pendant quinze minutes. Puis la sensation de début de nausée revient. Alors je mange à nouveau.

Et ainsi de suite jusqu'au ravito du Chalet de l'Epée. Là je mange un peu plus et la sensation de nausée disparaît. Ouf ! Mais je sens que j'ai besoin de continuer de grignoter régulièrement. Je peine dans cette montée. Je ne vais peut-être pas plus lentement que dans les précédentes mais je trouve l'effort plus dur. Je sens que cette difficulté est due à l'allaitement. Avant le Tor, Charlie se réveillait toujours la nuit, et avait besoin de téter pour se rendormir (et ce jusqu'à quatre, voire cinq fois par nuit durant les dix derniers jours avant le Tor !). Mon corps a l'habitude de beaucoup produire, et c'est ce qu'il doit faire. Entre ça, l'effort et l'absence de sommeil, j'ai l'impression d'avoir besoin d'énormément d'énergie.

Dans la montée suivante, j'en aurai vraiment marre de manger quasi non-stop comme ça, tout en me disant que peu de gens ont « le luxe » de se plaindre de ça !

Mais revenons dans cette montée. Elle me mène au Col Fenêtre, 4$^e$ col du Tor, à 2840m (*km62*). Une nouvelle descente commence et... OMG ! Une descente horrible ! C'est hyper raide. Le chemin serpente mais chaque virage est raide et glissant. Car la terre est très sèche. Moi qui adore les descentes, là j'ai carrément peur ! Il y a même des cordes à certains endroits. Je déteste cette descente. Elle me paraît longue. Je peste. J'ai peur.

Et finalement elle redevient plus douce. Ouf ! Je m'en suis sortie vivante. Je n'ai plus envie de revenir ici, jamais !

Malgré tout – et maintenant que je suis en sécurité – je trouve l'endroit magnifique. Je lève la tête et vois une ribambelle de frontales. Plus je descends et moins je ne vois de différences entre leurs lumières et celles des étoiles.

J'arrive à Rhêmes-Notre-Dame à 2h15. Je prends le temps de manger de la soupe aux pastillas (mini pâtes) au ravitaillement. Je me pose à une table où deux femmes plus âgées (l'une d'elles a l'air vraiment âgée !) dorment la tête posée sur leurs bras sur la table. Moi je n'ai pas sommeil malgré mon manque d'énergie.

Je repars pour une nouvelle montée à peiner (celle-ci comme la précédente de plus de 1200m de dénivelé) jusqu'au Col d'Entrelor à 3002m (*km71*).

La descente qui suit est bien plus sympa que la précédente, et j'arrive en bas au lever du jour.

Mon chéri est venu un peu à ma rencontre à Eaux Rousses. Ça fait du bien de le voir ! Même si ce n'est pas une base de vie, il a le droit de me faire l'assistance, comme à la Thuile. Il y a une zone d'assistance en dehors du ravitaillement là aussi. Ici dans une tente mais... les assistants n'ont pas le droit d'y entrer. On ne comprend pas trop, mais bon. On se met dehors.

Mes parents arrivent ensuite avec mon bébé. Venus de Valgrisenche, ils ont dû se lever très tôt ! Mais je les en remercie, car mes seins étaient un peu lourds. Et je suis trop heureuse de les voir !

Je repars donc de jour d'Eaux Rousses, et ça fait du bien. Une grosse étape m'attend : le Col Loson, le toit du Tor !

## Le Toit du Tor :

Le chemin commence dans une jolie forêt où je vois un écureuil. Puis le décor devient plus minéral. La montée devient toute en longueur, avec de grands lacets qui traversent la montagne dans un sens puis dans l'autre. Il y a de sacrées coupes mais le balisage ne nous les fait pas emprunter. C'est long mais je me sens beaucoup mieux alors ça passe bien.

Le soleil brille, il fait chaud, je me suis changée. Je me retrouve parfois sous l'ombre d'un coureur plus haut sur le sentier, puis c'est moi qui fais de l'ombre aux coureurs plus bas.

Je m'arrête pour mettre de la crème solaire, alors même que j'ai souvent la flemme de le faire en sortie trail. Mais là je vais monter à plus de 3000m et il me semble plus raisonnable de me tartiner.

Finalement le sentier finit enfin par être plus raide, ça fait du bien même si je suis à plus de 3000m et que l'effort devient plus difficile.

Et j'y arrive, au Col Loson, à 3299m (*km96*), le toit du Tor ! J'ai envie d'hurler « Youhou ! ». Je suis la seule. Les mecs autour de moi semblent à bout. Ils s'assoient, essoufflés. En fait je ne suis guère mieux, je m'assois aussi. J'admire le paysage. La plupart des sommets sont couverts. Mais, oh ! Le sommet découvert, au loin, ce ne serait pas la Grande Casse ? Plus tard, je demanderai à ma maman qui me dira qu'il est possible qu'on la voie du Col Loson, et qu'elle l'avait vue depuis le Col d'Entrelor lors d'une rando.

Eh oui, même ici, les cols et paysages sont connus de ma famille !

Et d'ailleurs, après une belle descente, j'arrive au refuge Vittorio Sella, où ma mère était venue avec mes grands-parents en 1960, lorsqu'elle avait treize ans. Un des bâtiments n'a pas changé par rapport à la photo qu'elle m'avait montrée !

Comme partout sur le Tor, les bénévoles sont ici adorables. Je mange une assiette de pastillas (les seules pâtes que je mangerai sur le Tor) puis je repars.

La descente se poursuit puis j'atteins la plaine. Je vois Cogne, deuxième base de vie, au loin.

Je dois longer un champ immense (pistes de ski de fond l'hiver, m'expliquera mon chéri), au bord de la route. Je marche, même si j'aimerais courir pour qu'atteindre Cogne ne soit pas interminable. Mais je me fais violence, je marche. J'ai déjà sacrément mal aux jambes, après ces plus de 8000m de dénivelés positif et négatif depuis le départ.

J'atteins le village, très joli, et finalement la base de vie. J'ai trois heures trente d'avance sur mes temps prévisionnels et… je ne vois personne. J'appelle mon mari : « Allo ? T'es ooooùùùù ? Moi, à Cogne !

– Ah ! On n'est pas loin, on promène Charlie ».

Je vais m'enregistrer, récupérer mon sac Tor, et vais me poser dans l'herbe, où mes parents et mon chéri arrivent avec Charlie dans la poussette, profondément endormi.

Moi aussi j'ai envie de dormir, même si on est au beau milieu de l'après-midi (remarquez, c'est l'heure de la sieste). Je mange d'abord, du quinoa au pesto trouvé par mon chéri (je suis assez autonome pour la bouffe, pour éviter les problèmes de digestion et optimiser mon énergie). Puis je me change et vais trouver les lits de camp. Une bénévole me demande à quelle heure je souhaite qu'elle me réveille, puis je choisis mon lit (il y en a beaucoup ici).

Cette année, avec le covid, il faut avoir son propre sac de couchage, ce qui n'est pas plus mal car je me sens trop bien dans le mien. Je mets masque et bouchons d'oreilles et ferme les yeux. C'est une première pour moi. Je n'avais encore jamais dormi durant un ultra-trail.

Je commence par somnoler, m'endormant, me réveillant, m'endormant, me réveillant, etc. Puis je dois bien dormir vingt à trente minutes d'affiler, avant de somnoler à nouveau. Au bout d'un peu plus d'une heure au total, je me sens reposée et décide de repartir, bien avant l'heure donnée à la bénévole, que je préviens.

Quand je retrouve mes proches dehors, Charlie dort toujours ! Mais le temps que je mange à nouveau et recharge mon sac en boules d'énergie, barres, compotes, fruits secs et eau, il se réveille, et on peut faire une bonne tétée avant que je reparte, deux heures dix après mon arrivée.

Durant tout le Tor, j'aurai été impatiente d'arriver au prochain point « de rencontre » – surtout pour retrouver mon bébé – mais à chaque pause, j'aurai eu hâte de retrouver les sentiers !


**Ce même mal qui revient :**

Cette nouvelle étape va être longue. Je la redoutais un peu. Un seul col pour rejoindre la prochaine base de vie, à 45km de là ! Une seule montée interminable puis une descente à n'en plus finir.

Mais je suis prête psychologiquement, j'y vais.

Je gagne assez vite un nouveau ravitaillement, à Goilles. Je demande un café et on me répond qu'il est presque prêt, qu'il faut juste que j'attende un peu. Comme toujours les bénévoles sont adorables, ils veulent me faire plaisir, alors j'attends. Mais bon, c'est frustrant, j'ai envie de repartir. Finalement je leur dis que je peux m'en passer et repars. Mais je n'ai pas fait vingt pas que je les entends me rappeler. Le café est prêt ! Alors je redescends (!) boire mon petit café.

Il me le faudra pour affronter le loooonnng faux plat montant à suivre. Mais je le prends bien. J'avance. Pas vite (je suis nulle en faux plat montant) mais j'avance. Et ça passe bien, finalement.

La nuit ne va pas tarder, il fait frais, je m'arrête pour me changer, et sortir ma frontale. Peu après, j'arrive au refuge Sogno di Berdzè. Une bénévole veut absolument que je prenne de la soupe. Elle est trop gentille, mais je n'en ai pas envie, j'ai hâte d'atteindre le col.

Je ressors du refuge dans la nuit alors que je n'y suis restée que quelques minutes. C'est fou comme elle tombe vite !

Encore une belle nuit commence, étoilée et avec une jolie demi-lune. J'aime cette ambiance toute spéciale la nuit. Mais je préfère quand même marcher de jour, car la nuit apporte une certaine monotonie, sans les paysages à admirer. Et j'ai peur qu'elle soit aussi difficile que la première.

Mais heureusement, je me sens bien dans cette courte montée jusqu'au col. Me voici alors à la Fenêtre di Champorcher, 7$^e$ col du Tor, à 2827m (*km126*).

Encore une nouvelle descente. Les descentes du Tor sont presque toutes techniques, pleines de caillasses et avec souvent des rochers aménagés en escaliers. Les Italiens adorent faire ça. Je déteste !

Mais je me sens toujours bien en cette seconde nuit. Mon corps semble s'être déjà adapté. C'est fou, les ressources du corps !

Au refuge Dondena, je tombe sur David, un coureur du 06. On fera un petit bout de descente en se suivant (avant qu'il ne me sème). Au refuge, j'apprends aussi qu'on peut dormir. Normalement, avec le covid, il ne devait pas être possible de dormir dans les refuges cette année. C'est donc une bonne nouvelle ! J'hésite. Mais comme je n'avais pas prévu d'y dormir, et comme mon chéri m'attend à Champorcher (alors que ça non plus n'était pas prévu, mais comme la première nuit a été difficile, j'ai accepté lorsqu'il m'a proposé de venir), je préfère tracer.

Evidemment, il suffit que je prenne cette décision pour ressentir un coup de fatigue. Mais je ne vais pas remonter ! Tant pis, je continue, et ça passe jusqu'à Champorcher, qui arrive finalement assez vite.

Je suis contente d'y retrouver mon chéri.

L'assistance se fait dehors. Il ne fait pas très froid mais j'apprécie de mettre ma doudoune. Mais soudain, alors que je suis assise avec mon amoureux, je commence à me sentir mal. Nauséeuse et vertigineuse. Il faut que je m'allonge par terre.

Mon mari va chercher quelqu'un. Un infirmier vient, prend de mes nouvelles, va chercher des collègues et, avec eux, me porte (!) pour m'amener sous la tente. Je me retrouve allongée sur une chaise longue. Ma tension et ma saturation sont correctes. Mais j'ai froid, je suis gelée. L'infirmer – adorable – me donne une couverture de survie. Je grelotte dessous, avec ma doudoune.

Jonathan me force à manger, ce que je fais difficilement. La voici donc, mon hypoglycémie habituelle ! Sauf que là, elle, m'attaque en pleine course. Mais bon, au bout de 137km, quoi.

Il n'y a rien à faire à part attendre, manger et me réchauffer. Puis j'essaie de repartir. A peine suis-je sortie de la tente que « non, ça ne va pas », j'y retourne. Cette fois je me pose sur une chaise longue sous le chauffage, mais je remets quand même la couverture de survie.

Je mange, j'attends. C'est frustrant ! En plus, avec le relâchement, le sommeil me gagne, mais il n'y a rien pour dormir ici. Je finis par somnoler sur ma chaise longue.

Ce qui me fait du bien. Finalement je repars, pour de bon cette fois. Je serai quand même restée une heure trente à Champorcher !

Mon chéri va me retrouver à Pontboset, prochain village, à mi-chemin entre Champorcher et la base de vie de Donnas située à 18km. Ça va être long. Mais je m'accroche.

C'est long, c'est souvent plat. J'alterne entre course et marche. Je lutte parfois contre le sommeil. C'est long.

J'ai déjà des hallucinations, ou plutôt effets d'optique (et j'en aurai toujours à partir de là, même de jour parfois). Je vois des visages dans les pierres, des animaux dessinés sur des rochers, des sculptures dans les troncs. Mais que des belles choses, et qui ne me semblent jamais vraiment réelles. Ces illusions m'accompagneront, sympathiques, comme de joyeuses animations sur ma route. Je ne sais plus quand, mais j'ai vu à un moment un magnifique dessin de deux chiots sur un rocher (en fait de la mousse dégueulasse).

Je me demande donc si c'est une hallucination quand je vois mon chéri au bord d'une route dans un patelin avant même Pontboset. Mais non, c'est lui, qui somnole sur la chaise, dans son sac de couchage. Je le réveille. Il m'encourage et ça fait du bien.

Je traverse encore d'autres patelins, de la « commune de Pontboset », mais jamais Pontboset-même ! Que c'est long !

Mais j'y arrive enfin, et mon mari est là encore une fois. Puis le ravito, mais je n'y traîne pas, j'ai hâte d'arriver à Donnas.

C'est encore long, j'ai même droit à une montée ! Mais elle est presque bienvenue, même si elle me fait remonter à presque 1000m d'altitude alors que je suis censée descendre à 300m (!), car elle est raide et courte, et que je la passe à bonne allure. Je ne me sens pas si mal, malgré mon hypo. D'ailleurs j'arrive bien à manger (mes boules d'énergie me régalent à nouveau), ça fait du bien.

J'arrive enfin à la ville. J'y suis avec la coureuse assez âgée. Mais sur le plat, elle va plus vite et finit par me semer.

Je passe ici sous l'autoroute, que nous avons emprunté il y a quelques jours pour venir. En ce point précis, là au-dessus de ma tête, j'avais remarqué que nous étions encore loin de Courmayeur. J'en suis donc à présent loin même en voiture !

Cette ville, ce n'est pas Donnas. Il faut la traverser, passer par les ruelles de Bard (super jolies !), descendre une route hyper raide (mes cuiiiiisssses !), passer une jolie arche en pierre, (je la reconnais pour l'avoir vue en photo dans le livre d'Audrey donc je pense arriver mais il faut encore) longer une route, traverser un bout de ville et – enfin ! – atteindre la base de vie.

Mon chéri m'y attend, comme d'habitude ! Quel amour !

Il est 4h47. Mon bébé viendra plus tard. Il dort toujours à Cogne avec mes parents, à l'hôtel Herbetet (très bien). Mon mari, lui, n'a que très peu dormi, et dans la voiture (il a un vrai matelas une place, quand même).

Je suis très fatiguée. Mais j'ai aussi très mal aux jambes, alors je préfère aller me faire masser avant d'aller dormir, car j'ai peur de ne pas pouvoir me relever du lit sinon. Bien sûr, je commence par manger, comme toujours. Puis je cherche les masseurs. Et pourquoi pas voir un podologue, car j'ai déjà des ampoules !

Le gars qui gère les « physiothérapeutes[60] » me dit qu'il faut attendre vingt minutes. Du coup, je préfère aller dormir avant. Le dortoir n'est pas très grand et plein. Mais j'ai de la chance, un coureur libère un lit de camp juste quand j'arrive, que je vais prendre. Je ne suis pas loin d'un ronfleur (qu'on entend même avec les bou-

---

[60] En dehors de la France c'est souvent ainsi que sont nommés les kinés.

chons d'oreille), mais le bruit ne m'empêche pas de m'endormir aussitôt.

Pas de bénévole pour vous réveiller ici (j'avais demandé à mon chéri de m'appeler au bout de deux heures en mettant mon portable contre moi en vibreur) mais je le fais seule au bout d'une heure. Je sens que je ne me rendormirai pas alors je me lève. Je vais faire un brin de toilette, et, en me brossant les dents... oh non ! Ça me reprend. Je me sens mal, j'ai besoin de m'allonger. Le dortoir est à l'étage, je n'ai pas le courage de monter, je m'allonge par terre. J'appelle Jonathan, qui vient m'apporter à manger. Heureusement, le sketch ne dure pas aussi longtemps qu'à Champorcher, et je suis vite capable de me relever.

Je retourne voir les masseurs. Le gars me dit que je peux passer après un coureur en fin de massage, dans cinq minutes. J'attends. Mais quand le coureur laisse sa place, un autre la prend. Le gars qui m'a dit que ce serait mon tour ne devait pas savoir que cette personne attendait avant moi. Il s'excuse. Mais je suis en rogne, je me casse sans rien dire. Tant pis, c'est mon chéri qui me masse et soigne mes ampoules (on perce, on éosine, on panse).

Je retrouve vite le sourire car mon bébé arrive ! Mes parents ont dû quitter Cogne à 5h40 !

Il fait alors jour. Je suis allée me coucher de nuit et me suis levée de jour (c'est normal, me diriez-vous... pas sur le Tor !).

Une bonne tétée, plein de bisous, des câlins. Mais il est vite temps de repartir. Cela fait déjà presque quatre heures que je suis là ! Le temps passe vite aux bases de vie.


## L'Illumination :

Cela fait déjà vingt à trente minutes que je longe une route. Je suis repartie avec les bâtons car j'ai vraiment mal aux jambes.

J'arrive dans une jolie rue. Je croise une famille avec un bébé en poussette d'à peu près l'âge de Charlie et me mets à pleurer. Je ne reverrai pas mon bébé avant demain matin à Gressoney ! Moi qui ne suis jamais restée quatorze heures sans le voir. C'est dur. Il va beaucoup de manquer.

Mais je relativise. Je suis contente car il ne pleure pas quand il me voit partir. Le quitter aurait été encore plus dur. Les séparations se passent bien, grâce à Super-Papa, Super-Mamie et Super-Papy. Ils forment une équipe de choc !

Ici les rues ont été décorées avec des ballons aux couleurs du Tor (jaunes, donc), arrangés en forme de fleurs.

Un bénévole me fait traverser la route, et vient me faire la bise (le covid ne doit pas venir jusqu'ici !) ! Il y a déjà un mini ravito et les bénévoles y sont en fête. Cela me redonne le moral.

Et je commence une nouvelle montée, et c'est super joli. Beaucoup moins sauvage pendant pas mal de kilomètres : des habitations (avec un ravito sauvage offert par un habitant !), des villageois (un monsieur me tape la causette) – les gens sont vraiment adorables ici ! –, une tour, un village avec un ravito (cela fait deux heures que je suis partie), et un joli chemin qui traverse la route par endroits.

Et cela jusqu'au ravitaillement suivant, deux heures encore plus tard.

Il y a eu quelques descentes mais globalement je ne fais que monter depuis Donnas, et ce n'est pas fini. Il y a plus de 1600m de dénivelé entre la base de vie et le prochain col !

Cette partie est donc celle des rencontres. Je discute aussi avec un coureur, qui en me rattrapant ne veut pas que je le laisse passer. « Je profite du paysage », me dit-il (on est dans la forêt et de toute façon les sommets sont couverts). « Si j'avais voulu passer, je l'aurais fait depuis longtemps » (il est derrière moi depuis vingt secondes).

Mais un peu plus loin on discute et – même s'il est un peu perché : « Ils étaient durs les premiers cols.

– C'est la partie Cogne-Donnas que j'ai trouvée dure.

– Oui c'est ça, le tout début ». Euh... pas vraiment – il est sympa.

Plus loin je discute avec un gars super sympa avec lequel on se croise sans cesse car il speede, me double, puis fait une pause, et je le double. Il est étonné par mon absence de pause, mais je lui explique que si je marchais aussi vite que lui (il est super essoufflé !) et m'arrêtais autant, je serais vite épuisée. « C'est sûrement toi qui as raison, dit-il.

– Non, chacun son rythme ».

Et vous verrez que le sien lui réussira.

On arrive ensemble au refuge Coda, encore deux heures plus tard, et après être passés par le Col Carisé (2124m). C'est là qu'il m'arrive un truc de fou.

Ce refuge est connu pour être situé à la moitié du Tor. Pour moi, il marque également mon record de distance, soit 170km (et j'ai déjà battu mon record en dénivelé et en temps).

Je me pose pour manger. De la musique est diffusée. Le temps que je reste, il ne passe que deux chansons. La première : *The Spectre* d'Alan Walker, soit ma chanson préférée du moment. La seconde : *L'Amour Toujours* de Gigi d'Agostino, soit l'une de mes chansons préférées de tous les temps.

Je crois halluciner. J'ai l'impression qu'ils ont piqué mon lecteur mp3 à mon arrivée (j'aurais écouté de la musique pendant presque tout mon ultra). Mais non.

J'y vois un signe. Un double-signe même.

C'est sûr, le Tor, je le finirai.

Il ne reste qu'une très courte et douce montée pour atteindre le Col Sella, 9e col du Tor, à 2240m.

Le prochain col est celui de Marmontana, et pour l'atteindre, ce sera looooonnnnng ! Une étape que j'avais sous-estimée. Ça descend d'abord pas mal puis ça monte, mais surtout c'est loin, loin, loin.

Et je ressens un bon coup de fatigue. J'hésite même à faire un somme au bord du chemin comme je vois le faire un autre coureur. Mais j'ai peur de faire une nouvelle hypoglycémie au réveil.

Au refuge della Barma, je revois le coureur sympa-mais-un-peu-à-l'ouest, qui me dit : « Elodie, on peut dormir ici, il faut que tu dormes, hein. Après, ce sera long jusqu'à la base de vie ».

Il le dit sur un ton un peu paternaliste, mais c'est mignon. Et surtout il a raison. « Oui, je vais dormir », le rassuré-je.

Et c'est ce que je fais, après un petit repas. Le bénévole – adorable – m'amène au dortoir. Je donne l'heure de réveil à une autre bénévole (ou employée du refuge) et vais sombrer sur mon oreiller (et surtout un vrai lit, le bonheur !). Comme d'habitude, je ne dors qu'une heure mais ça me suffit. Je grignote un peu et repars bien plus en forme.

Il est 19h. J'ai mis ma frontale. J'envoie un sms à mon chéri pour le prévenir de ma pause. Malgré la grande avance que j'avais (plus de quatre heures en quittant Cogne !), j'arriverai bien en retard au Niel.

J'atteins le Col de Marmontana, à 2350m (*km188*), de nuit.

Les prochains cols s'enchaînent plus vite. En une heure, je suis au Crena Dou Lei, à 2311m, et encore une heure après environ, au Col della Vecchia, à 2184m (*km194*), à 23h et quelques.

Juste avant le col, un ravitaillement a été installé au milieu de nulle part ; une cabine qui a dû être posée en hélicoptère. Eh bien, c'est à ce ravito que je mange le mieux ! Une délicieuse polenta !

La descente jusqu'au Niel est longue. Alors que je distingue enfin les lumières du village, je vois un panneau annonçant un restaurant à « 13 minutes ». Je regarde ma montre ; treize minutes plus tard, je n'y suis pas ! Pourtant je trottine !

Avec mes bâtons.

Dans les premières descentes après Donnas, je les repliais, puis je les ai utilisés. C'est la première fois de ma vie que j'utilise des bâtons en descente. J'aurais appris ça sur le Tor ! Je vais beaucoup moins vite que sans, mais de toute façon, avec les douleurs, impossible d'envoyer comme dans les premières descentes, et je vais plus vite (et j'ai moins mal) qu'en marchant. J'ai trouvé mon rythme et ma technique.

Bon, finalement, j'y arrive, au Niel. J'aperçois mon chéri, avec notre copain Phil, venu en renfort. Ça fait trop plaisir de les voir ! Ils sonnent les grosses cloches du ravito.

Il n'y a donc pas mon bébé, car il est 1h du mat, il est à l'hôtel à Gressoney avec mes parents.

Avec mon chéri, on avait décidé que je ne traîne pas trop ici pour éviter la mésaventure de Champorcher. Mais bon, il faut quand même que je prenne le temps de manger, recharger, et surtout soigner mes pieds. Mes ampoules se sont reformées. Mon chéri me soigne, et moi je profite de la chaleur du feu.

Car ici encore il faut rester dehors avec nos assistants. Mais ici il y a un grand feu, alimenté par mon chéri et Phil pendant leur attente. Le feu réchauffe le corps et le cœur. L'ambiance est top. On papote, même. Je raconte mon illumination au refuge Coda, et mon chéri me décrit le passage d'une certaine Florence qui est arrivée ici au bout de sa vie, « boostée » sans douceur par son assistant.

Phil a apporté des packs d'eau pour éviter que j'aille recharger aux ravitos. Cela nous fait gagner du temps, même si je me sens un peu « arnaquée » de ne pas profiter de tous les services du Tor, que j'ai payé quand même (et au prix fort !).

Encore ici je me sens mal et dois m'allonger et attendre, mais moins longtemps, grâce au feu qui m'évite de me sentir frigorifiée.

Je claque quand même des dents en repartant (après moins d'une heure, on s'est bien débrouillés), mais pas longtemps, car la nouvelle montée qui commence me réchauffe vite.

Celle-ci est plus courte, moins de 1000m de dénivelé pour gagner le Col Lasoney à 2385m (*km204*).

Il me semble (mais je ne suis pas sûre, avec le manque de sommeil ma mémoire s'est fortement détériorée) que c'est à ce col que j'ai eu du brouillard. Je ne vois pas à deux mètres dans le début de la descente ! Et de nuit, la frontale qui éclaire la brume donne l'impression de dessiner un rideau devant soi, c'est horrible !

Mais heureusement le brouillard ne dure pas.

Petit ravito à Loo, et la descente continue jusqu'au lever du jour, quand j'atteins la plaine, et finalement Gressoney.

Je suis encore une fois accueillie par mon chéri et Phil. Puis ce dernier doit rentrer chez lui à Aigle, de l'autre côté de la frontière, en Suisse.

Un bénévole, adorable (comme vous vous en doutez maintenant), m'amène à la base de vie, portant même mon sac Tor (qui est maintenant transporté par mon mari avec mon sac d'assistance perso, et qu'on a réorganisé, passant d'un peu tout ce dont j'ai besoin – au cas où mon chéri ne pourrait pas être présent à une base de vie – au nécessaire pour dormir et faire ma toilette). Il m'explique qu'il y a pas mal de choix pour manger, mais que je peux demander à avoir autre chose, n'importe quoi, qui me sera préparé pendant que je dors

(!). Mais je choisis de manger de mon pain germé avec mon beurre de cacahuète, car c'est plutôt l'heure du petit déjeuner.

Alors que je mange, mon chéri arrive avec notre bébé. On l'a laissé entrer pour qu'il me l'amène. Charlie est comme d'habitude trop content de me voir, et c'est plus que réciproque ! On fait une première bonne tétée, avant que je parte me coucher. Ici le dortoir est dans la salle d'escalade. On peut dormir sur d'énormes matelas bien épais, bien plus confortables que les lits de camp (il y en a également). Je m'endors super vite et dors une grosse heure, comme d'habitude, toujours sans réveil.

Une petite toilette (nettoyage des dents et du visage, remaquillage des yeux) et je ressors pour aller sous la tente d'assistance. Je n'essaie même pas d'aller aux massages, je vois de loin qu'il y a du monde qui attend.

Le bénévole super gentil avait dit à Jonathan avant mon arrivée que j'avais droit à cinq minutes d'assistance, mais heureusement il nous en laisse plus, peut-être grâce à mon père qui a sympathisé avec lui comme avec tous les bénévoles de chaque point de rencontre.

C'est qu'il y a une nouvelle tétée à faire, mes pieds à soigner, etc., etc.

Mais je ne reste même pas trois heures au total à Gressoney. Je repars après des bisous à mes chéris et les encouragements de mes parents chéris.

Je n'ai pas eu d'hypoglycémie, ouf !


**L'affaire des pains de glace :**

Je n'apprendrai cette histoire qu'après le Tor, mais chronologiquement, elle est à raconter maintenant.

Tout d'abord, il faut savoir qu'à Valgrisenche, mon mari, mes parents et mon bébé ont mangé dans un restaurant, où mangeait également une dame avec un t-shirt flocké « Drôle de dame » (oui, oui, c'est une info importante).

Nous avions donc une glacière pour stocker mon lait et quelques aliments et boissons pour ma course. Mais une glacière de base, avec des pains de glace qu'on demandait à réfrigérer dans les hôtels.

A Valgrisenche, mes parents en avaient donc laissé à Maison Bovard. Mais comme j'étais arrivée tôt à Eaux Rousses et qu'ils avaient donc quitter l'hôtel avant l'aube, ils n'avaient pas pu demander à récupérer les pains de glace. Ma maman avait par la suite reçu un coup de téléphone de la gérante indiquant qu'elle les avait confiés à une femme qui suivait un autre coureur et qui devait les leur donner à Cogne.

À Cogne, personne n'est venu leur donner les pains de glace. Tant pis, ils en ont racheté.

Et là, à Gressoney, sous la tente d'assistance, Drôle de dame vient nous donner les pains de glace ! Réfrigérés, en plus.

Il s'en passe, des événements, sur ce Tor !

## Les vaches d'Alpenzu :

Je pars sous un crachin breton, comme dirait mon mari, breton lui aussi. D'abord au bord de la route, sur du plat, pendant presque une heure.

Je marche en direction de Gressoney-la-Trinité, d'où on était partis il y a quatre ans (déjà ?!) pour gravir le Mont Rose, et où j'étais passée pendant l'UTMR. Mais là je n'y vais pas, je tourne avant, pour attaquer la montée, et ce, sous le soleil !

Assez vite (quand je dis « assez vite », c'est relatif au Tor, ça peut être une heure ou deux), j'atteins le hameau d'Alpenzu, avec ses jolies maisons. Il me rappelle les villages népalais, mais avec des toits en lauzes (je trouve ces toits tellement beaux !).

Et en quittant le village, c'est encore plus beau, car le Mont Rose s'offre à nos yeux !

Je n'arrête pas de me retourner pour le regarder. Jusqu'à ce que je voie des vaches, avec deux chiens qui déboulent vers moi en courant. J'ai un coup de stress mais ils me frôlent et continuent de descendre, jouant à se bagarrer. Mais ensuite, ce sont les vaches que je vois descendre à bonne allure, sur le chemin, dans ma direction ! Là je flippe, et sors du chemin pour les éviter. L'une d'elle vient quand même vers moi, et je dévie encore plus. Finalement elle rejoint ses copines, et je parviens à les éviter toutes. Ouf !

Je me retourne, et vois qu'un coureur a fait comme moi. D'autres sont restés sur le chemin et sont entourés de vaches, qui descendent de chaque côté d'eux. Ils n'ont pas l'air effrayés mais je n'aimerais pas être à leur place.

Mille mètres de dénivelé plus loin, j'atteins le Col Pinter, 14$^e$ col du Tor, à 2776m (*km225*). C'est beau, il fait beau et j'attaque une nouvelle chouette descente. J'ai toujours les bâtons et les garderai toujours, car j'ai toujours mal aux jambes. Mais rien de grave. Tout va bien. Je kiffe ce Tor.

**Les pansements sous la pluie :**

J'arrive à Champoluc pile à l'heure prédite par mes temps prévisionnels ! J'ai rattrapé le temps perdu. En gros, j'avais surestimé les portions avec un ou deux col(s) raide(s), et sous-estimé celles avec plusieurs cols à enchaîner et/ou moins raides.

Ma maman m'attend avant le ravito, je suis trop contente de la voir. Puis je rejoins mon papa, mon chéri et mon bébé.

A ce ravito, l'assistance se fait dehors, mais mon super assistant a déjà tout préparé sur une table de pique-nique. Il a même déjà sorti les pansements.

On commence par une tétée bien sûr.

Puis mes parents vont promener Charlie. Mon chéri et moi commençons notre train-train habituel, quand soudain, d'énormes gouttes s'abattent sur nos têtes, se transformant vite en une grosse averse. Je cours me mettre à l'abri dans le ravito. Mon chéri réquisitionne les deux petits bénévoles qui font les allers-retours pour rentrer tout mon bazar. Les pansements sont foutus !

Heureusement, les bénévoles acceptent que mon mari me fasse l'assistance sur une chaise à l'entrée du ravito. Mes parents reviennent trempés avec Charlie, lui étant à l'abri dans la poussette.

Deuxième tétée, puis je finis de me préparer. C'est en voyant des coureurs arriver trempés que je me dis que j'ai de la chance, finalement. Car quand je repars… la pluie s'est arrêtée !

Je traîne un peu avec mes parents et Charlie avant de partir. Je vais encore rester vingt-quatre heures sans le voir. J'ai mal au cœur. Mais il faut y aller.

Je traverse un grand et joli parc avec de belles sculptures. Je mets mes écouteurs mais... mon lecteur mp3 est en panne. J'appelle mon chéri qui m'amène le lecteur mp3 de secours (le sien, quoi). Quel assistant en or !

Je ne sais plus si c'est ici ou en partant de Gressoney que je vois un troupeau de moutons avec des ânes. Ces derniers portent des espèces de sacoches remplies... d'agneaux ! Les ânes portent les agneaux ! Trop mignon.

Après le parc, il y a un bout de route. Quand je l'avais vu en photo dans le livre d'Audrey, je m'étais dit « je connais, là ». Eh oui ! Car j'arrive à Saint-Jacques, d'où on était partis avec mon père et Elise pour faire le Castor, sommet de 4223m, il y a onze ans (déjà ?!).

Je prends quelques secondes pour regarder les panneaux de rando, qui indiquent le refuge des Guides d'Ayas où on avait dormi, mais aussi le refuge Ferraro où j'étais passée durant l'UTMR (où je m'étais changée dans les toilettes, trempée jusqu'aux os après la longue pluie).

J'attaque la montée avec ces souvenirs.

Neuf cents mètres de dénivelé plus tard, j'arrive au refuge Grand Tournalin. Deux bénévoles m'accueillent en faisant sonner de grosses cloches pendant plusieurs minutes. Un beau spectacle sonore qui motive à bloc !

Je mange une soupe au refuge puis repars. Comme souvent sur le Tor, le col n'est plus loin après le refuge. Un peu plus de 200m plus tard, je suis au Col di Nannaz, 15$^e$ col du Tor, à 2770m (*km242*).

Je vois non loin le Col des Fontaines, situé à 2695m (*km244*), que je gagne en trente minutes à peine. Mais la nuit a profité de ces trente minutes pour tomber. Je passe le premier col de jour et le second de nuit.

C'est parti pour une nouvelle nuit, une nouvelle descente sous la lune.

J'arrive à Valtournenche avec presque deux heures d'avance.

**La Lutte :**

Malgré mon avance, mon bébé n'est pas là, mais avec papy et mamie à l'hôtel. Mon chéri leur envoie un message mais Charlie dort déjà. Ce n'est pas grave, aucun engorgement ne semble se former. Je suis un peu triste mais j'attendrai.

Pour me consoler, j'ai une belle surprise de mon mari : une bonne et géante polenta ! Achetée dans un resto du village. J'en mange une partie avant mon somme (d'une heure, comme d'habitude) puis presque tout le reste après.

Ici on revoit Florence, qui va beaucoup mieux. Et mon chéri me lit un commentaire de Thierry Blondeau sur Facebook, décrivant avec beaucoup de détails ma prochaine étape. La partie entre la Fenêtre d'Ersaz et celle de Tsan sera interminable. J'en prends note.

Autre bonne surprise ici, il n'y a aucune queue aux massages ! Enfin je me fais masser les jambes (ça fait mal mais tellement de bien !) et soigner les pieds. Je ressors avec des pieds de momie !

Du coup, je repars après une pause de près de quatre heures à la base de vie, mais en me sentant toute neuve.

En repartant, je traverse le village, passant devant le resto qui m'a fait ma polenta (merci !), puis l'hôtel où dort mon bébé (bonne nuit mon choupinou, à demain !). Ne pas voir ce dernier est l'inconvénient des bases de vie nocturnes. Leur avantage est qu'elles coupent un peu la nuit. Je suis partie à presque 2h du mat, il me reste cinq heures avant le jour.

Mais cinq heures difficiles.

Je ne suis même pas arrivée au premier ravito qu'il me prend une envie de dormir. Je lutte. Pourtant, au refuge Barmasse, je ne demande pas à dormir (je ne sais même pas si on pouvait), mais un café. Je me dis que ça suffira. Sur le coup, oui. Mais en montant au col, l'envie me reprend. Il faut lutter. C'est duuuuur !

Je rattrape un coureur qui divague. « Je suis perdu. Je crois que je tourne en rond.

– Mais non, tu es sur le bon chemin. On va bientôt arriver au col, il ne reste que 100m de dénivelé ».

Il repart, et me sème, même. Je l'ai rassuré mais ne me sens guère mieux.

Mais je finis par passer la Fenêtre d'Ersaz, à 2293m (*km 259*).

Je suis maintenant sur un chemin en balcon. L'envie de dormir me reprend et... je n'arrive plus à lutter. Mes yeux restent ouverts, je continue de marcher, mais mon esprit part dans des rêves.

Je me donne des claques, je parle toute seule, pour essayer de me tenir éveillée. C'est horrible !

Je n'ose pas m'arrêter dormir. J'ai peur de me sentir mal au réveil. Les hypo semblent derrière moi mais on ne sait jamais. De toute façon, je suis en pleine pente, il n'y a nulle part où se poser en sécurité.

Je vois la lumière d'un ravitaillement au loin ! Sauvée ! Même s'il n'est pas prévu pour y dormir, je m'y poserai dehors dans ma couverture de survie. Il me faut dormir. Et au moins des bénévoles pourront veiller sur moi.

J'arrive donc à Vareton. Il est presque 6h. Je grignote un truc et demande s'il est possible de dormir. Le bénévole, adorable lui aussi, me dit qu'il n'y a pas d'endroit prévu mais qu'ils ont une petite pièce, où deux coureurs dorment déjà. Je dis que j'aimerais bien y aller.

La pièce est minuscule. Il n'y a qu'une table, quelques chaises et deux bancs, mais un gros poêle qui chauffe bien. Un coureur dort par terre, un autre est posé sur un banc. J'essaie de me poser sur l'autre banc, mais il est trop étroit pour dormir, j'aurais peur de tomber. Je me pose donc par terre, la tête sur mon sac, et m'endors aussitôt.

Je me réveille dix à quinze minutes plus tard. Je me sens mieux. Je grignote à nouveau, remercie fortement le bénévole, et repars plus sereine. En plus, le jour va bientôt se lever. Je me sens sauvée.

**Le moral au fond du sac :**

On monte, on descend, on contourne un bout de montagne, on monte, on descend, etc. C'est long en effet. Mais comme j'ai été prévenue, ça ne passe pas trop mal, finalement.

Et j'y arrive, à la fenêtre de Tsan, à 2738m (*km265*). Des vaches, et surtout des veaux, m'y accueillent. Un petit veau a un fanion du Tor dans la gueule, et un autre veau essaie de le lui prendre. C'est trop mignon !

Je ne reste pourtant pas, je continue mon chemin, en commençant par une nouvelle descente. Elle me mène au refuge Lo Maggia, qui semble accessible par une route. Pourtant, à ce ravito, il n'y que du grignotage (toujours le même tout le long du Tor : abricots secs, pruneaux secs, chocolat, biscuits, tartelettes, crackers italiens ressemblant aux TUC, fromage, charcuterie). Je vois un coureur avec une assiette de pâtes, mais il la paie ! Je repense au ravitaillement au Col de la Vecchia, simple cabane au milieu de nulle part servant de la polenta.

La suite est toute en monta-cala, mais avec de plus longues montées et descentes qu'entre les deux fenêtres.

Je passe ainsi les 19$^e$ et 20$^e$ cols du Tor, Col Terray et Col de Chaleby, à 2775m et 2693m. Il fait beau, le paysage est superbe.

Mais j'ai un souci. Avec l'arrivée du soleil, je m'étais changée pour mettre un t-shirt à manche courte mais très vite j'ai dû remettre mon coupe-vent. Mais ensuite j'ai eu chaud et l'ai enlevé. Et je n'arrête pas depuis ! A chaque fois, je dois m'arrêter, poser les bâtons, enlever mon sac, remettre ou ressortir le coupe-vent,… C'est ennuyant, agaçant, épuisant ! Le temps ne fait que changer, les températures ne font que varier (ou alors c'est mon corps qui, avec la fatigue, ne parvient plus à s'adapter). Je pense à Georges. Il me dirait que Dieu Tor se joue de moi.

D'ailleurs, il en est où, Georges ? A chaque fois que je vois mon chéri, je le lui demande, et je sais qu'il est loin mais qu'il avance.

Je finis par remettre mon t-shirt à longues manches et décide de rester ainsi jusqu'à Oyace. Mais quinze minutes plus tard, j'ai trop froid, je dois remettre mon coupe-vent. Et à peine couverte que j'ai chaud. Oooooooh c'est un sketch, je me mets à pleurer. J'ai bien conscience que pleurer pour une simple petite contrariété est ridicule, mais je n'en peux plus ! Au fond, ce n'est pas vraiment ça qui me fait pleurer, ce n'est que la goutte d'eau qui fait déborder le vase. C'est long, je suis fatiguée, et surtout mon bébé me manque terriblement. Quelle égoïste je suis de l'abandonner ainsi pendant tant d'heures !

J'arrive usée et de mauvais poil au ravitaillement suivant. Je m'y pose avec une soupe. Un coureur arrive en soupirant et se plaignant, avec une certaine ironie dans la voix qui me fait rire. Il vient me parler. Il me semble qu'on avait déjà discuté. « Alors, c'est Thierry Blondeau qui t'a donné envie de faire le Tor ? ».

Ah oui, c'est un autre ami de Thierry.

« Non, j'avais déjà envie avant de le connaître », réponds-je.

Je ne me rappelle même plus depuis quand j'ai envie de participer. Quand j'ai commencé le trail en 2011, mon objectif était de faire l'UTMB en 2015 (je l'ai fait en 2016 finalement). Mais avant même d'atteindre cet objectif, j'ai rêvé du Tor. En fait le Tor, c'est un peu comme l'UTMB, un ultra près de la maison à Bourg-Saint-Maurice – puisque la vallée d'Aoste est juste de l'autre côté de la frontière –, et que ma famille et moi connaissons depuis qu'il existe. Et qui me fascine depuis presque aussi longtemps.

Mais je ne raconte pas tout ça à Vincent. Il m'explique que c'est sa quatrième tentative de terminer le Tor et que ce sera la dernière (et ce sera la bonne !). La dernière fois, il a abandonné à Ollomont. « C'est difficile, de terminer le Tor ».

« Ben non, je suis en train de le faire », me dis-je. Mais je ne le lui dis pas, bien sûr. Et puis le chemin est encore long. Moi aussi, je pourrais abandonner à Ollomont.

Cet échange m'a changé les idées. Je repars de bonne humeur. Il est 12h40. Il reste un col à franchir, le Col de Vessonaz, à 2778m (*km277*), que j'atteins vite. Il ne me reste qu'une longue descente (1300m de dénivelé sur 8km), que je fais en un peu plus de deux heures. Elle se termine par une belle forêt.

Et c'est là, dans cette forêt, que je vois... mon papa !

Il me dit que je vais arriver à un très joli pont, puis qu'il y aura une montée d'environ 200m de dénivelé avant d'arriver en haut du village.

Le pont est en effet magnifique. Le ruisseau est dans un gouffre, beaucoup plus bas. Puis la montée n'est pas si longue, et en haut m'attend... ma maman !

Mes parents sont adorables d'être venus à ma rencontre. Ils me laissent descendre le village seule pour ne pas arriver avec moi au ravitaillement, puisqu'il est interdit d'être accompagné. Pourtant j'en ai vu pas mal des participants se faire accompagner, et certains sur des portions hyyyyper longues.

Le ravito est tout en bas (il faudra remonter !) du village. Quand j'arrive au-dessus, je vois mes amours ! Ils me voient et j'entends « maman ! ». Mon cœur déborde d'amour et de joie !

J'y suis à 15h24, à dix minutes près l'heure que j'avais prévue. Dans ce ravito, les assistants sont acceptés et mes chéris m'y accompagnent. C'est donc au chaud qu'on peut faire une bonne tétée. Puis je mange, recharge. On gagne du temps car mes pieds momifiés n'ont pas besoin de soin. Mais je reste quand même une heure, car je passe ce temps gagné avec mes parents et Charlie dehors, pour une nouvelle bonne tétée. Je savoure ce temps avec eux. Je ne les reverrai que demain matin.

**Une petite pluie et un col rapide :**

Pourtant je repars le cœur lourd. J'ai appris que Georges avait arrêté au Niel, rattrapé par la barrière horaire. Il a quand même fait 200km alors qu'il n'était pas sûr il y a deux semaines de prendre le départ, s'étant fait une hernie discale un mois avant le départ. Mais je suis triste pour lui.

Dieu Tor aussi. Il se met à pleuvoir. Je ressors mon coupe-vent (ça faisait longtemps !). Ce n'est pas une grosse pluie mais elle dure toute ma montée. Cependant celle-ci n'est pas trop longue (à peine plus de 1000m), et alors que je me demande si je ne devrais pas mettre le poncho de pluie, j'arrive au ravitaillement.

Je demande un café, et, comme le bénévole me dit qu'il doit le préparer, je dis : « Non mais sinon je prends un thé.

– Voilà déjà un thé, on vous prépare le café ».

J'enchaîne donc thé et café, et me dis que je ne risque pas de m'endormir !

Lorsque je repars, la pluie a cessé. Mon coupe-vent sèche vite, même. J'arrive alors au Col Brison, 22$^e$ col du Tor (ça commence à faire !) à 2508m (*km295*), au coucher du soleil. C'est beeeeaaaauuu !

Je sors ma frontale, que j'allume dans la descente. Nouvelle nuit, la dernière ! Enfin j'espère. Je redoute vraiment de passer une sixième nuit sur ce Tor. Une sixième nuit à lutter contre le sommeil, non.

Non, non, la prochaine sera dans un lit douillet !

Et je décide de rester plus longtemps à Ollomont, comme l'avait fait Audrey. Quand j'ai lu son livre je n'ai pas trop compris son choix (elle prenait le risque d'être juste au niveau des barrières horaires) mais à présent je le comprends et adopte la même stratégie. Celle d'être sûre de se sentir assez reposée pour la dernière partie. Et pour moi, également de couper la nuit.

Mais d'abord, il faut descendre. Puis il y a un peu de plat. J'atteins ensuite le village, sur une place que je reconnais. On s'était posés ici lorsque mon papy était venu nous chercher, mes parents, Marie-Antide, et moi, lorsque nous avions fait le Tour des Combins (enfin, trois-quarts du tour). J'ai une grosse pensée pour mon défunt papy.

Je suis donc à Ollomont. J'arrive bien plus tôt que prévu. D'ailleurs, mon chéri vient à peine d'arriver quand je le rejoins. Il était au resto à Aoste avec Charlie et mes parents, et a eu un coup de stress en voyant mon avancée, car il avait un bon bout de route à faire. Il avait trouvé un hôtel bien placé, avec un resto dans lequel il se trouvait qu'on avait mangé avec mes parents au retour de l'UTMR. Mais le resto est actuellement fermé, et ils ont dû aller jusqu'à Aoste pour manger. Bref, il est arrivé à Ollomont à temps, à 21h.

Et il a même eu le temps de me trouver de la polenta ! Mais je commence par grignoter du raisin, et il y a de la place aux massages alors j'y fonce ! On me refait aussi quelques pansements aux pieds. J'ai notamment une nouvelle ampoule au talon. Mais c'est surtout au gros orteil gauche que j'ai mal. Mon ongle est gonflé, il doit avoir une ampoule dessous (et je le perdrai sans doute, mais ce ne sera pas la première fois). Je m'endors pendant le massage, et on me laisse dormir une heure !

En me réveillant, j'ai encore sommeil et vais me poser dans un lit de camp, pour une nouvelle heure.

En voulant me lever, je me rends compte que je n'ai pas de collant dans mon sac. Je porte un caleçon de mon chéri que j'ai mis pour le massage et que j'ai gardé pour dormir. Les lits de camps sont à côté des massages, mais pour rejoindre la zone d'assistance, je dois changer de tente. J'appelle mon chéri mais il ne répond pas. Il m'a laissé ma polenta mais je ne trouve pas de cuillère pour manger en l'attendant (en fait il y en avait bien une, cachée). Je me sens bête, frustrée d'être bloquée ainsi. Je rappelle mon mari. Il décroche. Je l'engueule.

Le pauvre ! Il se démène pour moi, speede, se prive de sommeil, se dévoue,… et se fait engueuler.

Tant pis, je sors de la tente en petite tenue. Et tombe sur mon chéri venu m'aider. On va sous la tente d'assistance. Notre routine nous sort de notre rancœur (il m'en veut, puis je m'en veux, mais on se quittera en s'excusant, en s'embrassant et en s'encourageant). J'ai un nouveau commentaire de Thierry avec la description très détaillée de la fin de mon parcours (waouh, la FIN !). Il parle notamment de plats gastronomiques à Ponteille Desot.

Je ne reste finalement pas plus de trois heures trente à Ollomont, mais en ayant dormi deux heures, cette fois.

Je me sens d'attaque pour la dernière partie du Tor. La prochaine base de vie sera… l'arrivée !

## La gastronomie de Ponteille Desot :

Je croise plein de petites souris dans le début de la montée. Je suis ensuite dans la forêt. Le chemin monte en petits lacets rapides comme j'aime. Puis les arbres laissent place à un grand ciel étoilé, miagnifique !

Et ainsi, en trois heures, 1300m de dénivelé au-dessus d'Ollomont, j'arrive au Col Champillon (Col Champignon comme j'aime l'appeler), 23$^e$ col du Tor à 2707m (*km308*). Ici c'est à ma sœur et Jimmy que je pense. Ils avaient fait ce col lorsqu'ils avaient fait le tour des Combins (en entier, eux), il y a deux ans, en plein Tor d'ailleurs.

Je n'ai pas attaqué la descente depuis longtemps lorsque je vois un bâtiment éclairé qui semble immense. Je me demande s'il s'agit du ravitaillement, et me dis qu'il a l'air très loin.

En effet, il l'est. La descente est longue. Elle passe par une nouvelle forêt. La lune est là encore, assez basse. Sa lumière est intense. Je la vois me suivre à travers les arbres, comme si un coureur me suivait avec une frontale géante.

Je finis par m'approcher du grand bâtiment éclairé mais dois faire un grand détour pour l'atteindre.

Il s'agit en fait d'une ferme, mais le ravito est bien là. Je suis à Ponteille Desot, mais je me croirais au Fort 2000. Il y a ici le même bazar. On est vraiment à la ferme. Je ne demande pas si on peut dormir, mais me dis qu'il est sûrement possible de le faire avec les cochons !

Je demande plutôt ce qu'il y a à manger. On me propose de la polenta, que j'accepte. Mais on m'amène... une polenta au lard, qui sent affreusement mauvais ! J'en mange quand même un peu par politesse (pas le lard, hein). C'est infect. Ce n'est pas la polenta du Fort 2000 ! J'ai envie de vomir. J'en suis complètement dégoûtée de la polenta. Ça m'attriste car les bénévoles sont ici aussi extrêmement gentils.

Je demande d'ailleurs à l'un d'eux combien de temps il faut pour aller à Saint-Rhémy-en-Bosses. Je sais pourtant qu'il ne faut *jamais* écouter les indications des bénévoles ! Ils cherchent toujours à vous rassurer, minimisent le truc, et vous vous retrouvez toujours déçu. Mais j'ai vu sur un panneau l'indication « Saint-Rhémy 2h » et me dis que je vais arriver bien en avance sur mon temps prévisionnel. Le bénévole confirme : « deux heures ».

Du coup, j'appelle Jonathan en repartant pour le prévenir.

Le chemin alterne entre plat et faux-plat descendant. Je marche donc presque tout le temps.

Avec le lever du jour s'abat sur moi une nouvelle envie de dormir. Je lutte, je lutte, je lutte. Mais la lumière en s'accroissant finit par chasser le sommeil.

Cependant je ne vois pas la fin de cette portion malgré le temps qui passe. C'est fou, durant le Tor, j'ai souvent mis le temps indiqué par les panneaux, ou à peine moins en montée et pas beaucoup moins en descente ! Pourtant, même si je n'ai peut-être pas l'allure d'une « vraie » traileuse, je n'ai pas non plus celle d'une randonneuse du dimanche ! Ils sont fous, ces Italiens !

Cela fait presque deux heures que j'ai quitté Ponteille Desot et je vois Saint-Rhémy-en-Bosses, mais je dois faire un grand détour pour atteindre le village.

Je rappelle mon chéri et m'excuse de l'avoir réveillé « pour rien ».

« Pas de soucis, j'y suis, je t'attends, prends ton temps. Tes parents sont sur la route, ils vont bientôt arriver avec Charlie ».

Oh, mon bébé ! J'accélère (de 0,01km/h au moins !).

J'atteins Saint-Rhémy-Bourg en deux heures pile depuis Ponteille Desot. C'est sûrement ce hameau qui était indiqué sur le panneau ! Il a l'air joli en tout cas.

Ici je croise un bénévole avec des fanions, qui semble ajouter un peu de balisage. Pourtant j'ai trouvé ce dernier parfait, et ce depuis le début de l'ultra.

Il me faudra encore vingt minutes pour atteindre le ravito. J'y arrive pile avec le soleil ! Tant mieux car il faisait très froid depuis le refuge Champignon. J'avais même mis la doudoune pour passer le col !

Mes parents arrivent en même temps que moi. Que je suis heureuse de les voir ! De voir mon petit choupinounou d'amour.

On se pose au soleil pour la tétée. La dernière sur le Tor !

Je reste moins d'une heure, même si on perd beaucoup de temps à trouver les toilettes. Ils sont indiqués mais introuvables. Mon chéri réveille même quelques coureurs qui dorment dans une salle cachée. On peut dormir ici ? Non, ce sont des participants qui ont abandonné. On est pourtant si proche de l'arrivée ! J'ai mal au cœur pour eux. Non finishers tout en ayant fait presque tout le tour.

Presque.

Ce n'est pas terminé !

## Les deux derniers cols :

### *Titre alternatif : l'arrivée !*

Cette dernière montée est toute en longueur. Il y a 1400m de dénivelé sur 10km jusqu'au col !

Il faut d'abord longer une route. Je sens le soleil cogner fort sur mon dos. Je m'arrête pour chercher ma crème solaire mais ne l'ai pas. Une lubie nous a pris à un moment de vouloir alléger mon sac. Pourtant je n'étais pas à quelques grammes près (en plus mon tube de crème est presque vide). Un conseil pour ceux qui veulent faire le Tor : garder *toujours* l'essentiel avec vous. On ne pense pas forcément à reprendre au bon moment ce qu'on a ôté.

J'appelle donc mon mari, et à nouveau il doit me rejoindre pour me donner ce dont j'ai besoin. Il doit même courir en montée (!) car le temps qu'il arrive, j'ai attaqué le sentier. Il est épuisé, mais son effort vaut le coup (mais pas de soleil !) car je me tartine et me retartinerai.

Cette journée est la plus belle du Tor.

Et la dernière !

J'arrive au refuge Frassati à 11h30. Florence est là. On discute quelques minutes. « Tu n'es pas trop fatiguée ? me demande-t-elle.

– Si, quand même, réponds-je.

« Comme tous les coureurs à ce stade de la course, non ? » me dis-je.

– Oui, avec l'allaitement, ça doit être plus fatigant, ajoute-t-elle ».

Ah, ça !

J'y repenserai un peu plus tard. C'est vrai, je vais terminer le Tor en ayant allaité mon bébé. J'y serai arrivée ! Je ressens à ce moment une immense fierté. Et l'allaitement s'est bien passé, mon corps s'est bien adapté. Je n'ai même pas dû utiliser une seule fois le tire-lait manuel (il aura fait tout le Tor dans mon sac *anyway*).

Une coureuse entre dans le refuge mais ne reste pas longtemps. Elle nous regarde Florence et moi, puis repart avec un sourire, en mode « vous deux, je vais vous fumer ». Franchement, de mon côté, je ne vis pas du tout ce Tor en mode compétition.

Je repars tranquillement à la suite de Florence, que je double car mon rythme est un poil plus rapide.

On termine vite la montée douce, quittant les pentes herbeuses pour une montée raide rocailleuse, qui va nous faire atteindre le Col Malatra ! Il faut même mettre un peu les mains sur la fin. Et m'y voici, au 24ᵉ et avant-dernier col du Tor, à 2936m (*km335*).

Waouh ! Ce petit col en fenêtre offre une vue incroyable sur le Grand Combin d'un côté, et le Mont Blanc de l'autre. C'est beau !

Puis j'attaque la descente, et le paysage s'élargit, s'ouvrant sur les Grandes Jorasses. OMG ! C'est tellement beau ! J'en ai les larmes aux yeux. Je m'arrête même faire une photo.

La plus belle journée offre le plus beau spectacle du Tor, et l'un des plus beaux de ma vie.

La descente est courte. Il faut ensuite monter au Pas entre Deux Sex (ou Deux Sauts). Là je connais ! Je l'ai fait en rando, avec mes parents, Marie-Antide et son mari (je me rappelle que le nom du col les avait fait rire), mais dans l'autre sens.

J'atteins ainsi le dernier col du Tor à 2524m. Le 25ᵉ !

Là se trouve aussi l'avant-dernier ravito. Florence y arrive un peu après moi ; on se suit toujours. Mais je n'y reste pas longtemps, j'ai hâte de terminer.

Dans la descente qui suit, je me tape le pied contre un rocher. Ce n'est pas la première fois, mais là c'est en plein sur mon orteil meurtri et la douleur est horrible. Je crie, m'arrête, mords mon bâton tellement j'ai mal. Un coureur me double en me jetant un regard compatissant. Je lui souris en retour, l'air de dire « je souffre le martyr mais tout va bien ». D'ailleurs je repars et la douleur finit par s'estomper.

J'atteins le parcours du Tour du Mont-Blanc. Je connais toujours, puisque je l'ai fait lors de l'UTMB. Mais là encore, dans l'autre sens.

J'arrête ma musique car ici il y a beaucoup de randonneurs et je veux pouvoir échanger avec eux, profiter jusqu'à la fin des « bravo », « brava » et « bellissima », comme j'ai eu souvent depuis le départ du Tor.

La vue est ici aussi incroyable, sur ce chemin en balcon face au Mont Blanc et aux Grandes Jorasses. Mais le terrain est assez plat, et la monotonie laisse place à l'envie de dormir, contre laquelle je dois à nouveau lutter. C'est cependant moins difficile que de nuit.

Je subis un autre phénomène dû à mon extrême fatigue. Le soleil tape fort ici. Je le sens sur ma peau. Je me rends bien compte qu'il fait hyper chaud mais... je ne transpire pas ! Si je passe à l'ombre, j'ai même la chair de poule !

Il se passe d'autres choses étranges sur ce chemin. Un coureur me double soudain en sprintant ! Il me dit quelque chose dans une autre langue que je ne saisis pas mais qui sonne comme « c'est bientôt fini, je veux y être ! ». Je ne comprends pas où il trouve cette énergie et cette capacité à tant accélérer. Je suis épatée par les ressources du corps humain.

Un peu plus tard, trois Italiens me doublent, à une allure plus humaine, bientôt suivis par Florence. Elle me dit avoir été reboostée par les Italiens. J'essaie un peu de la suivre et accélère mais c'est difficile. Je parviens tout juste à la garder en vue.

Et j'arrive ainsi au dernier ravito du Tor (!) au Mont de la Saxe (en fait plus un petit col qu'un sommet). J'y reste encore moins longtemps qu'au précédent ravito. Il ne me reste plus qu'une descente !

A peine le ravitaillement passé que je vois fugacement Courmayeur. J'entends même l'animation de l'arrivée pendant quelques secondes ! Pourtant la descente est assez longue. Mais elle plonge directement sur le village. Je vais vite arriver ! Je commence à avoir les larmes aux yeux.

J'essaie de plier mes bâtons pour envoyer un peu dans cette dernière descente mais mes jambes sont trop douloureuses. Je les déplie très vite. Je parviens quand même à aller plus vite que d'habitude. Florence est d'abord en vue, puis je la perds (enfin c'est plutôt elle qui me sème). Il faut dire que je perds un peu de temps en remettant ma musique, pour chercher *The Spectre* d'Alan Walker, la chanson que j'ai eue au refuge Coda et que j'écoute trois fois de suite. Puis je cherche *Conquest of Paradise* de Vangelis, la chanson qui rime pour moi avec ultra, et qui me fait vibrer. Je l'écoute trois fois également, et me mets réellement à pleurer.

De joie bien sûr ! C'est bon, je vais y arriver ! Je vais terminer le Tor !

J'arrête la musique. La fin est proche.

J'atteins déjà le bitume. Je ne vois plus du tout Florence, elle a dû envoyer encore plus sur la route.

Moi aussi j'arrive à courir, sans les bâtons même ! Mon allure est bonne (en fait je ne suis peut-être qu'à 7km/h) mais je donne tout ce qu'il me reste et sais qu'une fois arrêtée je ne serai plus capable de repartir.

Ça y est, j'atteins la rue principale ! Les gens m'applaudissent. Puis j'entre dans la rue piétonne. Les spectateurs sont plus nombreux. Ils m'acclament comme si j'avais gagné ! Je cours toujours, le sourire jusqu'aux oreilles. Je suis trop heureuse !

Christophe Tieran, du VTC, est là et me félicite, courant un peu avec moi, pas fatigué malgré qu'il ait fini la Tot Dret (le 130km du Tor) il n'y a même pas deux jours (et qu'il ait fini deuxième !).

Puis j'atteins le tapis marquant les derniers mètres avant l'arrivée. C'est là que je vois mes chéris ! Jonathan jette Charlie par-dessus la barrière. Mon bébé se met à courir vers moi.

Ce moment est l'un des plus beaux de toute ma vie ! J'aurai les larmes aux yeux à chaque fois que je revisualiserai cette scène.

Je chope Charlie au passage (mon dieu qu'il est lourd !), continue de courir, monte la rampe de fin, et franchis la ligne d'arrivée.

## L'après-Tor :

Il est 16h56. J'ai mis 126h56. Ce qui est fou car en établissant mes temps prévisionnels, j'arrivais à un temps total de 127h ! Puis je m'étais rendu compte que j'avais sous-estimé la partie Cogne-Donnas et j'avais ajouté deux heures.

Je suis 197$^e$. Ce qui est fou car j'ai le dossard 191 et comme nos numéros de dossard ont été attribués selon notre niveau de performance, il aurait été logique que j'arrive 191$^e$.

Tout ça, c'est mon côté bonne élève.

Bien sûr, sous cette arche d'arrivée, Charlie sort un « tété-tée ?! ». Me voilà donc, après quelques photos, une médaille et la signature de l'affiche des finishers, sur un fauteuil dans la zone post-arrivée réservée aux coureurs, mon bébé au sein, une bière sans alcool à la main. D'ailleurs, anecdote que j'ai oublié de raconter : il y avait de la bière (alcoolisée, hein) à tous les ravitos ! Et des coureurs en buvaient !

Mon mari et mes parents sont là.

Je mange pour éviter l'hypoglycémie post-course (du pain germé et des compotes, que je dois partager avec mon fils qui adore ça). Puis je pars avec mon chéri au gymnase. Nous sommes emmenés par une voiture de l'orga ! Si le Tor a quelques points à améliorer au niveau organisationnel (en temps de covid en tout cas), il les compense avec de sacrés privilèges. On nous chouchoute, et je vais d'ailleurs me faire chouchouter aux massages. Je me fais également ôter mes pansements aux pieds, et pour cela dois d'abord me doucher. Les douches sont à l'autre bout du gymnase, dont l'accès nécessite le passage d'escaliers, de portes et de couloirs interminables ! Mais la douche fait du bien. Après cinq jours sans !

Les thérapeutes jugent mes pieds « très bien », je me demande s'ils sont ironiques. On me dit de laisser les ampoules à l'air libre pour guérir plus facilement. Je m'endors à moitié pendant le massage. Que j'ai sommeil !

Du coup, je zappe le resto du soir. Dans ma chambre d'hôtel, je vais direct au lit. Mais commence par appeler Georges. Il me dit être content d'avoir pu faire 200km. Du coup, je suis rassurée et contente pour lui. Il est fier de moi, ça me touche beaucoup.

Mon chéri vient déposer nos sacs avant de partir dîner avec mes parents. Charlie est avec lui mais lorsqu'il me voit, il ne veut plus me quitter. Moi non plus je ne veux plus le quitter. Alors je propose de le garder. Car en plus il a l'air crevé, et je vois que ça soulagerait bien mon chéri. Ce dernier accepte avec reconnaissance.

Comme il faut quand même que Charlie mange, je me relève, difficilement. Je suis d'une lenteur extrême. Chaque geste demande un effort immense. On se partage une conserve de quinoa et une nouvelle compote Puis je lui change sa couche, le mets en pyjama, et enfin on retourne au lit. Durant la tétée, je m'endors avant lui.

Le lendemain sera une journée d'échange.

Je retourne me faire masser. C'est la même équipe que la veille, et à nouveau mes pieds sont qualifiés de « très bien ». Ah bon. Nicky Spinks se fait masser aussi. Sur l'UTMR, elle m'avait mis trois heures trente, et cette fois, elle me met vingt-cinq heures quarante (!) et arrive troisième (!). On échange un sourire avant de profiter de nos massages.

En quittant les masseurs, l'un d'eux me dit : « Tu ne reviens pas demain, hein, Elodie, on ne sera plus là.

– Oh, dommage ! ».

J'arrive doucement à parcourir les rues de Courmayeur ; le matin avec ma famille, et l'après-midi également avec Phil, revenu avec Aurore et leurs deux enfants, Ethan (copain de Charlie) et le tout petit Sasha.

On voit aussi des copains du club, dont Véronique qui a fait le Passage au Malatra (le 30km du Tor, qui correspond à la fin de mon parcours). Je croise Sébastien Poesy, coureur du 06, qui lui l'a gagné. On se félicite. Je ne me remettrai jamais de cette différence de temps mis sur ces 30km : pour lui 2h46 et pour moi… 8h20 !

Je revois le coureur avec qui j'étais au refuge Coda, celui qui allait très vite et faisait beaucoup de pauses. Il est arrivé douze heures avant moi, et a donc mis quatorze heures de moins (car il était parti dans la deuxième vague) !

Je ne revois par contre pas Hernan (l'Argentin), qui arrive en ce samedi matin (pendant mon petit déjeuner), à peu près en même temps que Jean-Yves, copain de Georges qui a battu son temps de 2019 de deux heures. On avait fait une sortie ensemble. Jean-Yves ne fait que marcher, même en descente. Il m'avait dit que finir le Tor en marchant était largement faisable. Mais je m'étais rendu compte que pour le suivre sur du plat ou de la descente, il fallait que je trottine ! Donc finir le Tor en marchant, oui, mais quand on est un très bon marcheur comme lui.

Je ne revois pas non plus David, qui est arrivé peu après moi.

J'assiste à l'arrivée du dernier concurrent (c'est émouvant !), et je discute un long moment avec Florence, avec laquelle je garderai un peu contact. J'ai fait une belle rencontre sur ce Tor.

Le dimanche, j'assiste à la remise des prix, toujours avec mes chéris, mes parents et mes copains Phil et Aurore. Il y a la grande photo des finishers, un autre moment très émouvant, puis on s'en va, direction la Savoie.

A chaque fois que je repars du Népal, j'ai le sentiment d'y laisser une partie de moi, et j'ai hâte d'y retourner pour me sentir entière à nouveau. J'ai un peu le même sentiment en quittant la vallée d'Aoste, comme si une partie de mon âme continuait d'errer entre tous ces cols. D'ailleurs pendant plusieurs nuits, je rêverai que je marche, encore et encore…

### Mon mantra du Tor :

## Lâcher-prise
*Sur l'extérieur au Tor (ce que mange Charlie par exemple)*
*Sur mes temps (peu importe le retard)*
*Sur mon classement (on s'en fiche)*
*Sur ce que je pense que les gens attendent de moi (je n'ai rien à prouver et personne à décevoir)*

## Sourire
*A mes proches, aux bénévoles, aux « spectateurs »,…*
*Et peu importe ce qu'il se passe*
*Positiver, toujours*

## Profiter
*Des paysages, des rencontres, des bonnes sensations,…*

## Gérer
*Le rythme, le sommeil, les pauses,…*
*Prendre le temps, mais ne pas trop en perdre*

## Manger
*Suffisamment*
*Sans attendre la faim*

## Avancer
*Quoi qu'il arrive*
*Même en mode escargot*
*Pour…*

## Finir

### Le Tor en quelques nombres :

**25 170m de dénivelé**

**352km**

**126h56**

**25 cols**

**8 tétées**

**7h de sommeil**

## Remerciements

*Je remercie avec un immense amour mon mari, Jonathan, qui m'a soutenue, suivie, assistée, aidée, encouragée,... non pas seulement sur la course, mais également lors de sa préparation. Quand j'ai pris la décision de m'inscrire au Tor, il m'a immédiatement soutenue, alors que ce n'est pas ce qu'on avait prévu pour cette année. Petit à petit il s'est de plus en plus investi, psychologiquement mais aussi logistiquement. Il a beaucoup préparé son assistance. Et surtout, j'ai pu faire de belles sorties trails cet été pendant qu'il gardait Charlie.*

*Je remercie également mes parents, qui m'ont beaucoup soutenue également, qui se sont beaucoup investis et qui se sont merveilleusement bien occupés de leur petit-fils pendant l'ultra.*

*Je remercie Georges, spécialiste du Tor qui m'a donné plein d'infos et de conseils pour cet ultra ultra. Un super coach !*

*Je remercie les personnes qui m'ont encouragée sur le parcours, comme ma sœurette, Simone, Marie-Elise, Jeanine et Michèle, et « Michel du Grand Capelet ».*

*Je remercie toutes les personnes qui m'ont encouragée avant et pendant le Tor, en particulier les membres du Vésubie Trail Club. J'ai beaucoup entendu avant la course « je suis sûr que tu vas le finir », « je ne me fais pas de soucis pour toi », ce qui aide beaucoup à prendre le départ avec confiance et assurance. Et à chaque fois que l'on se voyait, Jonathan me transmettait les encouragements que je recevais via Facebook, ce qui booste énormément. J'ai aussi reçu plein de beaux messages. Merci, les amis !*

*Je remercie Audrey qui m'avait envoyé un beau message plein de conseils et d'encouragements, et qui a écrit un super livre qui m'a beaucoup aidée. Je l'ai relu en diagonale après avoir écrit mon récit, et j'ai trouvé drôle à quel point on a pu être parfois à l'opposé ; tout ce qu'elle a fait de nuit, je l'ai fait de jour, et vice-versa, et elle a eu un super soleil la seule fois où j'ai eu la pluie (et presque vice-versa !), mais aussi à quel point on a pu vivre des événements, des sensations,... similaires.*

*Je remercie Thierry Blondeau, grand spécialiste du Tor pour l'avoir terminé huit fois, pour ses encouragements via d'autres coureurs (c'est original) et ses descriptions détaillées des étapes qui m'attendaient.*

*Je remercie enfin Charlie, qui a été très courageux et conciliant sur ce Tor. Il m'a apporté beaucoup de courage, de motivation et d'amour.*

*Sur le Tor des Géants en 2021 :*

*Première tétée à Valgrisenche, km52 ; en repartant de Donnas, km155 ; à la base de vie de Valtournenche, km250 ; avec mes parents et mon bébé à Oyace, km287 ; arrivée à Courmayeur, km352 ; en descendant du Malatra, km335*

# Liste de tous mes trails
(et autres courses)

| Date | Course | Lieu | Kilomètres et dénivelées | Récit page... |
|---|---|---|---|---|
| 08/07/2009 | Montée des Chapieux | Bourg-Saint-Maurice (73) | 15km, 730m+* | / |

**Année 2011**

| Date | Course | Lieu | Kilomètres et dénivelées | Récit page... |
|---|---|---|---|---|
| 03/07/2011 | Montée des Chapelles | Bourg-Saint-Maurice (73) | 11km, 480m+* | / |
| 18/07/2011 | **Altispeed** | Val d'Isère (73) | ~~32km, 2500m~~ | p.25 |
| 30/07/2011 | Trail des 2 Lacs | La Plagne (73) | 22km, 1100m | / |
| 21/08/2011 | La Sauvage | Pralognan (73) | 26km, 1100m | / |
| 04/09/2011 | Semi-Trail Montée du Revard | Aix-les-Bains (73) | 21km, 1500m+ | / |
| 25/09/2011 | Trail d'Albertville | Albertville (73) | 32km, 2500m | / |
| 02/10/2011 | Semi-Marathon de Lyon | Lyon (69) | 21km* | / |
| 11/12/2011 | **Goa River Marathon** | Vasco da Gama (Inde) | 21km* | p.133 |

**Année 2012**

| Date | Course | Lieu | Kilomètres et dénivelées | Récit page... |
|---|---|---|---|---|
| 09/06/2012 | Trail Faverges Icebreaker | Faverges (74) | (R) 20km, 1530m | / |
| 15/07/2012 | **Altispeed** | Val d'Isère (73) | 32km, 2500m | p.26 |
| 28/07/2012 | Trail des 2 Lacs | La Plagne (73) | 22km, 1100m | / |
| 05/08/2012 | Trail Cenis Tour 30km | Lanslebourg (73) | 30km, 1600m | / |
| 19/08/2012 | **Tour de la Grande Casse** | Pralognan (73) | 62km, 3855m | p.9 |
| 28/08/2012 | Dynafit Moontain Race | Courchevel (73) | 9km, 800m+ | / |
| 02/09/2012 | Semi-Trail Montée du Revard | Aix-les-Bains (73) | 21km, 1500m+ | / |
| 09/09/2012 | Trail de la Combe Bénite | Granier (73) | 27km, 2100m | / |

| Date | Course | Lieu | Distance | Page |
|---|---|---|---|---|
| 07/10/2012 | Semi-Marathon de Lyon | Lyon (69) | 21km* | / |
| 21/10/2012 | 10km de Grasse | Grasse (06) | 10km* | / |
| 28/10/2012 | **Trail des Baous** | Saint-Jeannet (06) | 16km, 650m | p.23 |
| 01/12/2012 | SaintExpress | Sainte-Catherine – Lyon (69) | 42km, 900m | / |

## Année 2013

| Date | Course | Lieu | Distance | Page |
|---|---|---|---|---|
| 10/02/2013 | Trail des Neiges | Castérino (06) | 11km, 250m | / |
| 17/02/2013 | Rock'n'Roll 10 miles Carnaval | Nice (06) | 16km* | / |
| 24/03/2013 | Trail des 3 corniches | Eze (06) | 19km, 1100m | / |
| 07/04/2013 | Ronde des Collines niçoises | Nice (06) | 18km, 480m | / |
| 14/04/2013 | Trail de Moulinet | Moulinet (06) | 21km, 1220m | / |
| 28/04/2013 | Trail des Balcons d'Azur | Mandelieu-la-Napoule (06) | 33km, 1800m | / |
| 25/05/2013 | Trail des Limaces | Blausasc (06) | 25km, 1100m | / |
| 09/06/2013 | Course des Héros | Lyon (69) | 6km* | / |
| 23/06/2013 | Trail de Valberg | Valberg (06) | 20km, 1200m | / |
| 28/06/2013 | KV du Mont-Blanc | Chamonix (74) | 3,8km, 1000m+ | / |
| 06/07/2013 | Trail des Abeilles | Roquebillière (06) | 23km, 2300m | / |
| 14/07/2013 | **Altispeed** | Val d'Isère (73) | 32km, 2500m | p.26 |
| 04/08/2013 | **Trail Cenis Tour 50km** | Lanslebourg (73) | ~~48km, 2200m~~ | p.125 |
| 30/08/2013 | **Echappée belle** | Vizille – Aiguebelle (38 – 73) | (R) 58km, 5000m | p.105 |
| 15/09/2013 | Trail des Alpes-Maritimes | Sospel (06) | 45km, 2700m | / |
| 22/09/2013 | Odyssea | Cannes (06) | 10km* | / |
| 29/09/2013 | Laïssa Couré | Peille (06) | 25km, 1400m | / |
| 13/10/2013 | Trail de Gorbio | Gorbio (06) | 42km, 2500m | / |
| 15/12/2013 | Cross d'Amnesty International | Valbonne (06) | 11km, 180m | / |

## Année 2014

| Date | Nom | Lieu | Distance | Page |
|---|---|---|---|---|
| 16/03/2014 | Snow Trail du Boréon | Saint-Martin-Vésubie (06) | 9km, 300m | / |
| 13/04/2014 | Trail de Moulinet | Le Moulinet (06) | 21km, 1350m | / |
| 27/04/2014 | **Trail des Balcons d'Azur** | Mandelieu-la-Napoule (06) | 47km, 2200m | p.15 |
| 18/05/2014 | 14km de Belvédère | Belvédère (06) | 14km, 340m* | / |
| 25/05/2014 | Trail des Limaces | Blausasc (06) | 25km, 1100m | / |
| 07/06/2014 | Trail de la Peïra | Lantosque (06) | 14km, 1100m | / |
| 14/06/2024 | Esclapa l'Œil Trail | Cipières (06) | 62km, 3000m | / |
| 21/06/2014 | KV de Saint-Martin-Vésubie | Saint-Martin-Vésubie (06) | 4,4km, 1150m+ | / |
| 27/06/2014 | **KV du Mont-Blanc** | Chamonix (74) | 3,8km, 1000m+ | p.106 |
| 06/07/2014 | **Trail de Valberg** | Valberg (06) | 46km, 2600m | p.68 |
| 13/07/2014 | **Altispeed** | Val d'Isère (73) | 32km, 2500m | p.27 |
| 26/07/2014 | **6000D** | Aime-la-Plagne (73) | 63km, 3100m | p.15 |
| 02/08/2014 | Trail Frison-Roche | Beaufort (73) | 15km, 1050m | / |
| 17/08/2014 | Trail Gaudissart | Pélasque (06) | 17km, 800m | / |
| 24/08/2014 | **Sur les Traces des Ducs de Savoie** | Courmayeur – Chamonix (Italie – 74) | 120km, 7250m | p.35 |
| 07/09/2014 | Trail Per Cami | Belvédère (06) | 13km, 1050m | / |
| 21/09/2014 | Trail des Alpes-Maritimes | Sospel (06) | 45km, 2700m | / |
| 12/10/2014 | **Trail de Gorbio** | Gorbio (06) | 42km, 2500m | p.122 |
| 23/11/2014 | Trail des Collines de Giono | Manosque (04) | 26km, 1200m | / |
| 14/12/2014 | Cross d'Amnesty International | Valbonne (06) | 11km, 180m | / |

## Année 2015

| Date | Nom | Lieu | Distance | Page |
|---|---|---|---|---|
| 11/01/2015 | **Prom Classic** | Nice (06) | 10km* | p.134 |
| 25/01/2015 | 12 bornes de Gorbio | Gorbio (06) | 12km, 260m* | / |
| 08/02/2015 | **Trail des Neiges** | Castérino (06) | 8km, 150m | p.155 |
| 15/02/2015 | Snow Trail de l'Ubaye | Saint-Paul sur Ubaye (04) | 22km, 1010m | / |
| 01/03/2015 | Trail des Merveilles | Breil-sur-Roya (06) | 26km, 1600m | / |
| 15/03/2015 | Snow Trail du Boréon | Saint-Martin-Vésubie (06) | 8km, 300m | / |
| 21/03/2015 | **Course des escaliers** | Beausoleil (06) | 458 marches* | p.134 |
| 12/04/2015 | **Ronde des Collines niçoises** | Nice (06) | 18km, 480m | p.120 |
| 18/04/2015 | Trail Nocturne des Abeilles | Roquebillière (06) | 9km, 540m | / |
| 26/04/2015 | **Ultra-Trail des Balcons d'Azur** | Mandelieu-la-Napoule (06) | 80km, 3500m | p.65 |
| 03/05/2015 | L'Escarénoise | L'Escarène (06) | 19km, 750m | / |
| 05/06/2015 | **Trail de la Peïra** | Lantosque (06) | 14km, 1100m | p.121 |
| 20/06/2015 | KV de Saint-Martin-Vésubie | Saint-Martin-Vésubie (06) | 4,4km, 1150m | / |
| 12/07/2015 | **Ice Trail Tarentaise** | Val d'Isère (73) | 65km, 5000m | p.28 |
| 02/08/2015 | Verticale du Haut-Vial | Revest-les-Roches (06) | 7km, 1350m+ | / |
| 09/08/2015 | Esclapa l'Œil KV | Gréolières (06) | 3,3km, 1000m+ | / |
| 16/08/2015 | Trail Gaudissart | Pélasque (06) | 17km, 800m | / |
| 04/09/2015 | **Ultra-Trail Côte-d'Azur Mercantour** | Nice – Saint-Martin-Vésubie (06) | 140km, 10 000m | p.42 |
| 03/10/2015 | **Natureman** | Les Salles-sur-Verdon (83) | 700m de nage, 25km de vélo, 5km de course | p.136 |
| 10/10/2015 | **KV de Gorbio** | Gorbio (06) | 5,4km, 1000m+ | p.119 |

| | | | | |
|---|---|---|---|---|
| 11/10/2015 | Trail de Gorbio | Gorbio (06) | 42km, 2500m | / |
| 01/11/2015 | Trail des Baous | Saint-Jeannet (06) | 30km, 1500m | / |
| 11/11/2015 | Relais du Pan Bagnat | Nice (06) | (R) 9km* | / |

## Année 2016

| | | | | |
|---|---|---|---|---|
| 10/01/2016 | Prom Classic | Nice (06) | 10km* | / |
| 24/01/2016 | 12 bornes de Gorbio | Gorbio (06) | 12km, 260m* | / |
| 07/02/2016 | Trail des Neiges | Castérino (06) | 10km, 300m | / |
| 06/03/2016 | Trail des Merveilles | Breil-sur-Roya (06) | 17km, 800m | / |
| 13/03/2016 | Snow Trail du Boréon | Saint-Martin-Vésubie (06) | 7km, 300m | / |
| 20/03/2016 | Course des escaliers | Beausoleil (06) | 458 marches* | / |
| 14/04/2016 | Trail de Moulinet | Le Moulinet (06) | 21km, 1330m | / |
| 16/04/2016 | Trail Nocturne des Abeilles | Roquebillière (06) | 9km, 540m | / |
| 24/04/2016 | Trail des Balcons d'Azur | Mandelieu-la-Napoule (06) | 47km, 2200m | / |
| 01/05/2016 | Ronde des Collines niçoises | Nice (06) | 18km, 480m | / |
| 05/05/2016 | Rocabiera Trail | Roquebillière (06) | 16km, 1050m | / |
| 29/05/2016 | **Marathon de l'Everest** | Khumbu (Népal) | 42km, 930m+, 2610m- | p.55 |
| 24/06/2016 | **80km du Mont-Blanc** | Chamonix (74) | ~~80km, 6000m~~ | p.139 |
| 03/07/2016 | Trail de Valberg | Valberg (06) | 12km, 550m | / |
| 31/07/2016 | Verticale du Haut-Vial | Revest-les-Roches (06) | 7km, 1350m+ | / |
| 06/08/2016 | Trail de l'Energie | Saint-Etienne-de-Tinée (06) | 16km, 1300m | / |
| 21/08/2016 | L'Escouissier | Saint-Auban (06) | 13km, 1000m | / |
| 26/08/2016 | **Ultra-Trail du Mont-Blanc** | Chamonix (74) | 170km, 10 000m | p.83 |
| 04/09/2016 | Trail Per Cami | Belvédère (06) | 13km, 1050m | / |

| Date | Nom | Lieu | Distance | Page |
|---|---|---|---|---|
| 18/09/2016 | Trail des Alpes-Maritimes | Sospel (06) | 13km, 650m | / |
| 25/09/2016 | **Trail des Puys** | Tourrettes-sur-Loup (06) | 27km, 1600m | p.94 |
| 10/10/2016 | KV de Gorbio | Gorbio (06) | 5,4km, 1000m+ | / |
| 16/10/2016 | **Les Fortifications de Tende** | Tende (06) | 45km, 2500m | p.54 |
| 23/10/2016 | Boucles de Breil | Breil-sur-Roya (06) | 14km, 350m* | / |
| 06/11/2016 | Trail des Baous | Jean-Jeannet (06) | 15km, 750m | / |

## Année 2017

| Date | Nom | Lieu | Distance | Page |
|---|---|---|---|---|
| 18/02/2017 | Snow Trail de Turini camp d'argent | La Bollène Vésubie (06) | 8km, 400m | / |
| 18/03/2017 | Course des escaliers | Beausoleil (06) | 458 marches* | / |
| 26/03/2017 | **Trail Gerbae** | Airole (Italie) | 13km, 1000m | p.22 |
| 01/04/2017 | Trail Nocturne des Abeilles | Roquebillière (06) | 8km, 400m | / |
| 23/04/2017 | **Ultra-Trail des Balcons d'Azur** | Mandelieu-la-Napoule (06) | 80km, 3500m | p.107 |
| 06/05/2017 | Rocabiera Trail | Roquebillière (06) | 16km, 1050m | / |
| 14/05/2017 | Trail de Massoins | Massoins (06) | 13km, 800m | / |
| 20/05/2017 | KV de Belvédère | Belvédère (06) | 4,3km, 1068m | / |
| 27/05/2017 | **Trail de Rimplas** | Rimplas (06) | 20km, 1700m | p.70 |
| 03/06/2017 | Trail de la Peïra | Lantosque (06) | 13km, 1050m | / |
| 17/06/2017 | **Ultra-Trail du Haut-Giffre** | Samoëns (74) | 83km, 6200m | p.61 |
| 25/06/2017 | Marathon du Finistère | Plouescat – Goulven (29) | (R) 20km* | / |
| 16/07/2017 | **Trail de la Rosière** | La Rosière (73) | 40km, 3000m | p.103 |
| 05/08/2017 | Trail de l'Energie | Saint-Etienne-de-Tinée (06) | 14km, 1300m | / |
| 13/08/2017 | Vertical du Petit Manaïrou | Valdeblore (06) | 3,9km, 850m+ | / |

| 25/08/2017 | **Ultra-Trail Côte-d'Azur Mercantour** | Nice – Saint-Martin-Vésubie (06) | ~~140km, 10 000m~~ | p.144 |
|---|---|---|---|---|
| 04/11/2017 | Trail des Baous | Saint-Jeannet (06) | 19km, 1000m | / |
| 03/12/2017 | Trail du Soleil Levens | Levens (06) | 23km, 1300m | / |

## Année 2018

| 03/02/2018 | **Bayard Trail** | Gap (05) | 15km | p.96 |
|---|---|---|---|---|
| 24/02/2018 | Snow Trail de la Colmiane | Valdeblore (06) | 9km, 520m | / |
| 17/03/2018 | Course des escaliers | Beausoleil (06) | 427 marches* | / |
| 31/03/2018 | Trail Nocturne des Abeilles | Roquebillière (06) | 9km, 540m | / |
| 08/04/2018 | **Défi de l'Olympe** | Bride-les-Bains (73) | 3,5km, 520m+ le plus de fois en 6h | p.110 |
| 14/04/2018 | Trail des Balcons d'Azur | Mandelieu-la-Napoule (06) | 47km, 2200m | / |
| 01/05/2018 | **Ronde des Collines niçoises** | Nice (06) | 11km, 300m | p.120 |
| 19/05/2018 | KV de Belvédère | Belvédère (06) | 4,3km, 1068m+ | / |
| 26/05/2018 | Trail de Rimplas | Rimplas (06) | 19km, 1500m | / |
| 09/06/2018 | **Esclapa l'Œil Trail** | Cipières (06) | 63km, 3500m | p.97 |
| 17/06/2018 | **Trail de la Vésubie** | Saint-Martin-Vésubie (06) | ~~41km, 3100m~~ | p.128 |
| 01/07/2018 | **Tour de l'Aiguille de la Vanoise** | Pralognan (73) | 15km, 1100m | p.126 |
| 28/07/2018 | **Red Bull K3** | Suse (Italie) | 9,7km, 3000m+ | p.130 |
| 04/08/2018 | **Trail de l'Energie** | Saint-Etienne-de-Tinée (06) | 14km, 1300m | p.71 |
| 05/08/2018 | Verticale du Haut-Vial | Revest-les-Roches (06) | 7km, 1200m+ | / |
| 11/08/2018 | Montée au drapeau | La Bollène-Vésubie (06) | 4km, 500m+ | / |

| 12/08/2018 | Verticale du Petit Manaïrou | Valdeblore (06) | 4km, 800m+ | / |
|---|---|---|---|---|
| 19/08/2018 | Trail Gaudissart | Pélasque (06) | 14km, 800m | / |
| 25/08/2018 | **Caïre del Mel** | Roquebillière (06) | 6,5km, 450m | p.123 |
| 02/09/2018 | **Trail Per Cami** | Belvédère (06) | 27km, 2100m | p.157 |
| 06/09/2018 | **Ultra Tour Monte Rosa** | Grächen (Suisse) | 170km, 11 300m | p.72 |
| 11/11/2018 | Relais du Pan Bagnat | Nice (06) | (R) 9km* | / |

## Année 2019

| 23/02/2019 | Snow Trail de la Colmiane | Valdeblore (06) | 9km, 550m | / |
|---|---|---|---|---|
| 23/03/2019 | **Trail Nocturne des Abeilles** | Roquebillière (06) | 9km, 540m | p.100 |
| 06/04/2019 | **One&1** | Vence – Tourrettes-sur-Loup (06) | ~~85km, 4700m~~ | p.150 |
| 01/05/2019 | Ronde des Collines niçoise | Nice (06) | 11km, 300m | / |
| 18/05/2019 | KV de Belvédère | Belvédère (06) | 4,3km, 1068m+ | / |
| 29/05/2019 | **Trail de Rimplas** | Rimplas (06) | ~~19km, 1500m~~ | p.152 |

## Année 2021

| 13/06/2021 | **Marathon des Millefonts** | Valdeblore (06) | 44km, 3200m | p.111 |
|---|---|---|---|---|
| 24/07/2021 | **6000D** | Aime-la-Plagne (73) | 67km, 3400m | p.18 |
| 12/09/2021 | **Tor des Géants** | Courmayeur (Italie) | 352km, 25 000m | p.167 |
| 11/11/2021 | Relais du Pan Bagnat | Nice (06) | (R) 9km* | / |
| 05/12/2021 | Verticale de Castel Vieil | Roquebillière (06) | 2,9km, 700m+ | / |
| 11/12/2021 | Virada de Calèna | Rimplas (06) | 6km, 250m | / |

**Année 2022**

| 12/03/2022 | **Trail Nocturne des Abeilles** | Roquebillière (06) | 9km, 540m | p.100 |
|---|---|---|---|---|

**Année 2023**

| 20/05/2023 | **Marathon de la Vésubie 13km** | Roquebillière (06) | 13km, 1010m | / |
|---|---|---|---|---|
| 26/11/2023 | **Pink Race** | Bangalore (Inde) | 10km* | / |
| 16/12/2023 | **Bengaluru Midnight** | Bangalore (Inde) | 5km* | / |

**Année 2024**

| 30/06/2024 | **Bangalore Mountain Festival Ultra** | Devanahalli (Inde) | 30km, 250m | / |
|---|---|---|---|---|
| 23/11/2024 | **Malnad Ultra** | Chikmagalur (Inde) | ~~100km, 3430m~~ | p.113 |

*Légende :*

\* Sur bitume

*(R)* en relais (la distance indiquée correspond à ma partie)

+ uniquement du dénivelée positif

~~Quand j'ai fait moins~~ (abandon, erreur de parcours, arrêt de la course)

# Table des matières

Prologue.................................................... page 7

Chapitre 1 : Les départs en catastrophe................... page 9

Chapitre 2 : Ceux qui soulignent ma progression........... page 25

Chapitre 3 : Les plus beaux............................... page 35

Chapitre 4 : Les courses au podium........................ page 61

Chapitre 5 : Ceux où j'en ai le plus bavé................. page 83

Chapitre 6 : Ceux en famille.............................. page 103

Chapitre 7 : Ceux entre amis.............................. page 119

Chapitre 8 : Les erreurs de parcours et les hors-courses.. page 125

Chapitre 9 : Les « autres »............................... page 133

Chapitre 10 : Les abandons................................ page 139

Chapitre 11 : Les opposés................................. page 155

Chapitre 12 : En assistance............................... page 159

Chapitre 13 : Le Tor des Géants........................... page 167

Liste de tous mes trails (et autres courses).............. page 208